GENERAL EDUCATION 通识教育

大学生

（第二版）

Transcend Cultural Differences
— Cases and Discussion of Cross-cultural Communication

超越文化差异：
跨文化交流的案例与探讨

■ 潘一禾 著

ZHEJIANG UNIVERSITY PRESS
浙江大学出版社

图书在版编目（CIP）数据

超越文化差异:跨文化交流的案例与探讨 / 潘一禾
著. —2 版. —杭州：浙江大学出版社，2020.11(2022.2 重印)
ISBN 978-7-308-20952-6

Ⅰ.①超… Ⅱ.①潘… Ⅲ.①文化交流—研究
Ⅳ.①G115

中国版本图书馆 CIP 数据核字(2020)第 251239 号

超越文化差异:跨文化交流的案例与探讨(第二版)

潘一禾　著

责任编辑	黄兆宁
责任校对	陈　欣
封面设计	刘依群
出版发行	浙江大学出版社
	（杭州市天目山路 148 号　邮政编码 310007）
	（网址:http://www.zjupress.com）
排　　版	杭州青翊图文设计有限公司
印　　刷	广东虎彩云印刷有限公司绍兴分公司
开　　本	710mm×1000mm　1/16
印　　张	18.75
字　　数	347 千
版 印 次	2020 年 11 月第 2 版　2022 年 2 月第 2 次印刷
书　　号	ISBN 978-7-308-20952-6
定　　价	58.00 元

目　　录

入门篇

升阶篇

◀◀◀◀ 入门篇

一、文化与跨文化

在今天，人们常常与陌生人交往，因为人的延伸既拓宽了人的活动范围，又使人的天下缩小了。因此，人就需要超越自己的文化。

——爱德华·霍尔《超越文化》

跨文化交流学

跨文化交流的概念

跨文化交流指的是不同文化背景的人与人之间的交流，包括国与国、团体与团体和个体间的交流。

跨文化交流（intercultural communication）这个概念本身就充满了中文与英文两种语言间的差异和转换之趣。因为"跨文化"的概念在汉语里很清楚，且含义丰富；但是若转换成英语，选择就太多了，是 intercultural, cross-cultural, trans-cultural, contra-cultural，还是 interracial 或是 international？需要说话人明确界定自己所说的"跨文化"是如何"跨"了怎样的"文化"。而"交流"一词的英文很明确，就是 communication，但是因为其含义丰富，所以中文翻译的可选择空间也很大，是指跨文化交流、跨文化交往、跨文化交际、跨文化沟通，还是跨文化传播，或是跨文化传通？每一个词的内涵都有差别，甚至直接影响我们对说话者语境和学科背景的定位，因为在中文中，它们有的是典型的传播学用语，有的是社会心理学术语，有的是社会交际学和公共关系学术语，有的指社会学、人类学和民族学研究，有的则反映文化艺术研究的特殊取向。所以可以说，"跨文化交流"的概念和界定方式本身，就是语言和文化差异的一个生动体现。

独立学科的创建

跨文化交流学创立于 1959 年，美国文化人类学家爱德华·霍尔(Edward T. Hall)在其著作《无声的语言》中首次使用了"intercultural communication"一词，后人视之为一门新学科的诞生。霍尔先生创建这门学科的主要原因是美国人好心却办不好事。

在第二次世界大战之后美国的"马歇尔计划"实施过程中，大量的美国科学技术人员和各类专家被派到欧洲参与援助项目和重建工作，他们中的许多人因为"文化文盲"而无法胜任这类跨文化援助工作。与此同时，第二次世界大战后的美国作为一个新兴大国，吸引了世界各地的新移民和留学生，多元文化背景下的移民生活环境也充满了文化习惯和价值观念的频繁冲撞，于是正在美国国务院下属的外交服务学院（Foreign Service Institute）工作的爱德华·霍尔就在自己的培训和教学工作中提出了跨文化交流的基本概念，并提交了自己的许多系统研究心得和科学的文化差异与比较方法。

在《无声的语言》一书中，他写道：美国的对外援助并没有赢得爱戴，也没有换得尊敬，反而招来许多厌恶，或勉强容忍。……尽管美国人生性慷慨、满怀善意，但外国的敌意大都由美国人自己的言谈举止引起……美国人常被批评的方式主要是：傲慢、不成熟或幼稚。

文化就是交流，交流就是文化

中国著名翻译家何道宽教授称爱德华·霍尔"是一位理论实践、科学人文并重的多学科横向人才和怪杰"。霍尔著有《无声的语言》《隐蔽的一维》《超越文化》《生活之舞蹈》《空间关系学手册》等书。目前他最重要的两部著作《无声的语言》《超越文化》都已经由何道宽先生等译成中文。

在爱德华·霍尔《无声的语言》中，他明确提出："宇宙万物不会轻易吐露它的奥秘，文化也不例外。然而，坚持认为文化也是交流，这种观点有其实际的一面。人们相处中遇到的麻烦大都可以归因于交流过程中的种种扭曲现象。在国际交流中，即使不是出于恶意，无知也是一桩不轻的罪过。人类的生活表面上看杂乱无章、令人困惑茫然，而在其深层都存在有序的一面。理解了这点，就可能重新审视一切。"①我们需要的是大胆新颖的东西，而不是再

---

① 爱德华·霍尔.无声的语言[M].侯勇,译.北京:中国对外翻译出版公司,1995：166.

讲些历史、经济、政治之类的老生常谈。[①]

跨文化交流学的学科归属是什么？

跨文化交流学是一门跨学科的新学科。目前，人们主要从文化研究、人类学、传播学、媒介学、社会心理学、交际学、公共关系学、语言学、语用学、教学法、国际关系研究、文化与政治经济关系研究等方面探讨"跨文化交流"的各种现实和学术问题。由于学科差异与关注重点很不一样，所以本书（或本课程）定位于**"文化研究"**，旨在帮助人们增加对文化差异的敏感性和判断力，主动超越文化的差异，追求文化间的"和而不同"、和谐共存。这个学科的教学应该会有助于个人发展、国家建设、国际事务。并希望各位读者能自觉与其他学科研究内容展开积极有效的"互通"和"互动"。

例 尊老爱幼地"谦让"还是礼貌地提出请求？

一位年轻的中国父亲领着两个约 2 岁和 5 岁的孩子坐着休息，哥哥拿出背包中的一罐饮料开始喝，弟弟看见了想要抢，哥哥不给，弟弟大哭。这位中国父亲的做法是立刻制止了哥哥的豪饮，对他说："你是哥哥，弟弟已经向你表示了他也很想喝，你应该让他先喝，否则你就不像是个哥哥了。"哥哥于是很有礼貌，并且语义清晰地对弟弟说："对不起，别哭了，我让给你喝吧！"弟弟高兴地接过哥哥的饮料喝了起来。很快，哥哥担心弟弟把饮料喝完，想拿回来，弟弟不肯。中国爸爸这时又站起来，命令哥哥不要动手，不要觉得自己力气大就可以抢回来。但爸爸也安慰大儿子说："不要急，等会儿我会给你们再买饮料的。"

一位年轻的美国父亲领着两个约 2 岁和 5 岁的孩子坐着休息，哥哥拿着一罐饮料正在喝，弟弟看见了想要抢，哥哥不给，弟弟大哭。这位美国父亲的做法是立刻制止了弟弟的哭闹，并让弟弟很有礼貌，并且语义清晰地向哥哥提出请求："哥哥，请给我喝一点好不好？"听到请求后，哥哥把嘴里的饮料放了下来，此时父亲并没有把它直接拿给弟弟，而是让他说完谢谢之后才给他。弟弟喝了几口后，哥哥心中就开始不舍，想拿回来，弟弟却不肯了。美国爸爸这时又站起来，命令弟弟马上把饮料还给哥哥，并让他再次致谢。

探讨：请结合自己的生活经验和阅历，谈谈这类中外文化差别是否依然存在，这段文字的记录是否基本完整，并比较分析中美两位年轻父亲的教育

---

① 爱德华·霍尔.超越文化[M].何道宽,译.北京:北京大学出版社,2010:导言.

方法差异和理念异同。

如本书后面会陆续讨论到的，中国是集体主义文化，所以会更欣赏整体观、大局观，注重"人际关系"，做人做事都要维护一个长幼、尊卑、主从、先来后到、自觉排队的正常秩序。美国是个人主义文化，所以更欣赏个体之间的平等关系和保护个人权利，尤其是个人的隐私权和私有物权。

当代大学生的必修课

如今的跨文化交流研究已经是一门 21 世纪世界性的显学，许多欧美大学将之作为通识课程，同时在大学阶段强调 4 年中应有或必须有"境外求学"的国外大学学分，为的就是增加年轻人的跨国交流和学习经历，强化他们的跨文化素养。

对比之下，跨文化交流学也是中国人特别应该在 21 世纪里自觉强化自身集体素质的一类学识。之所以这样说，不是因为所谓"21 世纪是中国的世纪"，而是因为当代中国的改革开放和"世界工厂"的新角色已经让我们与世界建立起前所未有的紧密联系，也是因为 21 世纪也是第一个世界各国人民可以共享和共建的世纪。换言之，由于科技和信息技术的日新月异，当代重大事件的第一时间报道可以让全世界同步接收和反应，所以当代的重大国际和国内问题有可能让全世界范围内数以亿计的人民共同关注和参与决策。

"当历史学家回首我们这个世纪，最激动人心的事不是太空旅行或核能的应用，而是整个世界上的人们可以真诚相对，互相理解。"①

跨文化交流的多种形式

古迪昆斯特将跨文化交流研究的领域，根据四个观念：互动（interactive）、比较（comparative）、人际（interpersonal）、媒介（mediated），划分了四个范畴②：

不同文化间的交流（intercultural communication）；
多种文化间的交流（cross-cultural communication）；
国家间交流（international communication）；

① 参见：休斯顿·史密斯. 人的宗教：世界七大宗教的历史和智慧[M]. 刘安云，译. 海口：海南出版社，2013：10. 原版书在 1958 年出版。
② GUDYKUNST W B. Cross-cultural comparisons：Handbook of communication science[M]. Sage Publications，1987：891.

比较大众传播(comparative mass communication)。

锐奇认为跨文化交流的五个领域是:不同文化间、国家间、种族间(多数与少数)、少数民族间、逆向(白人与印第安人)的交流。[①]

更符合中式思维的跨文化交流研究领域划分

中国人的思维习惯,从时空上讲是"从大到小",从交流程度上讲是"由外到内",所以,比较符合中国人理解习惯的跨文化交流五个层次或领域划分应该是:

超国家形式的文化交流(如国际组织、地区联盟、国家集团、非政府组织等);

国家之间的文化交流;

国内(次国家各层次)亚文化间的交流;

团体之间的文化交流;

个体之间的文化交流。

中式思维的国内多元文化

具体如图 1-1 所示。

图 1-1　中式思维的国内多元文化

亚文化(subculture)或次文化

亚文化是社会学中的名词,是指在某个较大的母文化中,拥有不同行为和信仰的文化群体。社会学中的亚文化或次文化和其他社会团体之间的差别,在于他们有意使自己的服装、音乐或其他兴趣与众不同。

如果我们可以借用"亚文化"的概念来理解世界文化全景中的"亚文化",那就是各国文化了。用中式思维的"从大到小"来理解,国际社会是由核心国、次大国和小国(及地区)构成的。目前世界上除了冰岛和韩国声称自己是

---

① RICH. Intercudtural Communication[M]. New York:Havperand Rom,1974. 又转引自:陈国明. 跨文化交际学[M]. 上海:华东师范大学出版社,2009:10,12.

单一民族国家,其他国家都是多民族和多元文化国家。不过,浙江大学的韩国留学生也在课堂讨论中介绍说,他们目前也说自己的国家是多元文化和多民族的国家了。中式思维的国际多元文化如图 1-2 所示。

图 1-2　中式思维的国际多元文化

例　你说话时想代表谁？ 自己、团体、国家、人类？

学习跨文化交流,既能帮助我们更好地进行个体间的社会交流,也能促使我们更好地进行不同团体间的交流,我们中的一部分人可能因为爱好和分工,进入国家外交部门,代表国家进行跨国交流与对话。但需注意的是,代表国家、团体和个体自己进行跨国对话,会有不同的说话方式。一般而言,外交部门的工作人员因为职业道德,应该代表国家,或者更确切地说,代表正在执政的国家执政党派或团体对外交往;除此之外,一般代表商业或学术团体、代表个人自己看法的对外交流就可以拥有更多的个性和自由多元的声音。

有时我们会不满一些个体在代表国家时过于"个体",如一些中国代表团成员对外讲话时不礼貌、不懂规则,或表达能力太差之类。有时我们也不乐意听到有些要员、名人及个人,动不动就代表"中国人民"对外说话,让我们未经授权地就"被代表",他们代表"我们"说的话,还可能说的是大话和套话。我们都希望人们在合适的场合,用合适的身份,对合适的对象,说合适的话。

同文化内部也有并不容易的跨文化交流

特别要针对中国学生强调的是:同文化内部的交流也是跨文化交流。

同文化内部的交流是指相似文化背景的人之间的交流,跨文化交流指不同文化背景的人之间交流。研究发现:这二者之间有许多相似之处,同构同质。

所以,不要认为周围都是中国人,都听得懂或看得懂汉语,就不存在跨文化交流;包括看到港澳同胞或台湾同胞,看到海外华人及子女,就认为交际起来会容易许多。其实中国作为一个多民族、地域辽阔的大国,内部的文化差异一点也不逊于国家间的文化差异。

只要我们有起码的跨文化交流意识和敏感性,我们每个人都可能从自己每天的亲身人际交往经历中获取跨文化交流的基本体验、知识和能力。

调查一下:大一新生的跨文化体验

每年新生到大学报到和开始新生活,也是一次频繁互动的跨文化交流(跨地方文化、民族文化、方言文化、社会文化、家庭文化、学校文化等)。全国招生的双一流大学,其毕业生的素质往往比省内招生的大学毕业生更高,因为他们自然拥有更多的跨文化生存和交流的实践经验和收获。所以,跨文化素养绝不仅仅是指跨国交流的能力,它其实是每个有志者都应该具备的现代人基本素养和能力。

在《无声的语言》中,爱德华·霍尔教授采用了人类学家式的田野调查研究方法,对美国人和一些拉丁美洲国家文化背景的人的时间观、空间观和社会关系处理模式进行访谈、观察和调查,对他们不同的内在认识概念和言行习惯展开论述,发现跨文化交际中的隐蔽因素和控制作用。

例 调查发现浙江大学新生感到江南商家服务意识好,但斤斤计较

北方同学惊讶于南方小贩对每一毛钱都斤斤计较,南方同学则觉得很正常,因为他们挣的就是那一两毛钱,薄利多销嘛。北方同学在江南地区生活时,也乐于一次只买一个没有见过的南方水果。他们发现江南的许多商家和店主服务意识非常好,但有时他们也体会到在商家非常殷勤周到的推销之后,就可能变得十分"势利",而且太"热爱"挣钱……在没有跨文化交流意识之前,他们一般都会认为这是因为某个地方的道德水准有问题。

有没有可能建立具有中国特色的跨文化交流学?

通过文化间的对比研究,如我们后面会不断讨论的,就会发现,"西学"的研究思路以理性见长,包括爱德华·霍尔等西方学者的研究思路和方法也是:通过重新认识对象、创建新的理论,努力更有效地解释问题;针对交流的障碍和困难,找出解决方法。这是一种追求科学性的思维方式。

中国传统的认识问题和解决问题的方法则更注重体验和感悟(体悟)。如《红楼梦》的作者曹雪芹在一副对联中说:世事洞明皆学问,人情练达即文章。圣严法师劝勉大家处理棘手的问题时,要面对它、接受它、处理它、放下它。

所以,我们一定可以通过集体的努力,贡献以中国式思维见长的跨文化

交流学成果,包括理论、方法、案例、解释和感悟,更好地在世界文化的丰富图景中为中国文化定位、传播和增加新的现代内涵。

文化研究的主要研究方法值得跨文化交流学借鉴

中国目前高校研究跨文化交流学的多数是外语学院的语言学、语用学学者群体和教育学院的心理学学者群体。另外,哲学和历史学专业的学者们也较多地研究比较价值观和作为文明的文化。本书比较强调文化研究的基本方法。

(1)实证法:从经验入手,采用程序化、操作化和定量分析手段(问卷、数据、变量、相关性、因果关系、描述和预测等),实现对社会现象的精细化、准确化研究。

(2)解释法:参与观察与田野调查。又分为主位研究、客位研究和主客位结合式研究。主位研究指观察者不以自己的观点介入,尽可能以当地人视角看他们的文化,听取他们的观点、认识,进而对资料进行整理和分析。缺点是对他们司空见惯的东西也会视而不见。客位研究指观察者作为外来者,以科学家的标准,用比较和历史的视角来解释文化中人们行为的原因和结果。主客位结合式研究就是根据需要综合运用两种方法的研究优势。

(3)批判法:与解释法一样,强调人类行为的主观意义,强调交流发生之背景的重要性。不过此法更重视宏观背景,比如研究政治和社会结构是如何影响人们交流的。这种方法也强调不仅要理解文化,还要改变文化! 批判法可以修正许多实证法的问题。

例 "最近中国游客在海外的名声不太好?"

比如遇到"为什么最近中国游客在海外的名声不太好?""好莱坞电影中为什么白人大都优越于其他人种?""中国人当面叫外国朋友'老外'合适吗?"类似的跨文化问题,首先需要认真"实证",进行文献和问卷调查,核实不同的数据,查明变量和相关性、因果关系等,然后才能较准确地描述和预测、比较与评估。

其次是可以基于实证结果进行"解释"。反复听取不同的"自评"和"他评"解释,并且通过双方和多方的对话,交换看法和进行论辩。

最后是要有"批判"意识。只有通过了解跨文化互动的权力关系,才能真正解释实证法获得的许多数据。在跨文化交流中,实证研究法可以有效预测交流行为,从而令我们在对待其他文化中人时更具针对性。解释法可以使我们更加深入地了解彼此的文化到底为何物。批判法则通过改变不公正的观念来让我们获得更多的公正。①

例 课堂调查与讨论:在中国,人们看到外国人会很习惯地称他们是"老外"?

浙江大学的留学生说:中国人会当面叫他们"老外"! 包括央视主持人、其他台名主持人,包括在中国时间长了的外国人"自称",包括知识分子、大学生……这样有问题吗? 经过一番讨论和争论,大家都听到了对方的感受和解释,并且都反思了自己的原有理解,确有新收益。但也发现,这个文化现象可能会因为这样的课堂交流让大家得到一定提醒或警示,但不会很快消失,留学生们也要学会面对和处理,接受和放下。具体如表 1-1 所示。

表 1-1　中国学生和留学生对"老外"称呼的不同理解

外方(上课的留学生们)	中方(上课的中国同学们)
当面叫"老外"很不礼貌!	更简洁一点,基本没有恶意。
其实我们听得懂!	其实是自然和随和的叫法(区别于正式)。
"老"的意思也有不好的。	中文的"老"字有尊称意。
在我们国家我们不这么叫。	因为看上去确实很不一样。
为什么不叫"外国朋友"?	也许可以更礼貌一点。

文化的特征与功能

文化无所不在

美国文化人类学家洛威尔曾经说过:"我被托付一件困难的工作,就是谈文化。但是在这个世界上,没有别的东西比文化更难捉摸。我们不能分析它,因为它的成分无穷无尽。我们不能叙述它,因为它没有固定形状。我们想用文字表述它的意义。这正像要把空气抓在手里似的。当我们去寻找文化时,除了不在我们手里之外,它无所不在。"②

---

① 参见:陈雪飞.跨文化交流论[M].北京:时事出版社,2010:13-20.
② 转引自:余秋雨.何谓文化[M].武汉:长江文艺出版社,2012:自序.

文化是"心灵软件"，是"符号形式表达的"，"使人成之为人"的"观念体系"

这是三个最著名的西方学者的文化定义：

荷兰学者霍夫斯泰德在《文化之重》一书中说："文化之于人，犹如程序之于计算机。"文化有两种：第一种是狭义的，指"文明"与"教养"；第二种是广义的，指"心灵软件"。①

著名人类学家克里福德·格尔茨在《文化的解释》中说：文化是人们从前人那里继承来的以符号的形式表达的观念体系。借助这一体系，人们传播、延续并发展着他们关于生活的知识以及对生活的态度。②

美国人类学家罗杰·马丁·基辛（R. M. Keesing）在他的《文化人类学新论》（*New Perspective in Cultureal Authropology*，1971）一书中说：文化必定是"可思的（thinkable）、可学的（learn-able）、可处的（liveable）"。"使人成之为人"（make humans human）的知识、经验、理解、意义、语言、信息所构成的观念体系，就是文化或文化模式。③

中西文化定义有差异

文化的定义在中国和西方存在差别。在西方，文化就是"栽培"（culture），很长时间以来西方将文化定义为一种教育的方式。但是到了 18 世纪以后，这个概念逐渐变化，其描述对象从外在的行为变成了对内在的、人的精神意识的描述。简而言之，西方人认为在物质生活以外的所有一切，是一种文化的存在。相对而言，中国还保留着类似西方早期的思想。我们谈及的文化在某种程度上带有外在物化的含义。

在中国，最早谈及文化的是汉代的刘向，而他所说的"文化"是指文字和教化。联想一下中国的地理，凡是以"化"为名的地方，比如说湖南的怀化、浙江的奉化，都是比较偏远的地方，也是古人所说的化外之地。因为是化外，所以要文化一下，即把文化作为统治的手段来改造、教育那些不是中原

---

① 霍夫斯泰德. 文化之重：价值、行为、体制和组织的跨国比较[M]. 许力生，译. 上海：上海外语教育出版社，2008：导读.

② 克里福德·格尔茨. 文化的解释[M]. 韩莉，译. 南京：译林出版社，2014：73.

③ 请参见中译本：R. M. 基辛. 文化、社会、个人[M]. 甘华鸣，等译. 沈阳：辽宁人民出版社，1988：29-45.

地区的人。心理学家认为,主观文化是最有意思的文化,而客观的文化只是主观文化的外在载体。比如说圆明园兽首的意义就在于其代表了中国的百年羞耻,如果它不承载着民族感情,就没有那么重要了。(彭凯平:"文化与心理:探索及意义"①)

建议使用"中义的"文化概念

关于文化,许多名人曾经下过定义,这些定义归纳起来已经有 400 多种。如果为了简洁明快,我们可以将它们大体归为三类:

广义的——成果说,即文化指一切人所创造的文明成果。

中义的——模式说,即文化是人们的生活方式,包括思维取向、行为模式和制度导向。

狭义的——信仰说,即文化主要指基本信念或意识形态。

一般而言,跨文化交流的"文化"主要讨论的是"中义的文化",也就是一整套生活方式的差异。

文化的特点

具体包括:

(1)习得性:人创造的、教化人的。

(2)复合性:非个人性、系统性。

(3)象征性:有限的符号(语言和非语言)与广博的意义(包括异义)。

(4)传递性:代代相承和不断发展。

(5)变迁性与文化失调:自然和人为的灾难、新的科技发明等都可能导致文化的突发性崩溃或缓慢渐进式变革。

---

① 彭凯平:加州大学伯克利分校心理系教授,清华大学经济管理学院和心理学系教授。近年来在北京等地做过一系列涉及中西文化比较的文化心理学讲座,分别是:"看不见的场:文化、心理和行为经济学",网易商业频道,http://www.163.com,2006 年 5 月 16 日。"经济行为的跨文化研究",清华大学经济管理学院网,http://www.sem.tsinghua.edu.cn,2007 年 4 月 2 日。"文化心理学:中西方心理差异的研究及意义",中国经济学教育科学网,http://www.cenet.org.cn,2009 年 3 月 17 日。"文化与心理:探索及意义",爱思想网,http://www.aisixiang.com,2009 年 5 月 8 日。"中国人与西方人的思维有什么不同",优米创新网,http://chuan-gxin.umiwi.com,2010 年 8 月 13 日。以下文中仅注明讲座者彭凯平和讲座名。

例 文化对人的"后天"影响很大

美国人类学家罗杰·马丁·基辛在他的《文化人类学新论》一书的开头，讲了一则真实故事：一位保加利亚主妇招待她美国丈夫的一些朋友们吃晚餐，其中有一位亚洲同学。当客人们把盘里的菜吃光后，主妇就问他们要不要再来一盘。因为在保加利亚，如果女主人没让客人吃饱的话，是件丢脸的事情。客人中的那位亚洲学生要了第二盘，紧接着又吃了第三盘，这使得女主人忧心忡忡地到厨房准备下一盘菜。结果，这位亚洲学生吃第四盘时竟撑得摔倒在地上。因为在他的国家文化里，宁愿撑死，也不能以拒绝女主人招待的食物来侮辱女主人。①

"内隐文化"的两个形象比喻："红葱"与"冰山"

美国文化人类学家克莱德·克鲁克洪在《文化与个人》一书说："文化是历史上所创造的生存式样的系统，既包括显性式样又包括隐性式样。"②他认为显性文化模式具有散漫的结构，而隐性文化的模式并非概括、归纳式的抽象，而是具有纯粹推理的结构。

由于内隐的文化是看不到的，所以首先要意识到它的存在。价值观是文化的重要构成要素。文化的核心是价值观，是体现在各种交际行动深层处的价值体系。所以学者们用两个比喻（红葱与冰山）来说明关于文化往往是不自觉的。

"红葱"比喻（见图1-3）说明的是文化的层次性：表层、中层与核心层。中层与核心层，分别是直接可见、社会规范（文字可查阅）、伦理和价值观（看不见）。比如文化的核心往往是一个社会共有的关于人为什么存在的假设，它们是根深蒂固、不容置疑、理所当然的，如果简单说是说不清楚的，如问一个中国人为什么要强调集体主义，他会一下子无从答起。

"冰山"比喻（见图1-4）也是形容文化的特性有显性与隐性，里外或上下都不一定完全对应。例如：一个留学回来的人觉得自己已经目睹了另一种文化，但很可能他只是在异国他乡学习了自然科学的某个专业，平时也没有时间与异文化圈的人群做广泛深入的交流和互动，所以看到和了

---

① 参见此书的中译本：R. M. 基辛. 文化、社会、个人[M]. 甘华鸣，等译，沈阳：辽宁出版社，1988：1.

② 胡文仲. 跨文化交流学概论[M]. 北京：外语教学与研究出版社，1999：43.

解的不过是些表层和皮毛。又如两个国家的文化之间,显性文化可能显得离得很远,隐性的则也许相通相似。反之亦然,比如中日、中韩文化之间,有人觉得地理位置上离得很近,历史上更是交流频繁,所以有太多"同宗"和相似;但同时,有人则觉得正是因为相近,所以一直在相互激烈竞争,并且有意识地区别开来,国家关系上也是时近时远。所以现实是文化上相去甚远,而且可能越来越不同。

图1-3 "红葱"比喻

图1-4 "冰山"比喻

"冰山"的比喻也可以用来说明文化差异分高端、基部和表层三种

高端差异:价值观、宗教、意识形态、社会公德等。

基部差异:语言文字、生理体质、性格气质、行为习惯、民情风俗等。

表层差异:服装、饮食、手势、打招呼的方式等。

我们讨论文化差异的时候一定要注意:表层和基部的文化差异可以比较自由地讨论,但对不熟悉的人,千万不要随便与之(不熟悉的他者)讨论高端差异。

举例来说,课堂上在第一次见面的中国学生与留学生之间,可以进行这样的"文化差异"小调研:你认为"水果"(fruit)主要是指?请举三个例子。你认为"蔬菜"(vegetable)主要是指?请举例。你认为"运动"(sports)主要是指?请举例。你认为"红色"(red)意味着什么?但老师需要在第一时间就提醒同学们注意:"文化高端差异"不要随便调查和问询。如:你有宗教信仰吗?你支持或赞成的是某国政治的"左"派还是右派?

附:参照胡文仲教授《跨文化交际学概论》书中的文化"冰山"图,略做修改如图1-5所示。

服装、音乐、招呼语、饮食、闲暇活动、手势、礼仪、文学等。（这都是比较容易看到和愿意分享的个人和团体文化。）

时间观念，对空间的利用，成就感，交际模式，对环境的取向，上下级关系的模式，对个人的看法，对竞争与合作的接受，对规章制度的需要，谋虑的观念，家庭关系，对宇宙的看法，法律的观念，工作的积极性，对领导的看法，社会交往的频率，友谊的性质，控制感情的模式，年龄、性别、阶级、职业、亲属关系确定地位以及与此关联的角色，对地位变化的看法，等等。（这部分的文化差异讨论，会比较复杂和需要合适的理论与方法。）

宗教信仰、政治派别、意识形态和公共道德问题。（这是高端文化差异，不要随便问询和任意讨论。）

图 1-5　不同文化差异的"冰山"图①

文化不是个人和集体的"宿命"

文化不是"天造地设"、不可改变的个体或人类团体的"宿命"，而是人创造出来、为人所用的精神和物质产品。由于人性的相通性，就像孔子所说的"性相近、习相远"，文化作为"人造品"所体现的价值观或生活理念，虽然可能有地域和习俗上的明显差异，但仍应该是可以被绝大多数人类成员所"跨文化"地理解和解释的。比如从语言翻译的角度看，目前确实存在不少难以完全翻译和转换的文字和语词意思，但人们也没有发现完全无法翻译的不同文化。

文化既然是人造的、为人的、教化人的，那么它也就是可以相互学习、彼此交流和共同改变的。

---

① 注：在这张展现不同文化差异的"冰山"图里，看得见或常见的文化差异常常是"表层差异"。文化的"基部差异"和"高端差异"往往是看不见、不能简单说清楚或隐藏在日常生活方式之下的。

但也要承认，所谓"性相近、习相远"，有时文化间的"习相远"，也可能因为太缺乏传播、交流和沟通，而"远"到暂时无法理喻或不觉得其存在或可能存在。而这样的"巨大文化差异"，一旦在毫无准备的情况下接触，就有可能出现文化的误解和冲突，也非常容易被有些人利用和歪曲，从而导致严重的文化冲撞，甚至引发战争。

文化即使有再多的丰富性和差异性，也应该是能够让绝大多数人类成员所"跨文化"共同相处的；如果一种文化以特殊性为理由，直接或间接地损害到其他文化的生存与发展，那么这种"特殊的"文化必须随着跨文化交流和碰撞而改变，尤其是改变其不能让其他文化与其"共处"的极端特殊性。

正如费孝通先生所说：文化是人为的，也是为人的。……现在正面对着一个严酷的选择，是保存文化呢，还是保存人？如果依照我的文化是为人的知识（的理解），选择是明确的，就是要保存的是人，而不是文化。

例 我不可能帮助他洗碗

一位浙大的学生到英国留学，找了个室友是阿拉伯文化背景的。这位室友什么都好，人品、相貌、才学、个性和财力，都无可挑剔。但他的生活习惯中有一点，让浙大学生接受不了，就是他在宿舍就餐的话，他不洗碗。虽然他不常在宿舍就餐，但为什么不洗涤那些他自己用过的碗碟呢？他的回答有点奇怪，因为那不是男人做的事，在他的文化理解中，那应该是女人做的。"可是我也是男人呀?!"浙大学生说。"可是你不是我们文化中的男人呀，你洗就没有关系，我洗就不对了。"最后浙大学生选择了退房和离开，因为这个"文化"特殊到不可思和不可处。

问题讨论：两个人或两人以上，才有文化？

虽然文化是后天习得的，每个人出生不久后，就开始获得所属文化的深刻影响，但要注意的是，一个人生活，谈不上文化，两人或两人以上，通过交际和沟通，包括交际失败和误解，才谈得上文化的建设和改变。如两个人相识相知，建立了友谊，就开始建立一种社会文化；两个人相恋相爱，建立了家庭，就开创了一种家庭文化。可见文化与交际有着天然的密切联系。

当然也有另一种可能，就是一个人独处时，他或她将自己化为两个或以上的人。比如英国经济学家亚当·斯密的《道德情操论》就论述了具有多重性的"自我"，并提出这样的自我理解能够使自己成为自己"无偏颇（公正）的旁观者"，从而实现道德自律。比如俄国作家陀思妥耶夫斯基的长篇小说《卡拉马佐夫兄弟》,其中的主要人物即三兄弟,就被评论家分析为一个人的三个可能侧面像。又如美国作家梭罗的名言是:"我喜欢独处。我从没遇到过比孤独更好的伴侣。"

通过文化差异才能知道自己的文化是什么

爱德华·霍尔在《无声的语言》中说:文化要掩盖的东西常常最能瞒过的是浸透在这个文化里边的人……经过多年的研究,我意识到真正要做的工作不是了解外国文化,而是了解自己的文化。研究外国的一切收获,都是理解问题的中介,最终目的还是更深入地理解自己的文化是如何运作的。……了解自己最有效的方法,就是重视别人的文化。①

法国人托克维尔所著《美国的民主》(*Democracy in America*)是公认的对美国文化、对美国人的心理观察和分析得最精辟的著作。为什么他能做到比美国人观察自己更加准确?据托克维尔自述,是时时刻刻都把美国和法国进行对比。如果需要对中国人的心理和文化做精辟的分析,可能要跳出中国人的身份,在全球范围之内比较中国人和其他国家人的差别。只有通过一面镜子,人才能知道自己的模样。(彭凯平:"文化与心理:探索及意义")

文化的功能

文化的功能是多方面的,如:(1)满足需求功能(生理、安全、归属、尊重和自我实现,即马斯洛所说的需求层次论);(2)储存和传递信息功能;(3)认知功能;(4)调节功能;(5)价值功能……文化既是一种政治统治和社会管理的有效工具,也同时是人们生活的观念背景和信仰的物质基础。由此,"文化是社会的灵魂"②。

文化的功能对个人而言,具有塑造人格、引导个人社会化的功能;对团体而言,有着建立规范和整合言行的功能;对国内和国际社会而言,文化起着社会力量凝聚、引导和整合的作用。狭义而言,文化提供社会成员施展物理、心理和语言作用的情境。③ 广义地说,文化提供人类社会用以维持自身系统的

---

① 爱德华·霍尔.无声的语言[M].侯勇,译.北京:中国对外翻译出版公司,1995:20.

② 国家教委社科司.社会学概论教学大纲[M].北京:高等教育出版社,1993:13-15.

③ BORDER G A. Cultural orientation:An approach to understanding intercultural communication[M]. Prentice Hall,1991:235-245.

三大要素:结构、稳定和安全。①

文化与文明的关系

文明是要不要穿鞋子,文化是穿不同的鞋子

如何区别文明与文化的概念,如何理解其关系是一个令人关注的问题。文明是一个与文化概念紧密相关的概念,在一些场合经常与文化混用。

著名英国学者以赛亚·伯林说:"人性是共通的,否则这个时代的人就不能理解另一个时代的文学、艺术或法律。""人类拥有一些基本目标和行为准则,但是在不同文化中,它们呈现出完全不同的形式。"②他还曾用比喻的方式说:文明是要不要穿鞋子,文化是穿不同的鞋子。也就是说:文明是共享的,文化是共享的不同形式。各国主流文化与亚文化、世界文化与各国文化是一种常见的文化区别。我们可以统称仍在不断建设中的全球共享文化是"现代文明",并强调在这种现代文明样式中,存在着不同的多样的亚文化。如前所述,西方文化、东方文化、伊斯兰文化、拉美文化、非洲文化等等,都是现代文明世界中主流文化的亚文化分支。

亚文化还有一种变种:"反文化"(anti-culture)。反文化指那些不与主流文化和平共处、坚决反对主导文化的文化群体。

例《阿甘正传》与反文化

20世纪六七十年代美国青年的反文化运动,表现为:否定一切纪律和秩序,崇拜主观自发、任意发挥的东西;轻视宗教和社会科层制,崇拜自然和肉体自然,所以在两性关系理解和交往行为上放荡不羁。例:《阿甘正传》中的珍妮,就曾经参加过此类反文化活动——反主流文化的亚文化活动。她不仅在阿甘不知情的情况下私生了一个孩子,还在自己积极参加的反文化活动中不幸染上了艾滋病,年纪轻轻就离世了。应该注意的是,青少年的"反文化"现象是很普遍的,作为个体我们称之为"叛逆期",作为社会运动我们称之为激进派运动,因为其中可能同时包含了推动社会进步的力量和一些盲目冲动

---

① 陈国明.跨文化交际学[M].上海:华东师范大学出版社,2009:25.
② 以赛亚·伯林.观念的力量[M].胡自信,魏钊凌,译.南京:译林出版社,2019:11,13.

的言行。

例 肆意袭击平民的当代恐怖主义是一种"反文明"行为！

必须做出科学辨析的是：当代世界恐怖主义组织、原教旨主义组织策划的自杀性袭击不是反文化，而是一种"反文明"（anti-civilization）、一种反人类文明的活动；"反文化"与"反文明"的"非文化"有根本区别，区别在于反文化群体仍具有一种可以被广泛接受的价值观，尤其是他们遵守"文明的底线"，或者说他们最极端的行为就是"自残"但不危及他人生命（虽然极可能不顾和伤害亲人好友的关心和情感），但这样的价值选择或取向还不至于破坏人类生命的基本伦理准则，仍属于文明范畴。当今世界的所有国家都处于现代文明建设的某个阶段，面临现代化建设的各种问题和机遇，虽然有的国家、团体和个人反对"全球化"，但不应该允许任何国家、团体和个人反对"文明"，反对那些以正面价值为主的"现代文明"成就，或以任何名义去破坏已有的真正文明的成果，包括珍惜生命、重视人权、敬畏自然等。

没有哪一种文化缺少善与恶、真与假的概念

以赛亚·伯林说："人与人之间以及社会与社会之间的差异，可能被过分夸大了。没有哪一种文化缺少善与恶、真与假的概念。因此，一般性的价值观是有的，这是关于人类的经验事实，是一种莱布尼兹所说的事实的真理而不是原理性真理。"[①]

维特根斯坦：怀疑的基础是有东西不怀疑

我们需要多元的"亚文化"，必须尽可能容忍各种形式的"反文化"，但不能姑息"反文明""反人类"，因为那样就威胁到了我们每一个人的起码生存安全。例如：任何一种健康的文化与亚文化，都不可能容忍"反人类"或与"文明发展"背道而驰的行为。这就像当代思想家维特根斯坦所说的：怀疑的基础是有东西不怀疑。

如果要使地球获得和平，我们效忠的对象必须超越种族、部落、阶级和国家；这表示我们必须发展出世界观点。（马丁·路德·金，1967年12月24日亚特兰大讲话。）

---

① 拉明·贾汉贝格鲁.伯林谈话录[M].杨桢钦，译.南京：译林出版社，2002：37.

文化是自足自洽的，内部有调节机制

如前所述，文化中的人类是"性相近、习相远"。我们用一些概念讨论问题是为了方便自己的讨论，但概念是不能涵盖复杂变动的现象的，如西方的主客二分并不等于他们缺乏"合一"，中国的天人合一也不等于我们不讲"区分"。

每一种"活着"的文化是自足自洽的，内部是有调节机制的。如中国是外儒内法、儒道释互补、德治法辅，也就是合在外、分在里。西方有大陆理性主义与英美经验主义、神法与自然法、理想国与法治国等，也就是分在外、冲突在外，通过区分和正面交锋，能合则合，不能合则保持分的状态，提醒人们这仍是矛盾，或者时间长了，就变成了不断提醒人们这二分之间有永恒的矛盾和必要的张力。

又如中国成语中有许多看似相互矛盾对立的教导：礼让为先与当仁不让，人定胜天与天意难违，宁死不屈与能伸能屈，志在千里与知足常乐，等等，都说明中华文化中有明有暗，中国人中有好有坏，所以即使在不被外来文化冲击时，也会有不消停的内部冲突和个体争斗，需要通过复杂多变的自调节机制，既维持秩序又保持活力。一旦这种自调节因为自然或人为原因出现严重失调，文化就可能不再自足自洽，社会秩序可能崩塌，甚至精英流失、文化消亡。

文化发展有自己的节奏与规律，文化一方面在交流中是不断变迁的，另一方面文化与习俗的改变比较难和慢。国际和国内的亚文化间的互惠、互补、相互冲突等，不同于政治、经济间的交流与交往。文化是政治与经济改变的"路径依赖"，文化是社会稳定的保障，也是思想观念变革的障碍；虽然文化的变化相对滞后，影响却也更加深远。

例 中华文明因为什么而伟大？

林语堂曾说：我可以坦诚相见，我并不为我的国家感到惭愧。我可以把她的麻烦公之于众。因为我并没有失去希望。中国比她那些小小的爱国者要伟大得多，所以不需要他们涂脂抹粉。她会再一次恢复平稳，她一直就是这样做的。

林语堂先生在把中国文化向外展示中的"麻烦公之于众"时，说话是比较大胆和独特的。比如他在《生活的艺术》中说，与西方人特别重视产品质量不同，中国人对自来水龙头滴水可能并不那么在意，任其滴答渗漏直到真正需要更换，留下时间和精力先做其他更重要或喜欢的事情。林语堂还说中国历史上之所以让一个富有或成功的男人娶"三妻四妾"，是因为这样就可以让天

下女性的绝大多数都能拥有一个家庭，这与西方现代式一夫一妻制同样道德。

林语堂说的这种中式古代道德，可能也比较表面和不符合现代中国人自己的理解，但他巧妙地将之说得引人注目和值得讨论。《生活的艺术》的目标读者应该是西方人，林语堂把中国文化写得奇特但可理喻，可思也可处，是值得称赞和易于交流与传播的。

未来世界应该美人之美、各美其美

费孝通先生说：我一辈子致力于帮助中国人"致富"，到了晚年，我意识到应该建立中国人的"文化自觉"和"文化自信"。

未来的理想世界是"美人之美、各美其美"，是"美美与共"。

所以我们不妨讨论一下：弱国无外交、穷国无文化吗？为何已成过去式的文明史上的富国、大国，多数成为傲慢之国和傲慢之民？我们曾经熟悉的"拿来主义""取人之长，补己之短"与费孝通先生说的"美人之美、各美其美"的差别是什么？为何当代中国强大了一定要建设"文化自觉"和"文化自信"？

文化关系与国家关系

文化不能国有化

虽然长期以来政治（军事）对国家关系的影响最具有决定性，但到了21世纪，其程度和方式已经出现明显变化。从反思的角度看，政治影响国家关系的一个严重后果就是文化被挪用、误用和"国有化"了。我们在讨论国家文化时仿佛超国家和次国家的文化都不如国家文化重要，杰出的要人名人是国家的"门面"和"形象"代言人，普通的公民个体就微不足道了。

事实上，文化不能国有化，文化的存在和发展是不可能被国境线和领海权"框"住的。文化是人为的、为人的。通过文化，我们要保护和维护的是每一个具体的、活生生的人的健康生存、文化权利和全面发展，而不是脱离了具体人的抽象文化和抽象国家（比如"发达国家""民主国家""失败国家"等）。当然也不能抽象地讨论人与人权，应该尽可能地在讨论必要的抽象理论之后，继续讨论具体问题。

在20世纪后半叶的经济全球化进程中，文化对国际关系的影响明显加强，而且越来越强。所以，一方面国家的利益也是不断变化的，另一方面，在个人和国家利益(包括核心利益和一般利益)之上,必须有共享的人类基本利益,包括人类文化中各国人民共享共建的核心价值观,世界各国共享共建的法律与制度,以及借助信息科技而分享共有的网络化交流平台。

跨国的文化交流有三个主体:个人、团体、国家

我们(个人)主要通过两种形式去理解不同的国别文化和进行文化交流。

一是通过人际交往。包括个体、团体、国家间的交往,比如正式的外交,企业间的贸易合作,民间的、个体的旅游互访等。比如个人旅游、留学、访学、访问、探亲、旅居、学术访问、商务考察、参加比赛、外派劳务、跨国婚姻……

二是通过受教育和自我教育。包括阅读书籍,观看相关影视节目,聆听讲座,旅行参观博物馆、展览馆、艺术展,游览建筑与街道,等等。

中外国家间的关系,不仅仅是外交官员之间对话的政治经济和军事关系,也是由李小龙、姚明、李娜、成龙、李连杰等人代表的一系列中国"民间外交大使"在努力促进的自然、平等与友好的交流。又如:最近"抖音"网络平台上出现的众多说中文、唱文化、拍中国的外国人制作的短视频,也快速地产生中外的文化影响力,并且会在各自的科技、经贸、娱乐和日常生活中不断渗透和推进。

问题:全球化让各种不同国家文化走向冲突还是走向合作?

一般来说,人类多元文化通力合作的道路在于化解文化差异和减少文化冲突。但也有一些学者看到:20世纪下半叶以来的人类历史进程,随着全球经济发展、社会现代化,并没有相应迎来人类群体间冲突的弱化;相反,现代化激发了民族自觉,民族主体性的增长又带来本土文化意识的复苏。比如美国学者亨廷顿就认为:与"日常生活方式"的全球趋同或统一相伴的,却可能是文化认同的分裂……他在自己1996年出版的《文明的冲突与世界秩序的重建》中归类了四种国家关系的旧分析范式,并分别加以批评:

(1)一个世界:欢欣而和谐。(2)两个世界:我们和他们。(3)民族国家范式。(4)完全的混乱。

在批评冷战后几种理论范式的基础上,他推出了自己的"文明冲突论"新范式,认为文化和文化认同形成了冷战后世界上的结合、分裂和冲突模式。亨廷顿说:这个文明分析范式并不是用来解释古往今来一切国际问题的总体性理论,只是一种解释冷战后国际政治现象的新范式。"事实上,我倒真希望这一范式被现实证伪,被新范式超越。"

防止文明冲突的对策或"三个原则"

亨廷顿先生认为："文明的冲突是对世界和平的最大威胁,建立在文明上的国际秩序是防止世界大战的最可靠的保障。"①防止文明冲突的对策或"三个原则"是：

(1)避免原则——在即将到来的时代,要避免文明间的大战,各核心国家就应避免干涉其他文明的冲突,这是在多文明、多极世界中维持和平的首要条件;

(2)共同调解原则——主张的则是核心国家要通过相互谈判,来遏制或制止不同文明的国家间或集团间的断层线战争;

(3)共同性原则——在多文明的世界里维护和平,各文明的人民应寻求和扩大与其他文明共有的价值观、制度和实践。

亨廷顿对多元文化世界的现实主义预测是：不同文化之间的"最大公约数",还不足以使处在不同文化的人群,基本实现化干戈为玉帛。避免原则和共同调解原则是防守性的,共同性原则即建设"共有的价值观、制度和实践",是对单纯"冲突"的突破。2001年"9·11"事件发生后,他专门写了一篇文章,指出绝不能把"9·11"事件视作"文明的冲突",否则就是把暴力组织、恐怖组织当成伊斯兰教的体现,那么,世界将再也没有和平安宁可言。

应该鼓励多元的现代化

现代化能让更多的普通人享有更富足和自由的生活,多元现代化则可以保证各国和各国人民保留自己的文化特色,并与其他不同文化族群互惠和共存。2005年,亨廷顿在给土耳其分析现代化道路时说,土耳其人民有三大选项：(1)继续寻求加入欧盟,实行政教分离。(2)寻求领导伊斯兰世界。(3)以民族主义为中心,完全放弃其他两个选择,全力发展自己的经济和安全。在这三个选择中,他更倾向于第三个,事实上这也是土耳其目前的走向。

亨廷顿对东亚国家的建议是："更加现代化和更少西方化。"现代化应该普遍达到五项目标：增长(或富裕)、平等、稳定、民主、自主。亨廷顿虽然认为"儒教民主"也许是一种自相矛盾的说辞,但是,他也认为如果是"儒教社会的

---

① 参见：亨廷顿.文明的冲突与世界秩序的重建[M].北京：新华出版社,2010：312.（第十二章《西方、各种文明与全球文明》）

民主"就不再有矛盾了。

亨廷顿对自己祖国,即美国人"世界使命"的建议则是:(1)美国从没有经历过真正的革命(本土反外部),因此也就难以理解世界其他地方人们的革命热情。(2)美国首要的事情应该是让自己站在道义的上风,从而削弱对手,而不应当承担从内部改造不发达社会的义务。(3)美国应该鼓励多元的现代化,而不是西方化或美国化。

亨廷顿的这些富有远见的预言和睿智的建议常常是在被严厉批评的情况下,被越来越多的人知晓和记取。

今天,跨文化交流变得更频繁也更危险

必须承认的现实是:虽然高科技和信息化使得我们这些跨入新世纪的人们幸运地拥有了各国古代达人都曾向往的"千里眼"和"顺风耳",但与许多"鸡犬相闻、老死不相往来""有朋自远方来,不亦乐乎"的古代隔绝状态相比,现阶段的国家间关系,由现代科技和经济成就支持的各国人民之间极其频繁和日常化了的跨文化交流,并不一定仅意味着交流的更顺畅高效和交流结果的更成功丰硕,而是由此引发了比以前任何一个世纪都更多的跨文化交流障碍,引发了更多的文化间、文化内的冲撞和冲突,甚至也已经导致了凶险可怖的各种"文明的冲突"或"信仰的冲突"。所以在这个"整个世界"、全人类都可能相互"无界"地"跨文化交流"的时代机遇和挑战面前,每个国家的优秀年轻人都应该努力让自己成为一个真正成功而有效率的跨文化交流者。

跨文化交流不是中国传统理解或宣传的是政治、军事、经济之外的交流活动,不是仅指唱歌跳舞、文艺演出的交流活动,不是专为表示友好的交流活动,不是仅指国家间的交流活动;今天的跨文化交流是指更全面、更深入的交流和沟通,跨文化交流的参与者可以是国家领导人和外交部门的工作人员,也可以是各种团体和任何个人,而且国家间的交流也需要通过领袖、精英、专业人士和普通人的多种渠道进行频繁交际,通过实体空间和网络虚拟空间进行更充分的交流,才可能真正实现丰富的交际意愿和沟通目的。

跨文化交流的方法包括对话、理解、沟通与合作,也包括对话失败、误解、相互攻击和直接与间接的冲突。从人类文明的发展史看,甚至爆发战争、入侵与反入侵,也一直是人类群体相互交流和影响的一种特殊方式。跨文化交流既有发现奇珍异宝、异国风光的惊喜之旅,也有太多严肃和沉重的话题和无解的困境,跨文化交流的成败得失,也在相当程度上决定了各国和整个人类文明的未来和结局。

二、人类交际与跨文化交流

我们这个国家容易犯民族优越感的毛病。在许多援外计划中，我们与当地国民打交道的方式方法过于笨拙，往往坚持要求别人按我们的方式办事。这就给人造成一种印象，似乎我们把外国人一概视为"欠成熟的美国人"。我们如此行事，大多并非出于恶意，而是出于无知。然而在国际交往中，无知同样是一桩不轻的罪过。

——爱德华·霍尔《无声的语言》

人类交际的传播学研究

交际是人们交流信息和表达彼此情感的过程

根据《朗文当代英语辞典》的定义，交际是人们交流信息和表达彼此情感的过程。交际是所有人类活动的基础。现实中无所不在的人际交往是一个复杂的过程。运用符号和语言进行交际是人与其他动物的主要区别。

美国学者乔舒亚·库珀·雷默在《不可思议的年代》中这样写道："交际要建立共鸣。不能理解的对象是不会产生共鸣的。"①

悲惨而又幸运的是：我们永远不可能像天使一样交流

美国当代著名媒介史家、传播理论家和传播哲学家约翰·杜翰姆·彼得斯（John Durham Peters）有一部名著，题为《交流的无奈：传播思想史》。作者

---

① 乔舒亚·库珀·雷默. 不可思议的年代[M]. 何帆, 译. 长沙：湖南科学技术出版社, 2010:142.

认为"交流是两颗脑袋借精细无误的符号手段产生的接触"。并公开声称:他研究的人类传播史其实是一部人类交流失败史,"我认为,今天的任务就是要放弃交流的梦想,同时又保留它激发出来的好处。我们说,把交流当作心灵共享的观点是行不通的"。因为"我们永远不可能像天使一样交流,这是一个悲惨的事实,但又是幸运的事实"。①

从这个角度讲,我们首先要承认:任何两人间的交流都是跨文化交流,由于每个人在文化上都独一无二,所以跨文化交流和人际交流都是十分困难、需要认真研习的。

人类交际的主要特征

(1)动态性。像一部动画,而非一幅静止的图画。

(2)不可逆转性。说出的话就像泼出的水,收不回来了。

(3)符号性。制造符号是人特有的能力,符号可以是语言的也可以是非语言的,可以是任何一个代表意义的语词、行为或物体等。当人们利用符号分享意义、交换思想时,主观性的符号差异和理解差异使得人们的交际活动既生动有趣,又极容易产生误解。

(4)系统性。交际不可能是孤立存在的,总会处于一个系统之中,如交际发生的场景、时间长短、参与人数多少等。

(5)自省性。人们在交际中往往同时扮演参与者和观察者的双重角色,既通过符号描述和思考周遭世界,也运用符号比照他者、反省自身;通过不断的观察和评价,同时不断地调整自己的交际行为。不过有的文化中人更关注自己的交际表现,有的文化中人则在交际中更多地关注他人。

(6)交互性。主要指交际中的每时每刻,所有参与者都在共同发挥作用,创造和保持意义,所有参与者都同时在发送和接收信息。

(7)语境性。主要有三种语境:物理语境指实际发生交际的地点,如室内或室外、安静或吵闹、拥挤或空旷、公开或私下、冷热明暗等。社会语境指交际发生的不同社会场合,如婚礼、课堂、观看比赛等。人际关系语境指交际中交际参与者所处的社会关系,如上下级、亲属、同事、陌生人等。②

①　约翰·杜翰姆·彼得斯.交流的无奈:传播思想史[M].何道宽,译.北京:华夏出版社,2003:6.(序论《交流的问题》)

②　严明.跨文化交际理论研究[M].哈尔滨:黑龙江大学出版社,2009:8.

交际的传播学定义有两个学派

说服派：传播与接收的过程。

共享派：范围越来越广的信息共享。

说服派视角的跨文化交流模式如图 2-1 所示。

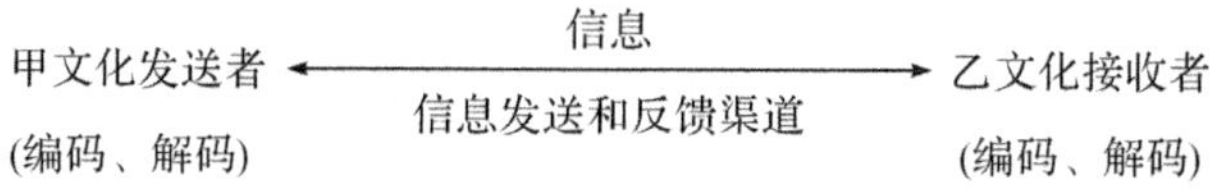

图 2-1　说服派视角的跨文化交流模式

从传播学的角度看"交际"，我们可以研究：（1）发送者与接收者。（2）编码与解码。（3）具体传播过程，包括渠道、噪声、反馈等。

例 从传播学角度看跨文化交流中的发送者和接收者

美国总统一年一度《国情咨文》的发送者是个人，接收者是集体，也就是美国公民和其他有兴趣的世界各国公民。比较：若美国总统宣布"伊战"开始，他就是代表国家的发送者，他正在做集体决议的宣布。此时接收者是伊拉克政府和人民。如果是伊拉克接收联合国核武核查信息，接收者是国家或政府。如果是中国网民谴责美国演员莎朗斯通在四川汶川大地震后的言论，接收者是个人。

2008 年中国举办奥运会前，有一则新闻报道说：美国著名导演斯皮尔伯格因为苏丹达尔富尔问题"拒绝"了北京方面对他导演开幕式的邀请。我们必须首先确定是谁为何邀请了他，如何进行的邀请，是私人邀请还是以国家的名义，是口头邀请还是正式书面通知，才能知道他的拒绝行为得罪了谁。

美国总统的《国情咨文》是一次有意识、有目的的信息发布和发送。比较：若一个领导者发表讲话时有肢体语言、有口音、有口误，其中就有"无意中"发送的信息。

美国演员莎朗斯通在接受电视采访时谈及中国四川汶川大地震，但她"无意中"说出让中国网民震怒的话语。中国网民有意识地接收她的言论并表达了抗议，正如中国成语"说者无意，听者有心"。比较和讨论：许多中国的孩子在从小观看的外国动画片中，"无意中"接收并模仿了其中的价值和言行。我们如何"有意识"地应对这种现象？

例 从传播学角度看跨文化交流中的编码和解码

编码就是将信息转化成可传递的符号,解码是将语言和非语言符号转化为可理解符号。如:2005 年法国以第一次世界大战为背景拍了一部电影《圣诞快乐》。电影里,英军和法军与德军在一个小镇上进入胶着状态。在一次惨烈的厮杀过后,平安夜降临了。英国军队吹起了风笛,法国士兵煮上了咖啡,德国士兵则唱起了歌剧。后来大家都被感染了,英国的风笛和德国的歌声开始合在了一起,法国人也拿着咖啡加入了进来。这三支部队之间的战斗,从此再也继续不下去。他们之间有着相同的传统节日,有着相似的文化背景。而这种文化的力量又是如此的强大,能够将白天还在用生命对抗的敌人联系在一起。这并不是电影的虚构,而是再现了第一次世界大战时期真实发生的事情。

由此案例可以看到,跨文化交流中的编码和解码是一个连续过程,如:甲文化发送者的意向,编码,发送信息——乙(丙、丁)文化接受者的解码、反应、编码,发送信息——甲的解码,反应,编码,反馈……

例 从传播学角度看跨文化交流中的正负反馈

传播学上的反馈,指传播过程中受传者对收到的信息所做的反应,获得反馈信息是传播者的意图和目的,发出反馈是受传者能动性的体现。

反馈又分正反馈和负反馈。如上述案例中,英军的风笛声被法德官兵解读成渴望休战和停战,而不是"他们不打了,我们正好可以冲过去打它个出奇不意"。跨文化交流则需要再分内部自我反馈和外部自我反馈。如英、法、德三军内部对"他者的信息"都可能有许多次的内部讨论和反馈尝试,并不断调整自己的理解和反馈方式。信息发送者首先自我接收临时编码后,准备发送信息,对这些信息的先行解释、评价并加以调整,是内部自我反馈。将已发送出去的信息反馈自己接收下来,进行解释、评价并加以调整后再次发出,这是外部自我反馈。比如中国人开国际会议时常常会出现正式场合的发言和小组发言中的"没有外人,我们放开谈"的区别情况。

要注意的是:自我反馈、自我反思是跨文化交流研究的重要课题。

文化对交流的影响

传播学说服派的跨文化交流模式如图 2-2 所示。

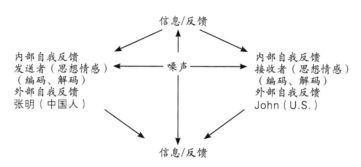

图 2-2　传播派视角的跨文化交流模式

如图 2-2 所示，不要以为符号和语言相通之后，交流的障碍就解除了。

跨文化交流中的单向交际和噪声问题

单向交际：接收到信息但不反馈。如中国人说的"填鸭式教学""一言堂"。

跨文化交流最怕单向交际：易导致交流失败、强迫同化、文化霸权、弱者心理、屈辱感受、引发冲突……

噪声：信息在传递过程中受到干扰。有物理噪声、心理噪声、生理噪声、社会噪声、文化噪声等。

单向交际与噪声问题和传播渠道有关。传播渠道有直接和间接两种。如在一些友好的国家之间，往往设有多条沟通和协商的渠道。而在一些敌对太久的国家之间，并不存在正式的外交关系和直接传播的渠道。很多时候两边都充斥着各种真假难辨的"小道消息"。在没有外交官、使领馆和特使的情况下，两国关系的"松动"常常依靠的是第三方力量的介入，而通过这种"间接"渠道传话和对话之后，双方的直接对话和沟通仍不可省略，而且往往一见面，象征性地握手和拍照之后，仍可能是针锋相对和唇枪舌剑。

噪声原为无线电通信领域的用语，指电波在传输过程中遇到的各种物理干扰。噪声的存在会使传播的信息发生衰减或失真现象，如电视节目信号播出后发生图像扭曲、声音断续等现象。社会传播的过程中也有噪声干扰现象，如虚假、捏造、歪曲的信息等。

社会传播中消除噪声干扰的主要做法有：加大正面信息的传播量和传播次数、揭露虚假信息等等。

例 中国式日常发问，常常是就事问事

中国人在表达问候的讯息时，可以就对方正在做的事情提问，可以根据不同情况把它编码为："写信呢？""赶作业哪？""看电视呢？""出去呀？""回来了？""又去跑步啊？"

中国人在译码时一般不会发生差错，不会认为这是实质性的问题，把这些就事问事只当作形式上的问题，只理解为打个招呼或对自己的关心。

但是，不了解中国文化的西方人士听到这些话时，在译码过程中难免会犯错误，结果得到的信息是干涉他的私事。

例 尊老与女士优先

某文艺团体出国演出，团里指定一年轻女演员负责照顾一位60多岁的年长男演员。出美国机场时，年轻女演员自然帮年长的老师推行李车，机场一位工作人员见状马上对这位男老师说，不应该让一位小姐推行李而男士空手走路。中美文化差异有时会带来礼仪规则的冲突。在这里，西方的"女士优先"礼仪规则和中国的"长者为上"礼仪规则由于文化价值取向不同而"相撞"了。

在这个案例中，首先是尊老的意识在中国文化中得到了正反馈，但由年轻女士来帮助老者的行为在另一种文化语境中则得到了负反馈。除文化价值观差异之外，还有一个客观原因就是许多西方发达国家已经提前老龄化，为了适应这种变化，这些老龄化国家的礼仪文化也已经出现变迁，如：若不到80岁，一般人们不称其为老人。即使他看上去高龄了，但在其能自食其力的时候，在其没有主动要求的时候，旁人也不宜随便去"帮助"他。随着长寿和老龄化现象的日益普遍，这种文化变迁也可能会影响到其他国家的文化习俗。

例 我很喜欢北京，但我不喜欢总是被称作"奶奶"

一位生活在北京的、上了年纪的德国女教师说："我很喜欢北京，但我不喜欢总是被称作'奶奶'。"西方式尊老就是支持老年人"自由支配"自己的钱财和时间，自主生活。中国人的传统尊老爱幼文化则强调优待老人，比如在人际交往中注意"老关系"，按照年龄的"等级"来安排座位和发言顺序，发放老人卡，公交车上提倡给老人让座等。这样的文化差异就需要交流、解释和沟通，是完全可以各美其美和美人之美的。

跨文化交流的成败

跨文化交流为什么会失败？

跨文化交流失败的原因很多，主要是不同文化在语言、思维方式、价值观、交际方式、冲突处理方式等方面的差异和误解。

如语言文字差异，中文是象形文字、表意文字，世界上多数文字是拼音文字和字母文字。语言观上的差异也是宇宙观、认识论上的差异。如：日与⊙，是主客统一的。英语 sun 与⊙，主观与客观的差距较大，是主客二分的。所以对中国人而言，要意识到自己使用的语言文字是比较特殊的，虽然已经有许多外国人开始学习汉语，但目前汉语在非华人世界的普及率仍是非常低的。而且学习汉语和理解中国文化之间仍有很不容易短期消除的认知差距，也就是说，即使一些学习了汉语的"老外"已经能够与华人经常交流，也并不意味着他因此懂得了中国的文化，而同时许多中国人在没有与异类文化交流的时候，也常常对自己的文化仅有很表面、抽象、无意识的理解。于是你觉得别人肯定会懂的事情，他可能从来都没有见过、听过和认真思索过。

例 中式思维的特点小结

（1）整体思维。喜用综合的"大局观"。

（2）类比思维。"天人合一"、物我不分。喜用"自然"比喻"人事"，用"历史"暗示"当下"。

（3）关系思维。重视人际和事物之间的相互联系和关系变化。

（4）对称思维。有阴必有阳，喜欢找"对子"。喜爱让"对立"能够"统一"的"中间"价值。

（5）集体思维。喜用"集体"表达方式，讲究"面子"。

（6）情理思维。情理高于事理，遇事首先采用带感情的道德评价。

（7）意会思维。与语言清晰表达的重要性相比，更喜欢"心照不宣"和"谨言"。

（8）直观思维。习惯于抒情表达和"非虚构"的务实思考，较难理解"虚构"叙事和纯"形而上学"的价值或乐趣。

......

在跨文化的比较和反思中，我们不难看到中国人的思维确有许多自己的特点,这些特点与我们的汉语和生活方式息息相关。但随着信息技术的飞速发展和普遍应用、日常生活中科技产品的普遍享有,随着中国年轻人普遍地学习第二外语,在越来越多的跨语言学习交流中出现信息互动、观念更新和工作创新,中国语言文化和思维方式也会不断变迁,以适应全球跨文化交流的全新环境。同时也可预期:中国人的文化自觉和文化自信也愈来愈强,在与其他文化做比较时能更好地解释自己,并能看到不同文化各有所长。

例 不一定能分享的文化价值取向

中文的俗语、谚语、谜语及诗词中有许多典型的中华文化价值取向,如和为贵、家和万事兴。汉语也反映了华人价值观:忍辱、耐劳、合作、义气、谦让、乐天知命……汉语有许多词强调祖先崇拜和固守家园,如落叶归根、子孙满堂、慎终追远……

汉语语言中有丰富的家庭内部层级关系与亲族系统,如君臣父子、夫唱妇随、百善孝为先。华人等级观有辈分、年龄、性别三个依照顺序。如汉语十分注意区别内亲外戚——堂兄表妹、姑丈舅母,内外有别——娶与嫁、内人与外子……以及传统文化中存在的对女性长期的潜意识歧视:奸、奴、妄、嫉、妓、婪……

要注意的是,这些语言和词义并不是随便就可与"他者"分享的,甚至可能是彼此针锋相对的。学会了语言却学不懂文化,教语言不易、教文化更难,相互好奇容易、相互尊敬很难,是十分普遍的现象。

爱德华·霍尔说:对人类学家而言,文化是实实在在的东西。文化具有无所不在的力量,有复杂精妙之处。这些东西只有通过长期体验才能理解,别无他法。而对没有经历的人而言,只可意会不可言传。[①]

例 交流方式和冲突处理方式上的文化差异

沉默:在中国传统文化中可能是一种美德,表示一个人能克制自我、忍辱负重;在西方文化中可能是一种弱点,指的是一个人软弱无能、缺乏主体性和自主意识。

冲突:在中国传统文化中,"不争"是美德(宽容、大度、善解人意);在西方文化中,遇到人际矛盾和关系摩擦,敢于当面论辩和正面交锋才是美德。冲突也是一种正常的、经常的交际方式,比如大学课堂上就特别鼓励不同观点

---

① 爱德华·霍尔.无声的语言[M].北京:中国对外翻译出版公司,1995:20.

的正面交锋和激烈辩论，电视节目中也常常可见剑拔弩张的对话节目。

中国文化传统对冲突的解决方法经常是"大事化小，小事化了"。一般由长辈或"上层"耐心劝诫，提醒年轻人和当事人不要在小事上苛求，要大度和宽容，最终实现"息事宁人"的解决冲突结果。这类"和稀泥"式的关系调解和情绪梳理方式，也可能被西方人认为是不讲原则，不讲是非，甚至是胆怯怕事。

反之，中国人也对西方人在法庭上公开反复激辩的影视作品又爱又恨，虽然欣赏那种辩论可以提升理性和认知水平，但也感觉那样的正面冲突过多，一定会"撕裂"人们的亲情和社会关系，而且对他们说自己能在法庭上勇敢对峙，一旦判决后就不再提及的习惯，不认可也不相信。《秋菊打官司》这样的当代中国电影就说明中国人感觉西方式法律是更冰冷无情的，过度相信法律的最大损失就是思维单一机械、传统人情淡漠和社会的原子化。

例 交流失败，可能产生各种不良结果

一位在英国的中国访问学者，在他的导师邀请他到家里共进晚餐时，一个劲地说："谢谢，谢谢，好的，好的，我会尽力去的。"导师听完十分疑惑着急，直接问他："你到底是来还是不来？"遗憾的是，那位访问学者准备不足，仍不断地说："谢谢，谢谢！"这使得这位导师觉得中国人说话含含糊糊。

一位汉语老师在中国大学的课堂上看到一位留学生手捂腹部、面有痛苦表情，就直接轻声问她："你身体不舒服，肚子痛吗？"旁边同学的注意力一时都转向这位留学生。结果这位留学生十分愤怒，事后向学院投诉这位老师侵犯了她的隐私权。

澳大利亚布里斯班市有一家大公司，其员工来自 23 个不同的国家和地区。在一次问卷调查中，一位保加利亚来的女工抱怨说：她发现所有同事点头表示赞同，摇头表示反对。而在保加利亚，点头和摇头的意思刚好与之相反，所以她很不习惯。在很长的一段时间里面，她和这些同事合作的时候，会屡屡出错。

一位跨国经营的中国企业家发现：当你提出需求，对方说"好的，没有问题！"时，在有的文化场景里，这意味着对方愿意严格地按照你的约定完成你的需求。但在另一些文化场景里，这意味着对方已经理解和知道了你的需求，并愿意尝试完成你的需求，但是否能按照约定完成，要看具体实施过程，他或她并不会对此负责，也不会为达不到约定而歉疚。同样，在有些文化场景里，说"不"意味着道路的终点、方案和诉求的结束，"不"就是不行！但在另一些文化场景里，说"不"意味着道路的拐点或另一条分支的开始，意味着"那

么我们来看一下怎样才行"。如果理解错误,就会让跨文化合作的结果南辕北辙。

文化是一个共享的符号世界

文化的世界是符号的世界

第一,文化是一个符号世界。

第二,符号具有两面性,帮助理解也阻碍交流。

第三,哪里有差异,哪里就需要理解。

第四,理解就是改写。改写极易造成误解。

第五,误解主要体现为两类:妖魔化和美化。误解的性质也起码有两类:硬伤性误解和创造性误解。

对比:语言学视角下的交际模式

具体如图 2-3 所示。

图 2-3　语言学视角下的交际模式

语境:在哪儿和怎样交流,上下文。信息:说了什么。接触:彼此是否认识。符码:使用什么语言。

语言是最重要的可共享符号,但符号远不止语言

学习不同语言、亲历不同生活环境和与异文化圈的人们进行直接和间接的交流,对研究国际文化关系至关重要。

在一种认知体系中,符号是指代一定意义的意象,可以是图形图像、文字组合,也不妨是手势比画、声音信号、建筑造型,甚至可以是一种思想文化、一个时事人物。在各种符号系统中,语言是最重要的,也是最复杂的符号系统。

巴别塔的故事告诉我们:符号具有两面性,带给我们文化交流的可能、困难和乐趣。所以,既要注重学习母语和外语,也不要迷信语言和外语能力。

未来跨界交流中的外语障碍,将会被科技和翻译软件克服到不再可怕,但很多对外语一窍不通的"中国大妈"已经用她们的旅行实践告诉我们:走遍天下的快乐不是靠语言而是靠成功的跨文化交流。

符号的能指与所指

瑞士语言学家索绪尔认为,任何语言符号是由"能指"和"所指"构成的。"能指"指语言的声音形象,"所指"指语言所反映的事物的概念。语词符号的任意性就是说,所指与能指的联系是任意的,两者之间没有任何内在的、自然的联系。某个特定的能指和某个特定的所指的联系不是必然的,而是约定俗成的。比如"树"这个词,树的概念和"树"的特定发音不是必然结合在一起的,"树"在中文和英文中的读音明显不同,但都能表达"树"的意思。

语言有差异,个体有差异,所以人际交流需要相互理解,一启动交流就开始了理解式改写。每个人都生活在他的语言世界中,这个世界或大或小,总有界限。人一方面很难超越这个界限,另一方面却可以通过学习拓宽自己的世界。

理解式改写常常是夸张变形或以偏概全的,文化间的相互改写极易造成误解。有的误解是因为妖魔化,有的则是因为美化。有的误解是硬伤性的,有的则是珍贵的创造性误解。

最后,国际文化交流的天地里既有创作自由的法则,又有话语霸权的阴影。国际关系中的文化霸权一般具体指各类语言霸权、信息霸权、媒体霸权和制度霸权等。

例 李敖谈新加坡人,他"误解"了吗?

新加坡《联合早报》网站 2006 年 4 月 6 日头条消息:李敖释"笨"——新加坡人"种"不好。台湾名嘴李敖说:李光耀在新加坡实践了中国古代法家的政治理想,但因为管得太严,结果造成了一种类似共性压倒个性的局面;新加坡优秀的成就是在李光耀领导下的"集体的创作",新加坡至今并没有多少个他认识的"出类拔萃的人"。

"我的话其实是这样讲的,我是说,(中国的)台湾人不是最坏的,台湾人是最糊涂的,我说香港人比较坏,大陆的人不可测,好坏我搞不清楚;新加坡人比较笨……有没有想到,当我说香港人比较坏的时候,另外一个意思就是说,新加坡人不坏喔,你只是笨而已。"不过,李敖在电视节目《李敖有话说》中也承认:他的一番话之所以会掀起这么大的波澜,新加坡人和他自己都需要反省。"这么聪明的一个人李敖都会有这个印象,他在新加坡也无冤无仇,为什么他有这个印象?""我也要反省,(应该)说得更细腻一点……没有那么多的恶意。"

例 两把不同颜色的开着的小锁,它们可以表现什么?

某动画造型课的作业题目是:最小限度地改变材料的物质形态(能指),同时做到最大限度地改变材料的表达含义(所指)。结果有个同学的作业被老师评为"最极端的一份作业":这位同学拍摄了两把不同颜色的开着的小锁,有点错落地并置,一把相对小一点的锁斜倾在大一点的锁上。取题:"恋人"。

对没有看到标题先看图像的读者而言,谁都知道这是两把开着的小锁,也就是说符号的"能指"是确定的,但是它们是否因此可以展示"恋人"这样的主题,"所指"则是语意滑动的。

如果可以暗示两个恋人,那么为什么不可以是兄弟、姐妹、同学、同事?如果暗示两个人有相互依靠的、不同寻常的关系,那为什么不可以是"父子"或"母子"关系,甚至还有可能是"傍大款"的关系?

所以,不要觉得自己熟悉的思维方式就一定是对的,有的人看到两把锁的造型时首先看到了颜色的差别,有的人首先想到数量是两个,有的人很快感到两锁之间有"特殊关系",有人立即体会到"打开"的意思应该暗示人们应该将"心锁""心结"打开,也有人可能觉得这个动画造型作业简直马虎到不可接受和无法置评……人们的反应可能各不相同,但都是合理的。这也是符号的巴别塔现象。

中西文化最重要的符号比较:圆模型与十字模型

在中西文化差异的讨论中,我国著名翻译家、诗评家飞白的一个比较非常出彩,即圆模型与十字模型(见图2-4)。中国的文化图标是一个圆模型的"太极图",太极虽然分阴与阳,但它们并不是两极,而是二仪。太极是一元的极,"太极生二仪"。阴与阳分别代表地与天,月与日,影与光,女与男,夜与昼,寒与热,静与动,下与上,负与正。

西方的文化图标不是一个圆而是一个"十"字,救赎的力向上,诱惑的力向下,又有罪恶感隔在其间,张力永远难以消除。十字架有上和下两个维度,但两个维度的向量并不均等。垂直的向量大于水平向量,是基本维度,"上"和"下"构成一对基本矛盾的对立面,即张力的两个极。上与下分别象征上帝与撒旦,天堂与地狱,光明与黑暗,精神与肉体,灵魂与肉体,救赎与罪恶。十字模型中的上与下是对立互斥的,圆模型中的阴与阳则是对立互补的。尽管前者作为一对矛盾对立面也必须相互依存,但其基调是对立互斥、不可调和、

中国：既是，也不是，灵活机动。

西方：是，还是不是，这是一个问题。

图 2-4　圆模型与十字模型

互相敌对的；而后者虽然也含有张力，但其基调却是对立互补、和谐依存、合二而一的。同时，十字模型是不可倾倒的，而圆模型却可以倾倒、反转和旋转。《道德经》说"周行而不殆""反者道之动"，太极模型的形象就带有转的动量。[①]

跨文化误解很正常

文化误解的主要原因

文化误解的主要原因应该是生活方式不同。具体讲就是：

地理环境差异；

历史传统差异；

语言文字（符号：能指、所指）差异；

思维方式（世界观、价值观等）差异。

例　圆月与弯月，各有各的理解

月亮与星星的不同，在于月亮经常会出现形状的变化，因此它引起了各个民族的关注和联想，这是不奇怪的。首先，由于人生也充满着变化和无常，

---

① 飞白.诗海游踪：中西诗比较讲稿［M］.杭州：浙江工商大学出版社，2011：294-295.

所以各族的早期神话或故事都将月亮的变化与人生的变迁对应起来联想,彼此就因此具有一种普遍性、共通感。其次,由于地理地貌的不同,生存样态的差异,不同民族用各自语言记录下来的月亮意象就可能具有不同的色彩、意蕴和倾向性。这种选择或偏好是具有随意性或任意性的。比如欧洲和中东国家对弯月的喜欢,中国和东亚国家人民对圆月的偏好,这些都不是月亮的自然属性。各自赋予圆月和弯月的喻义,都是地区性的,而非普遍性的。其有效性仅限于本文化圈。

中国传统社会主要是一个农业社会,人们在冬天享有难得的休闲,也因此将自己的主要节日安排在这个季节,召唤家人和族人在这个季节团聚和交流。每月农历十五的前后,大地上的一轮圆月很自然地会带给中国的古人特别美好的感觉。这些感觉又不断地与中国传统中的父权家长制、宗族制、安土重迁、看天吃饭、谁不爱俺家乡好的风土习俗相联系,进一步加强了"阖家团圆"的政治、经济、社会与美学价值观。中国语言是象形文字,特别具有直感性和泛伦理性。比如圆在直观上确实能给人以完整的完美感,因为几何学意义中的圆上任意一点,到圆心的距离都是相等的,这是任何其他几何图形都没有的性质。如果圆代表着完整和圆满,那么任何一个成员的缺席就会损害这个圆的完整和圆满。所以中国的诗中就会用月亮的"残缺"来比喻大家族全部成员中有一人(或几人)未能到席团聚的伤感。就会特别为离别而伤怀,产生了大量的抒发"离愁别绪""远离家乡"之痛苦的诗歌。①

例 意大利学者型作家艾柯说,"误读对我来说是经常的"

中国记者说:您有一本书叫《小记事》,中译本叫《误读》,在您的生活中,您是不是经常经历"误读"?

艾柯说:这是书的名字,但是看你怎么理解这个词。误读,对我来说是经常的。我今天早上花了一个小时的时间来讲我反对战争,但结果还是被误读成赞成战争。如果我写一本哲学类的书,我写的是这样的东西,别人说是另外的东西,我必须马上说"不"。但遇到简单的问题,比如说刚才的那两种误读,说我赞成战争或者报道指我说中国没有城市,这都无所谓,我不愿意辩解。

例 艾柯说,误读也可能有正面意义

艾柯说:如果我写小说或者哲学,别人对我的本意有误解的话,通常有两

---

① 飞白.诗海游踪:中西诗比较讲解[M].杭州:浙江工商大学出版社,2011:95-97.

种可能性:我不这样认为,但你有权利那样认为。我的本意是说,我不想跟别人说你应该怎么理解我,或者你要按我的意思理解,也许你按照你的方式去理解,比我的理解还深,这也说不定。有时候我觉得书比主人更有哲学性,更像知识分子。我的译者也经常这样问我,一个字我用的意思是 A 还是 B,我的本意是想用 A,但是译者用 B 的时候,比我原来的意思更漂亮或者更准确。

例 跨文化相互误解? 很正常,很普遍

德国杜伊斯堡-埃森大学东亚政治研究所所长托马斯· 黑伯勒(Heberer)2010 年 7 月 7 日接受中国记者采访:无论在哪个国家,普通民众对其他国家,特别是那些遥远的国家的情况,通常都不是很了解。

2008 年奥运会前不久,凤凰台记者在美国纽约市街头手持一张百元人民币让行人辨认,结果能说出人民币上印刷的著名中国人头像是谁的市民数量很有限,虽然他们大都知道中国很快将举办这届奥运会。

文化差异越大,交流困难越大

文化差异有大有小,差异越大,交流越难。问题是确定文化差异大小也不容易。秦晖教授在《什么是"文化"? 如何去"保守"》一文中说:"在可以实证的意义上,世上哪两个民族(国家)之间的'文化'差异最大? 是美国与伊斯兰国家? 是西方与苏俄? 是中国和美国? 都不是,'文化'差异最大的两个民族,就是美国和瑞典。"这个命题的根据是:正是在大致相同的自由表达与民主选举机制下,美国人与瑞典人表现出了相差最远的两种价值偏好:美国人选择了一个相对而言最"自由放任"的体制,而瑞典人选择了一个"从摇篮到坟墓"都依靠国家安排的机制。如表 2-1 所示。

表 2-1　美国与瑞典的文化差异

区别点	美国	瑞典
价值趋向	重效率	重公平
享受条件	限制条件苛刻。"补缺性"如养老保险限制退休年龄为 65 岁,且已缴纳 10 年的社会保险税;nonelderly uninsured(没有交保险的非老年人)占总人口 14.6%;公共医疗保障只限老年人和赤贫者	几乎无限制条件。"全民性"如基本养老保险覆盖全民,不限国籍(居住满三年);医疗保险覆盖率 100%

续表

区别点	美国	瑞典
政府干预	政府作为制度设计者和引导者,责任轻,风险小	政府既是设计者又是主导者,承担主要责任,提供 50% 左右的社会保障资金
政策目的	社会救济。针对弱势群体的社会救助资金占社会保障经费的 1/3	提高福利。社会救助资金仅占社会保障经费的 6.7%

准确预测,减少误解,才能改善交际。要能准确预测,则需要有深厚的跨文化素养和关于文化差异的知识准备,还要有跨文化交流的能力。

例 两个人还是两个国家打起来了？

2009 年 10 月,美国旧金山市某公交车上,发生了一起黑人妇女与中国妇女的"座位之争",最后两人扭打了起来,于是美国公交车驾驶员停车,黑人妇女下车后,争执才中止。一位车上的白人乘客拍下整个过程并传到上网。这段视频引起了热烈讨论。

华人论坛主要讨论:是否是种族歧视？华人在海外是否总是被欺侮？华人是否都应该像她一样勇于争取自己的权利？

美国论坛主要讨论:公交车上的治安问题是否有相关部门或组织在管,管得如何,如何加强？驾驶员在整个事件的处理上是否有章可依？他的处理是否得当？其他国家是怎么做的？

在今天的信息时代,每一种文化都可能经常不断地接受"外人"的审视和评价。**中国生活方式**:个人担心树大招风、人言可畏;集体则一般被描述成集中力量办大事、抗震救灾显神威。**西方生活方式**:上帝帮助自助者,以 self 为前缀的词有 100 多个,发生公共事件后人们总希望从制度上进行审查和修改。

中国人有求稳取向:顺其自然、安分守己、静、无为,祖宗之法不可变,分是表象、合是永恒,稳中求变。西方人有求变取向:更倾向不断打破常规、公开竞争、不断创新管理体制。如果让两种文化中人相互审视和评价,难免一开始谈不到一起。同时,个人、外人、政府、民间对具体问题的具体想法也很不一样。

例 美国真的很特别吗？

2004 年,在美国居住了一年半的爱尔兰人伊恩·克罗里 (Ian Kilroy) 抱怨说:"美国人有个观点,觉得美国人的身份比其他国家的人的身份更优越。

因为许多美国人相信他们的生活比别的国家好，美国比别国更安全、更民主，他们对身为'地球上最伟大国家的公民'而倍感荣幸。当然，在缺乏对外部世界了解的情况下拥有这样的想法很容易。因为美国人假期很短，每年只有两周，很少到国外旅行，除了自己国家，很少知道外面的世界。"普林斯顿历史学家丹尼尔·罗杰斯(Daniel Rodgers)的设问句最好地表达了他们的立场："难道美国不是很独特吗？"当然是。确实是。即使以另外一个国家的名字替换美国，答案也一样。比如"难道阿根廷不是很特别吗？"或者"难道阿富汗不是很独特吗？"①

更好地认识自己和他人

张旭东教授说：研究中国人眼里的世界，得到的更多的是中国人的自我认识，这并没有什么不可理解。把"中国"换成任何一个国家，情形大概也差不多。问题在于，久而久之，习惯成自然。原先主观的东西，不知不觉就变成了客观的东西；原先只是自己相信的，一转眼也要别人相信，甚至相信别人本来就应该相信。这种事情听上去问题很大，但实际上却还不至于造成大害。因为此国有此国的"世界观"，彼国有彼国的"世界观"。在不断的摩擦、冲突、斗争、磨合过程中，自会产生出某种客观平衡（虽然结果从来都不见得理想或合理）。最终，人类不同群体的"自我意识"，都不得不承认和尊重"他人"自我意识的存在，认识到没有他人的承认和尊重，自己的存在不过是一个自我中心的臆想。说到底，没有无数自有主张、不买你的账你也拿他没办法的"他人"找麻烦，"自我"就永远走不出自我幻觉的婴儿期，也就根本不成其为自我。在现代西方种种有关"主体"的论述里，这是从黑格尔"主人与奴隶的辩证法"到拉康(Jacques Lcana)"无意识是他人的语言"一路讲下来的经典理论。②

通过交流和沟通，更具有"文化自觉"

费孝通说：生活在一定文化中的人对其文化应有"自知之明"，并且对其发展历程和未来有充分的认识。同时，"文化自觉"指的又是生活在不同文化中的人，在对自身文化有"自知之明"的基础上，了解其他文化及其与自身文化的关系。

---

① 约舒亚·赞茨.美国真的很特别吗[EB/OL].吴万伟,译.(2006-08-30)[2021-10-23]http://www.aisixiang.com.

② 张旭东.美国与世界[M]//张旭东.纽约书局.上海:上海书店出版社,2006:10.

三、亚文化间的跨文化交流

　　人们有时会被周围环境搞得茫然而不知所措,时常感到被某些不可知的力量左右驱使,在海外乃至在美国看到别人的一些作为确实感到迷惑不解。本书就是为这样的普通人而撰写的。我希望能向读者展示,人类生活表面令人茫然,使人迷惑,纷乱无章,而在其深层又存在有序的一面。理解了这一点,读者就会重新审视周围的一切。我希望,读者会因之对文化这个题目产生兴趣,从而随兴所至,独立观察。

——爱德华·霍尔《无声的语言》

同文化与跨文化

"跨文化"并非一定指"出国"

　　锐奇提出了跨文化交际的五个领域:不同文化间/国家间/种族间(多数与少数)/少数民族间/逆向(白人与印第安人)。① 类似的划分都提醒我们一个重要信息,那就是"跨文化"交际活动并非一定指"出国"、指"留学生"、指"与外国人"打交道,而同时是我们每个人日常生活的一个组成部分。

　　同文化交际:相似文化背景的人之间交际。
　　跨文化交际:不同文化背景的人之间交际。

　　研究发现:二者之间有许多相似。可谓同构同质。

---

① RICH A. Intercultural Communication[M]. New York:Harper and Rom,1974.

同文化(国内或亚文化间的跨文化)交流与跨文化交流都具有相似的讨论差异的范畴,如南北与城乡差异、制度(教育、法制)差异、传统与现代文化差异、男权与女权关系定位、信仰与禁忌文化的差异等等。

笔者曾在浙江大学的几届新生中进行"亚文化"差异情况的课堂随机调查,结果发现,许多"外地"学生在初到杭州和初进浙大的前几天,或者前几星期,甚至前几个月都会遭遇明显的跨文化交际障碍或"不很适应"的状况。我们说大学与中学不同,大学是一半学校一半社会。更开放自由和丰富多元的大学生活,也让我们更多地在"没有围墙的校园"内外跨文化交流。

例 对许多东西的叫法差太多了

北方同学打饭时说:"来碗米"——浙大食堂的南方师傅完全不解。有师傅终于听懂了之后忍不住回答说:"同学,买米应该去米店,这是食堂,食堂只卖烧熟了的米饭。"这让北方来的同学也很不悦:"我说的就是米饭。你干吗非让我再多说一个字呢?"

确实,有的地方"吃面"与"吃饭"是两个意思,有的地方是一个意思。有的地方"吃饭"就是"吃米"的意思,因为"米"与"面"的吃法有较大区别;有的地方则是无论吃饭吃面都得做菜,所以没有明显差别。有的地方"喝粥"是为了区别"吃干饭"而喝煮得"稀稀的"的"粥",而这种稀薄度在另一地方同学看来完全在"喝汤",此话一出,第三个地方的同学则觉得竟然连饮食中最重要的"喝汤"的含义都会与最不起眼的"喝粥"混起来,真是太不可思议了。

关于浙大食堂里统称为"面食"的东西,如面粉包裹了咸的馅料或甜的馅料之后应该叫什么,面粉做成面食后蒸了或烤了之后应该叫什么,来自不同省份的同学发现叫法差太多了,如:馒头、包子、面包、蛋糕、糯米糕、生煎包子、煎饼果子等等。有的地方的同学认为馒头与包子完全不同,有馅的是包子,没馅的是馒头;有的地方的同学则称有馅的包子仍是馒头,如肉馒头、菜馒头、糖馒头。

有的地方的同学认为包子与面包区别很大,一是蒸的,一是烤的;有些地区的同学则称他们所说的包子是面包,称他们所称的面包是蛋糕……"其实大家都在乱叫"。

有的同学发现自己感觉十分亲切的"麻辣烫"到了异地竟也变得面目全非、口味怪诞了。有浙大新生因为作业紧张,请室友代为打饭。要求是"红烧大排加一个素菜"。结果南方同学打回的"青菜"让这位北方的同学很奇怪,因为他说的素菜是指白菜——中国素菜花样繁多,各地差异很大。美国有的超市因为弄不清楚，索性将各种品种的叶菜统统标为"中国蔬菜"。

虽然这也许是最不易引起争斗的表层"微观"跨文化差异，但在讨论中我们不难看到和听到讨论者们的口气大都"理直气壮"，最初看别人的差异也有点情不自禁的"贬损"之心，觉得他者的叫法"太可笑了""太奇怪了"之类。这种心态十分类似跨文化交际讨论的"本文化中心主义"，也就是认为自己熟悉的东西和方法就一定是对的，是理应如此、理所当然的，而别人的说法和叫法则都是可笑滑稽的，甚至是愚笨的。其实，静下心来想一想，每一种文化习俗和习惯叫法都是有道理的、可理解的，也不会妨碍交流，而且增加了大家"来自五湖四海"的交往乐趣，这就是多元文化或者说文化多元的魅力。

不过，潜在的文化冲突也是存在的，一位同学下课后告诉老师：因为自己仍称有馅的包子是馒头，结果被宿舍里的几个同学高声嘲笑，好几天都不断提及，有同学还编成段子放到网上，说他是"可笑的乡下人"。

例 口味差异与文化差异

一般人们讨论文化差异不愿多谈口味差异，认为它是表层的事情、最容易解决的事情。而所谓深层的文化差异和沟通主要指价值观、宗教信仰、意识形态。价值观或意识形态的冲突才是真正可能导致国家间冲突的大事。其实这也是文化被国有化的表现。

相比之下，口味偏好往往比意识形态更牢固，它会伴随一生。因为它是**非理性的**。

很多"我族中心主义""极端爱国主义"和"仇恨外族情绪"都是**非理性的**。

性相近、习相远。江山易改，习性难移。就个体而言，一个人的一生中，通过后天的学习和交流、对话和反省，价值观、宗教信仰、意识形态是可能改变的，而一个人自7个月之后就确定下来的口味偏好，却是伴随一生，很难改变的，而且是越老越难改变。这也是许多当年很"开放"的年轻人，到老了之后会变得十分保守和固执的原因之一。尤其对讲究色香味的中国人而言，人生最让人向往的美事之一，就是游子回乡后又"喝到了家乡的水"，又"吃到了妈妈（或奶奶、外婆）做的菜"。

最近据说许多澳大利亚的入关行李检查人员，虽然不懂中文，却能说出或听懂中文"榨菜"，因此让中国游客倍感亲切和友善。因为中国人出国旅游，总不免担心适应不了十余天吃西餐的口味问题，所以经常随身携带一些小包装的榨菜。于是，这就成了常见的行李内容。一包榨菜、一种口味接近的调料、一盆夹在西餐自助餐中的米饭,总能让疲劳的中国游客在他乡也胃口大开,心情顿时大好。

例 公共场所为何不要随便吃东西?

目前中国的一些城市公交车,已经贴出"禁食车""请勿在车厢内吃东西"的标语。中国旅客到了国外旅游,导游也会再三提醒:在"老外"开车的大巴上,千万不要吃东西,更不用说抽烟了,只能喝瓶装水。在"老中"驾驶员的车上,最好也不要"偷偷"吃,因为它是"犯法的"。

为什么现在许多公共场所的"禁食",已经提到了"禁烟"的高度? 就是因为在提倡多元文化和相互尊重的大背景下,气味,尤其食品气味和化妆品气味的差异,也被提到了文化差异的高度。一种中国人觉得香气四溢的食品,在另一种文化中人的嗅觉中,就可能是难以接受甚至是禁忌的。有些护肤品的浓香,会让很多人感到刺鼻和难受。一些海外房东的租房条款上,还会专门注明不希望中国学生在厨房里做中餐。因为中餐制作所产生的油烟较大,可能会导致下一个其他文化背景的租客感到房间里有"怪味",而拒绝支付原定的房价。而中国人会觉得印度食品那才叫气味浓郁,那种满屋子的咖喱味,开窗通风也没用,一年都不会散去。

例 日常用语中的感叹词说法差异很容易引起误解

一些浙大老生在调查中强调自己在经过了一段时间之后,才终于领悟出室友的一些说话方法其实是不伤人的。如:

好恶心呀! ——只是轻微讨厌?

哎呀我去! ——没什么意思,就是感叹一下?

我跟你讲——没有强迫的意思?

"我跟你讲"这个说法在杭州一带是较普遍的开讲语,只是表示"兴"或请别人注意自己准备要讲话了。这个说法还是杭州电视台一档方言说新闻节目的栏目名(《我和你讲》)。但在调查中发现,一些北方地区的同学则在很长一段时间里觉得杭州同学说话总是很"强势",仿佛要迫使他人听自己的。其实这种感觉也可能涉及外地同学到浙大读书后,觉得杭州人是本地人,是强势群体,所以本能地、敏感地觉得他们说话总是很强势的。这也就接近于文化交流中所谓的**"文化霸权"**和**"话语霸权"**,在许多相互不了解、缺乏沟通的情况下,跨文化交流的双方其实都可能产生"不安全感"。

比如杭州的同学若不经历调查和跨文化对话,则可能完全不会意识到自己很习惯的说话方式不仅不是客气,而且可能引发交往者的不悦,自己已经被同学视为"不友好";事实上,杭州人的这种说话方式本意不是想率性地打断人家说话或强迫人家做事,而是先试试能否引起他人听的兴趣,然后再决定要不要说。杭州本地人在听到这样的话语后,很可能或转身向着说话者,或眼睛转向说话者,从而表示准备听他讲话;或者就直接说"我不跟你说","我不听你说",对方可能因此立即闭嘴,把原来想讲的话咽回去。由此可见,这里面很明显有跨文化的误解或误读。

由于中国文化传统是强调"入乡随俗"和为人宽容的,所以北方的同学虽然一开始对杭州同学的说话方式不悦,但绝不会说出来,只是"默默忍受",直到时间长了,双方了解深了,才觉得对方并不是强势和喜欢"逼迫"他人的同学。从这个案例中也可看出,我们对许多跨文化交际的潜在障碍仍是长时间无意识的、不自觉的。

同文化中的亚文化差异

从国内文化的差异角度看,虽然我们享有共同的语言文字即汉语,但中国是一个地域辽阔的多民族国家,所以内部的亚文化也极其丰富。各地各族的文化都在属于"中华文化"的同时又自成一些亚体系,比如在语言风格、社会风俗、男女分工、责任义务分配等方面,根据现实生活需要和可能,逐渐地形成自身的优势,同时也承受着一些方面的相对劣势。这样的国家内部文化差异也会引起跨文化交流的障碍。

例 浙大新生的相互不了解

你们杭州人爱吃泡饭?太可怜了!——其实"菜泡饭"是杭州地区的一种美味主食做法。

来自沿海城市的同学问内蒙古来的同学:你们那儿是骑什么的?——他以为内蒙古都是草原,还觉得自行车可能是骑不来的,骑马的话还不清楚人家家里是否富有。

浙江的同学问西部来的同学:你们那里有高楼吗?——他以为西部就是比沿海地区要"落后"的地区。所以看上去应该与杭州完全不一样。

有新生一听同寝室里有少数民族同学,立即高兴地说:那你们可以经常为大家表演歌舞了!——他以为所有少数民族都喜欢唱歌和跳舞。

例 卫生和生活习惯差别好大

在个人习惯上，许多浙大新生对室友的生活和卫生习惯表示"太奇怪了"。如：

好几天才洗一个澡？洗脸用满满一脸盆水？一天要刷三次牙？

浙大的床竟然"穷"到是用硬板做的？

南方人怎么会用"草席"这么怪的东西？好扎人呀！

需要注意的是，跨文化交流的障碍之一就是常常觉得他者文化"不干净"或者缺乏起码的物质生活条件，所以"不文明"。

例 浙江新生的南北文化敏感

许多国家都有北方与南方文化的差异，或者说人们习惯用这种方式区分地域亚文化的差异。有一位来自东北的浙大女生，刚报到不久，与初次见面的室友说："我才 1 米 76，不是很高。"引起周围南方女生一阵惊呼。后来她还忍不住介绍说："我们那儿到高中的时候，班上男生全都 1 米 8 以上了。"引起班上南方男生又一片惊叹。

另一位来自北方的新生也在调查问卷中写道：我到杭州后发现南方这儿马路上的"恋人"们怎么都差不多高？奇了怪了。

虽然中国的北方人与南方人在历史上发生过许多次大规模人口迁移和文化融入，目前在改革开放的大潮中也早已南来北往地自由流动，但人们对南方与北方的差异仍有一些"定型观念"，比如认为北方人总应该是豪放的"大汉"，南方人则往往被总结为精明能干。类似的差异其实在"国外"也是如此。

课堂小调查发现：很多留学生都说他们国家也说北方人如何如何，南方人怎样怎样，或者河这边的人如何如何，河对岸的人怎样怎样。

例 豪爽大方的北方人？

一位北方同学在某趟列车上，听到两个南方人为座位争吵，惊讶他们吵的时间之长，竟然自己一觉睡醒还在吵。若是在北方老家，他们或者早就"打"起来了，或者早就不再这么"相持"不下了。

有北方同学在杭州时间待得长了，回老家过年时，对老家的一家冲印照片店的质量问题提出了质问和索赔要求，结果回家被母亲责怪，说他在南方生活时间太长了，变得越来越不宽容，也喜欢斤斤计较了。

虽然南方同学大都表示：特别喜欢与北方同学相处，因为他们热情大方，特别好相处;但是北方同学却发现南方同学太奇怪,什么人情都不肯"欠",凡是"被"帮助了的事,都着急"赶紧还清",包括借了三毛钱、同学帮助打了一次开水等等。

寝室同学出门吃饭,南方同学永远是不用问就知道是 AA 制,北方同学则觉得这样的话太不亲热了,总是抢着要付钱。不过如果北方同学坚持这样做的话,则南方同学就会悄悄地不再热心于到校门口的小店去聚餐了。

例 必须提防"南方人"?

北方同学很高兴自己在南方生活时,可以一次只买个人需要的小份额商品,南方小贩绝不嫌你买得少而不客气。南方饭店的碗碟都十分小巧,点一个菜就那么几口。听说中国是越往南,饭馆的碗碟越小,好在最小的应该在日本。但北方同学也发现有的南方老板做生意很周到、很精心,勤快得惊人,只是这并不说明他们人品好。北方同学也反映说南方有的小店老板太势利,听到外地口音就抬价,试了衣服不买还会骂人。——其实这样的不良商贩南北都有,但人们的印象中则是南方居多。

北方来的浙大新生还发现:

南方的老人很会挤公交车——因为他们不懂得排队?因为南方年轻人不让老年人?因为南方老年人个性很强?

南方男生太矮小,而且不太负责任——这是典型的"以貌取人"的一种。其实就如有位浙大老生写道:本以为个子矮小的南方同学肯定胆小怕事,但四年相处下来,我发现许多南方同学都是内在的男子汉和"大丈夫",而且他们很有责任感,非常刚毅。

温州同学太会"算",太会"争"了——这可能是北方同学对温州同学强势的"市场意识"有点不适应。

广州同学太爱讲方言,拉小团体了——广东同学请客和社交的方式与我们一般谈话意义上的北方和南方同学都不同。所以他们为了解决自己的问题,往往用"抱团"的方式,给人的感觉就是到什么地方他们都太爱他们的方言了,包括根本不顾周围听不懂的其他同学在"皱眉头"。

杭州同学太自顾自了——许多来自不同地区的浙大新生认为:作为"本地人"的杭州同学"应该"主动请班上的外地同学回家吃饭,或者主动提出当他们周末出游的"导游"。但这个观念并不是每个杭州同学都认同的,他们中的许多人认为:如果同学有这样的要求,自己应该等他们首先提出来,再去回答和响应,而不是"自作多情"地主动邀请,会弄得同学不好意思回绝,于是也就成为逼迫了。

亚文化的交流与启示

例 南北方在询问岁数的表达方式上的差异

一位南方年轻教师写道：我刚到绍兴工作的时候，师傅是一位来自湖北的特级教师，他退休后才来绍兴不久。刚开学的一天，同办公室的一位本地中年教师出于客气就问他："王老师，你几岁了？"我师傅听后脸色立刻就变了。他的一脸不悦也让这位发问的中年教师大为不解。原来在湖北以及我国多数北方地区，询问年长者年龄的方式通常是问："您老高寿？"或"您老多大岁数了？"不过在南方的一些地区，我常常听到不论对方岁数多大，询问者都用"你几岁了？"这在有些地区就被认为是极不礼貌的言行。

由于跨文化交际者的文化背景不同，人们会误将自己的语言使用习惯和说话方式带入双方对话中，从而导致交际的失败。不同文化背景的人们都有一套自成体系的习惯说法，在跨文化的交际活动中，人们总习惯于用自己的说话方式来解释对方的话语，很自然地将本方语言的使用习惯带入跨文化语境，从而产生用语失误，导致相互无法正确理解的交际障碍。

例 南方北方也太不一样了！

有位网友这样写道：在我进入大学结交了北方同学后才渐渐意识到南北差异竟然是这样一个"巨大的问题"。我完全不能想象一个北方人早上5点起床、买菜、做干饭、吃早餐的行为。我也不能理解他们的大大咧咧，刷牙洗脸竟然可以如此马虎，个别女生居然可以脸盆脚盆都是一个。更不要说她们完全没有南方人普遍认为的"女子应当家"的思想。

其实这位网友写的情况，一是可能仅是个别的特殊情况，不能因此说"北方人"都这样那样。二是他可能没有意识到中国一些地区的水资源是很紧张的，并不是他们不讲卫生，而是来自这些地区的同学会有自己独特的生活习惯，他们很可能也对其他地区同学对自来水的"极度浪费"而感到太不可思议了。三是他觉得"女生"就应该比男生更讲卫生、做事更仔细、更愿意"对镜装扮"和为悦己者容，包括准备未来"男主外、女主内"，操持家务，但在信息时代和开放年代，人们会逐渐发现，这可能是人们千年以来的性别文化上的"定型观念"和"偏见"，男女平等不仅是指法律面前人人平等，也是指人人在生活习惯和性格天性上也可以真正地"顺其自然"。

例 东北文化和上海文化的夫妻组合

浙大"国际中文教育"①研究生班的一位同学说：我国幅员辽阔,地域文化种类繁多。每每婚姻中出现"地域文化组合"就必有"亚文化交流和冲突"。在诸多冲突中,堪称冲突之最的当属东北文化和上海文化的"撞车",因这两个地域实在都太具有代表性了。在我们东北人看来,上海的"男女平等"平等得有点怪。女人一般都很神气,完全没有低男人一等的概念。我的数位上海籍同事曾经让我很吃惊。男人通通烧得一手好菜,不仅会裁衣服,有的还会打毛线衣,而且没有丝毫的不好意思,个个都很自豪。脾气也个顶个地好。再看电视连续剧《双面胶》里的鹃妈还有那个鹃爸,就格外地贴近现实和惟妙惟肖。

例 城市里的两代人和两地人

电视连续剧《双面胶》是六六的作品,这位有名的编剧还写过《蜗居》。剧中的东北婆婆这样对儿子抱怨南方媳妇说："她那叫吃点东西? 一碗红烧肉我切 28 块,你吃 8 块,你爸吃 7 块,她一人吃 13 块! 这盆肉要是在家里,兑点萝卜土豆,我跟你爸能吃一个星期! 这样算算,一个月下来伙食费得浪费多少? 你看你们那一柜子衣服! 一个人有几个身子啊! 一天换一套都能换一个月不重样儿。煤气、电费、电话、你们的手机,出门坐车,哪样不要钱? ……妈是过来人,你们没经历过的,妈都要预先讲给你们听,不能看着你们走在河边还不拉一把。你们那日子,过得太悬乎了!"

导演滕华涛的评论是："我们所展示的,表面是一个婆媳关系。但我看小说时就对六六说过,她从婆媳关系写起,其实真正想写的是城市里两代人的文化冲突,南方和北方的(地区)文化冲突。"确实,这段对话除了代际差异、地域文化差异外,还写出了传统文化与现代文化的差异。它们都可能造成跨文化交流的障碍。

例 "女生们就不用动手了!"

浙大的老师要求同学们帮忙一起搬运实验室用具。班上南方同学多,结

---

① 2021 年 12 月 2 日,在中华人民共和国国务院学位委员会发布的《博士、硕士学位授予和人才培养学科专业目录(征求意见稿)》中,已将"汉语国际教育"专业改名为"国际中文教育"专业,并定为教育学门类下的一级学科。

果男生们无一人提出"女生们就不用动手了"，而是均分工作量。于是班上人数很少的女生们须与男生一起动手。一位东北女生虽一样出力，费劲搬运，还主动帮助了力气比较小的女生，但心中十分不悦。于是她在"跨文化交流"课堂上向全体男生提问："你们觉得我有理由生气吗？"

例 儿子的月票

20 世纪 70 年代末的杭州，一公交车靠站停车后，一位中老年妇女上车，她把手中的月票向售票员晃了晃，示意自己使用的是月票，然后就往车厢里面走。公交车售票员忙喊："哎！大妈，你的月票上是一个男人的照片，这月票不是你的。"这位大妈从容地回过身来，不慌不忙地说："是的，这是我儿子的照片。我把儿子养到这么大，拿他的月票用用有什么不可以的？"

在传统中国，家长往往视儿女为自己的"宝贝"和"财产"，一方面含辛茹苦地把他们养大，另一方面又指望他们将来为自己养老，所以晚年大都过的是"大家庭"生活，不管儿子走得多远，父母总希望要能与儿子住在一起。但就如《双面胶》里，"传统"的东北文化背景中的公公婆婆来到大都市上海的"现代"儿子媳妇家后，婆婆会说：因为儿子是自己的，所以儿子家就是我的家。媳妇的认知却是：丈夫是自己的，这个家也是自己的，因为是我买的房子，是我们共同建立的小家，在这个家中，公公婆婆是"客人"，自己才是"主人"。

可见即使是亚文化之间，跨文化的沟通与理解也非易事。中国传统的"门当户对"观念已经不再单指金钱和财物方面，而更多的应该指家庭成员的观念、认知需要有相似的文化内涵，否则文化冲突就是在所难免的了。

例 人品好，文化差异就不会是问题？

有浙大新生在课堂小调查中说：入乡随俗，天经地义。人品好，文化差异就不会是问题。你同意吗？其实把文化差异看成"人品"问题，这本身就是一个较突出的中外文化差异现象。

不妨对比一下 20 世纪 90 年代浙大留学生回答的调研问题：在中国，作为外国人，你遇到中国人做法和自己国家人的做法不一样的事情，你觉得你应该怎么做？比如：在你的国家坐公共汽车人们会排队，而在中国排队的情况不多。或者说中国人一开始是会排队的，但是车一来，队伍就不排了，人们会一拥而上。另外，上下班比较拥挤的时间，食堂买饭人流比较集中的时间，人们就不喜欢排队，或者排队也不过是很随意的，可能排着排着就不排了，甚至可能因为某些原因,有人会无意识地用胳膊把他人推开。

    A. 中国人的做法;

    B. 我的国家习惯的做法;

    C. 不知道该怎么做。

结果有接近70%的留学生选择了C。这就说明"入乡随俗"并不是"天经地义"的。不同的"家乡"有不同的风俗,不同的风俗背后有不一样的道德和事理逻辑,除非被逼无奈或者迫不得已,一般人们更愿意以自己熟悉的方式和道德原则进行生活方式选择和人际交往。

所以对浙大留学生该问题答案的调研结果也告诉我们:在遇到类似乘公车、坐火车、食堂买饭是否要"排队"这样的问题时,他们遭遇的是困惑和不得不面对选择时的内心冲突。当然,对这类问题的更深理解,还涉及文化差异的更深层探讨,如文化休克、集体性格差异、行为模式差异、文化取向的选择及代价等。让我们在后面继续探讨。

文化与认知

文化认知

要了解文化认知,先需了解一下认知:认知是个人对外部世界的刺激的选择、评估与组织的内在过程。在同一个文化或社会里,如果某人与其他人的认识格格不入,不仅交流很难,而且会受到社会和他人的排斥或制裁。

例如,在伊拉克服役的美国女兵被阿拉伯报纸指责。因为信奉伊斯兰教,许多阿拉伯国家妇女的社会地位和行为规范是与其他文化殊异的:她们出门必须面纱遮脸、衣袍裹身;平时不准开车、骑自行车;许多事未得到家中男子的同意是不能做的。所以美国女兵在伊拉克的波斯湾战争中,其着装和行为方式就被阿拉伯报纸指责为"大逆不道"。

例 获得社会地位的不同认知

泰国人以朋友数量的多寡来衡量一个人的社会地位。如果你走在路上不与熟人打招呼,开车在路上不与其他车里的熟人用喇叭打招呼,在遇到不同地位的熟人和重要人物时不懂得用不同的礼节表示敬意,会发现自己是不被社会认可的,你的朋友也会越来越少。

埃塞俄比亚人却认为一个人的社会地位是世袭的。也就是你不应该在日常生活中企图用类似拉关系、打招呼的方式去建立人脉，去改变自己的世俗面貌，你的地位是命定的。

这就是人类认知系统的复杂性。

文化与生活环境感知

感知不仅是感官传给人的对世界的印象，而且是一个复杂的心理范围，与注意力、思维与语言、学习、记忆、情感等相互作用。感知不是被动接受，而是一个主动塑造的过程。人们在感知时是有选择的。比如巴特雷特所著的《记忆》一书说，他在施瓦兹兰地区，看到牧民们能记住多年前在牲畜交易中仅仅看到过一次的奶牛的各种细节特征。在非洲丛林中生活的人能迅速发现灌木丛中的各种动物。给美国和墨西哥人看一组照片，他们分别看到的是与自己文化相符的东西。尽管直角在大自然中是极为少见的，人类却创造出许多直角的居住环境。但在班图族的房屋建筑中看不到一个直角，全都是曲边。

文化认知的过程：首先是选择，然后是组织，最后是解释

文化认知过程中的第一阶段是选择。

首先是**选择性接触**。如肚子饿的时候我们会寻找食物的信息。到一个陌生地的时候我们会发现特别多的差异和怪象，会感到不安甚至恐惧，同时也希望尽快寻找到自己熟悉的人群、乡音和自己可以学会的谋生方法和做事规则。有个非洲的留学生介绍自己初次出国到中国求学时的感受说：一下飞机进入异乡，他觉得到处都是其他肤色的人，没有一个人（除了他自己）是黑皮肤。他心里不由地恐慌起来，站立在那里一动不动。这时，他突然发现茫茫人海中还有一个黑肤男人，他像是见到亲人一样地大步朝他奔过去，原来他是来自法国的旅游者。虽然他们俩一个是讲英语，一个是讲法语，但还是非常高兴地拥抱和交谈起来。

其次是**选择性专注**。如感觉肚子饿的时候，有人选择米饭炒菜，有人选择面食，有人选择汉堡包，佛教徒们则会选择素食。发现文化差异的时候，有人选择加强与陌生人群的交流，有人选择"不与陌生人说话"，有人选择放弃自己原来的身份和习惯，完全融入新的环境。

最后是**选择性保留**。我们总会记住更愉快的、更符合自我形象或身份的信息，或者记住那些感觉以后会用到的信息。

文化认知过程中的第二阶段是组织。

在各种值得认知的信息中,我们会将认知对象进行分类和组织。如将人群分为南北、城乡,以及不同的阶层、年龄、学历,将同一个城市的人又分为上城区与下城区。在此基础上人们可能会认为:"外地人"比较不可信,"杭州佬""江北佬"如何如何。我们会尝试在主城区当新移民,因为生存与发展都更有机会,等等。

文化认知过程中的第三阶段是解释。

认知不是一个孤立的现象,而是一个解释过程,是一个经由意义的给予,与其他事件和概念产生联系的过程。

例 浙大同学对不同口音和口味的评价(选择、组织、解释)

对浙大食堂之"口味"的不同评价:太甜了、太淡了、太辣了、太油腻了、太黏糊了……

对各地乡音或带不同口音之"普通话"的不同评价:太含混了,太快了,鼻音太重了,太嗲了,太傲慢了……

有一位北京同学在快毕业的时候,班上有南方同学"终于公开地大方地对他说:你的京腔一直让我们觉得太标准了,也太傲慢了,不过现在我们都意识到这个问题不是你的人品问题"。

有位同学这样写道:刚入学时,北方同学最讨厌的是南方同学在宿舍里打电话"故意"用听不懂的"方言",那简直是"天然屏蔽"呀!问题是这不公平,因为我们打电话的时候他们都听得懂呀!其实他们平时说普通话的时候水平都不错呀!

例 我的同室怎么会这样?!

浙大某级新生同室四友出门 AA 制就餐。他们四人虽相识不久,但出门聚餐已经是第三次了。起初,仿佛一切都如以前一样"正常"。但聚餐快结束时某生突然对其他三友说:这盘菜我未动一筷,所以我声明不付此菜钱,仅付其他三菜的四人均分款。余三友惊诧其言。我的同室怎么会这样?!

探讨:该生为何如此?应该是桌上的辣菜让她很不爽,而在这之前,在上次的聚餐中她就已经再次声明自己是不吃辣的了。那么,其他三友可否认为我们喜辣的占多,点一盘辣菜、三盘不辣不算过分呢?还是觉得这位"发飙"室友新生"人品不好"?

文化认知的特征：结构性、稳定性、意义性

由于人类的文化认知具有结构性或组织性，所以我们的语言和行为交流中除字面意思和表面意思之外，还有丰富的文化含义。也因为人的认知的稳定性，如你不会因为距离，而改变你对亲人的身高认知；所以反映在文化认知上，我们会发现人们的风俗习惯也往往具有极强的惯性。如中国在新中国成立和新的社会及文化建设后，许多曾被认为是"封建迷信"的东西，如风水、命相、节气仪式、节庆仪式、家规族规、乡约民俗等，又在20世纪末现代化的城乡居民生活中得到了相当普遍的重新认同和恢复。

认知的意义性是指人们通过一些文化解释，让自己的言行合理化。如无论是"求神"（西方谚语"自助者天助"），还是讲究"受教育"（中国古代《三字经》"书中自有颜如玉、书中自有黄金屋"），不同文化群体都有一组自己或团体可以接受的意义解释体系。

影响认知的主要因素：生理因素、社会角色、自我观念、文化影响

具体而言，生理因素主要指味觉、气味、听觉、年纪、身材、健康与生理周期。社会角色主要指性别与职业造成的差异。自我观念与文化影响中的自我观念主要指自尊心强弱或高低、待人接物的主动与被动。文化影响主要指人们处理类似对位高权重的确认、对礼尚往来的期待、关系建立的时间长短、面子意识、社交成规等问题时的方式，背后往往受到所属文化的影响。

例 影响文化认知的生理因素

爱吃什么食物会影响人的性格吗？喜欢吃辣的人，个性更开朗，或者更暴烈？吃辣的地区或喜欢饮酒的地区有特殊民风吗？亚洲人更多食用水果和蔬菜，所以体味轻？所以也更爱和平？失明的人听觉会更好？体型肥胖的人大都个性乐观、身宽心也宽？心情不好的时候看什么问题都是阴暗的？练瑜伽、练打坐，可以让我们更有宽容之心？

注意影响认知的生理因素可以提醒我们：有时我们对不同文化的看法或评价，仅是出自我们的味觉、嗅觉、听觉和许多直觉判断，它们不一定是经过了大脑的思考或理性的过滤。另一方面，我们的身体感受、心情指数和生活满意度也会明显影响我们对异文化环境的认知与判断。

例 影响文化认知的自我观念因素

许倬云先生在他的采访记《乡关何处》中谈道：中国早期在美国留学的年轻人，如杨振宁、何柄棣、杨庆堃等，在美国的大学里都特别用功，成绩和表现也非常突出。即使后来拥有合法身份，这些华裔科学家也特别爱自己的祖国。原因之一，是当时美国的种族歧视现象仍很严重，中国留学生和华裔背景的新移民普遍"受洋人的气"，身体和精神上都感到压抑，这也促使他们更加努力，更加关心自己祖国的命运。①

从许倬云先生的这个理解也可以看到：在外国"受气"的中国年轻人可能更出色。跨文化学习和生存也有类似"富人的子弟多纨绔，穷人的孩子早当家"现象，对于能够承受压力的人来说，文化上的歧视和无视，也可能被"正面"消化，强化了自我身份认知和文化自觉，如把巨大的压力理解成"竞争"与"赶超"的机会，化压力为动力和进取之心。

相比20世纪中期，当今天的美国和欧洲对外来移民和留学生更加开放、平等和公正之后，外国的留学生们也可能会变得有多元身份认同，不仅爱自己的国家，同时还具有一种爱人类共同体的"超国家"意识。当今中国在国力再度强盛之后，也开始大规模吸引世界各国的留学生和国际性的"外来务工人员"，中国公民在爱国的同时也更具有国际主义和世界主义情怀，这都应该是一种人类政治文明的进步和可喜结果。当然也还是要警惕文化无意识和文化上的傲慢无知。

例 影响文化认知的社会角色因素

性别与职业的差别在不同的文化圈里也有丰富和有趣的异同。不同的性别在对社会重要问题的看法和体会上有很多差异，不同职业的人有不同的术语、着装、口气、心态、职业道德，这都影响我们的认知。而当我们进入跨文化情境中时，这些差异也极易引起我们的注意和反应，要求我们做出自身观念或行为的适应与调整。如：

他第一次体会到了性别压力

世界妇女代表大会在北京召开时，与会的少数男士接受记者采访时笑着说："当我一路体验了坐满了女士、只有极少数男士的列车车厢、大巴车，体验了女性占绝对主导地位的会议气氛之后，我才人生第一次明显感到了性别压

① 许倬云.乡关何处[M]//许倬云谈话录(下篇).许倬云，口述，李怀宇，撰写，桂林：广西师范大学出版社，2010：45.

力,真的是压力很大呀!"问题是:为什么许多中国女性平时参加男士占多、男性观念占主导的会议和活动时,却没有强烈感觉到性别压力呢?因为"男主女辅"的普遍社会意识已经"社会化",让多数人都觉得这都是"正常的"。

请不要把我当作你班上的小孩子

一位职业是幼儿园老师的母亲说:"今天我上了初中的儿子突然对我说:'妈,请不要把我当作你班上的小孩子!'因为他觉得我对他说话的时候有一种幼儿园老师的'职业腔',包括我的口气、手势、心态和夸张的表情,都是一种针对幼儿的行为模式设计。这让我又惊喜又难为情,高兴的是我发现我的儿子突然间长大了许多,难为情的是我觉得自己很难完全改变这种让大人不喜欢的职业行为模式了。"

例 影响认知的文化因素——路边的空桌椅可以去坐吗?

一对中国年轻父母带着7岁的孩子去欧洲名城罗马旅游,走路走得腿都酸痛了。看到路边有一些沿街咖啡店和小饭店摆放的空着的桌椅,他们的孩子就趁爸妈逛街看景拍照的间隙,拉开一张椅子坐了下来。这时一个店员走过来,用手势让他离开椅子。孩子不肯,店员也坚持用孩子听不懂的语言让他离开。这时中国父母听到了,马上走来,生气地用流利的英语对店员说:"你不要欺侮孩子!"并把孩子带走了。

事后,这对中国父母气愤地认为:一是店员看到了孩子是亚裔或中国人,所以就不客气了,如果是白人的孩子,他不至于如此;二是这只不过是一个孩子的不懂事,他怎么会这样不原谅和坚决不允许,这样做事也太机械和不人性了,那些椅子明明空放着没人坐,随便坐一下也不可能坐坏,何必对潜在的客户这么无理;三是店员以为亚洲人英语都不好,听不懂,其实现在的多数中国年轻人都能听、说英语了,所以也要用我们相当不错的英语把我们的不满,好好告诉他们一下。

你觉得这对中国父母生的气、说的话,有道理吗?你会如何与他们一起讨论类似的问题?

学习跨文化认知和相互尊重

例 各国的饮食文化是很不一样的

日本客户热情招待美国商人一道鱼内脏,结果让美国贵客完全不能接受。中国广东人被一些舆论形容为：两只脚的除了人、四只脚的除了桌子之外什么都吃。这不能不说是一种对异类饮食文化的"偏见"。课堂小调查发现："西方人不吃动物内脏""西方人吃鱼不能带刺"等，也是一种刻板印象，很多东欧国家的留学生都介绍说，他们国家能吃的东西也非常广泛，很多都与中国一样，并且热爱发现和品尝大自然的一切美味。

日本和美国人认为分盘装菜比较卫生，中国和韩国喜欢盛成大碗大盘一起享用。东亚人喜欢用筷子，西方人习惯用刀叉。西方人喜欢同桌却分餐而食，东亚人则喜欢食器共用地聚餐。在非洲和中东地区，食器也可以公用。非洲、中东、印度与中南美洲的人们习惯用手取食；伊斯兰教徒和印度教信徒认为左手不干净，只能用右手取食物。东亚人喝汤发出声音不仅觉得正常，而且也是对食物做得好的一种赞扬；西方人则认为就餐时发出嘈杂声是很不礼貌的举止，从小就要练习遵守不发出声音的就餐规矩。

例 饭桌上的"沉默"好不好？

东亚各国都认为人们吃饭喝汤时发出声音是很自然的，说明人们赞赏食物做得真好，是一种"感谢"意思的非语言表达。在好莱坞电影《黑雨》中，由道格拉斯扮演的美国警官在初到日本时，也对由高仓健扮演的日本警官在吃面时发出的巨大声响十分惊诧和反感。但在一段生死与共的警务工作完成后，美国警官临走前吃起日本面来，也毫不在意地发出了大声的、自然的吸溜声。他们之间的文化差异和交流障碍因此表示已经被顺利克服。

可见，相比之下，不同文化间的人们对他者饮食和习惯的学习与模仿，要比文化价值观的完全接受或共享，速度更快，也容易得多。

目前中国也在开放国门之后，接受他者文化影响，提倡餐桌上使用"公筷"。这样既可以保护食器共用聚餐的传统，也可以借鉴分餐食用的好处，改进你一筷、我一筷可能不卫生的习俗。与此同时，历史学者也指出，在中国的悠久历史上，分餐和共餐，本身就是都有过，轮替着流行的。

颜色禁忌的感知差异

巴西人认为人死好比黄叶落下，所以忌讳棕黄色；比利时人最忌蓝色，如遇不祥之事，都用蓝衣作为标志；泰国忌红色，认为红色是不吉利的颜色，因此写死人姓氏是用红色；摩洛哥人一般不穿白衣，忌白色，以白色为贫困象征。

许多国家忌讳黑色，以黑色为丧礼的颜色。一些国家的人们认为猫是可以带来好运气的小动物，尤其是黑色的猫。在美国却恰好相反，认为只有白色的猫才能带来好运气；匈牙利人也视黑猫为不祥之物，用白色表示喜事。

在德国，灰色是忧郁的颜色，但在北美干燥地区，灰色是美丽和欢乐的颜色，因为它与云雨相关。德国人视下雨为讨厌的事；而在北美，雨却是受欢迎的。

在印度尼西亚的皮影戏里，脸为黑色的士兵表示他极度紧张，脸为绿色的士兵表明他身份低微，贵族和智者的脸为白色，贪婪者的脸为红色，狂妄之人的脸为黄色。

例 社交问候中的眼神

美国人和挪威人在街上行走，只要视线一接触，不管认识不认识，都会主动打招呼。英国人和瑞典人比较孤傲，即使彼此认识也不一定打招呼，但若打招呼则一定目视对方，以示尊重。在南欧、中南美与中东地区，人们避免目光与对方直接接触。在美国，白人打招呼时，通常只是看对方一眼就把视线移开，被问候者则必须继续保持看着对方，以示礼貌。美国黑人则相反，先打招呼者会将目光一直注视对方，被问候者则避免目光接触。

例 坦然接受价值取向有差异

中国"二十四孝""桃园三结义"的故事，忠孝节义、敬老尊贤的道德观念，大事化小、避免冲突的生活技巧都是传统文化的组成部分。但这里体现出来的价值观对西方学生而言，"腐朽"而不可理解。

与此同时，西方核心价值观如"不自由，毋宁死"，对中国人而言，也有点迂腐。

对相当一部分今天的中国人而言，信的还是"民以食为天"，知足常乐。美国重视个人主义、与天争胜——中国人可能认为他们自私自利、目中无人、好狠斗勇[1]。

例 欣赏不同的工作价值观

美国人不以做动手的工作为耻，但许多国家认为护理工作是最低贱的。印度人认为公司发红利应该主要给需要帮忙的人，美国则认为主要给干活最卖力的人。美国人认为工作是天职，是自立的基础，所以对手工劳作十分重视，讲究"拼命工作、拼命休闲"。所以美国人的许多名字的含义就是工作

---

① 陈国明.跨文化交际学[M].上海：华东师范大学出版社，2009：49.

方式,如木匠(卡朋特)、渔夫(费希尔),甚至木头(伍德)、石头(斯通)、橡木(奥克)。

2011年10月5日,苹果公司创始人、"创造天才"史蒂夫·保罗·乔布斯辞世,引发全球轰动式哀悼,他的英文名字"Jobs"原意就是"工作"或者"很多工作"。中国人认为在家不用干活是一种富人、贵人象征,取名字也常常是考虑发音响亮动听,寓意美好,包含"集体主义""积极向上""祈求富贵""预祝成功"含义的占多数。

例 宗教信仰的差异最易导致文化冲突

因有神无神、一神多神、天堂地狱、有罪无罪、祷告念咒、轮回永生等差异,认知系统间的争斗一直未停。要注意这是真正的文化冲突,难以简单包容或被动接纳,必须经过长期和艰难的交际和沟通才可能有所谅解和共存。

宗教信仰和意识形态上的争执是必须谨慎从事的大问题,同时也是21世纪世界文化对话和共存的真正舞台。

四、文化休克与文化适应

一旦出了事,美国人往往不知道该怎样避免火上浇油。他们通常意识不到,有些举动在我们看来很正常,可是在外国人眼中,这些举动反映的既不是我们的真实感情,也不是我们的实际意图。

——爱德华·霍尔《无声的语言》

文化休克的"病症"与"好处"

文化休克的定义

文化休克(culture shock)这个概念最早是由人类学家卡莱沃·欧伯格(Kalervo Oberg)在他1954年的博士论文《克林基特印第安人之社会经济》(The Social Economy of the Tlingit Indians)中提出的,也叫文化冲击或文化震荡,一般指个体在非本族文化环境中生活或学习,由于文化冲突和不适而产生严重的焦虑心理。克林基特(Tlingit)是加拿大西北部的一支原住民,是一个在东南阿拉斯加海岸及亚历山大群岛的温带雨林繁衍出来的、靠狩猎为生的母系社会。欧伯格出生在加拿大,父母为芬兰人,他后来去了美国,1944年获美国国籍。在研究克林基特之独特原住民文化和社会架构的过程中,欧伯格提出了"文化休克"概念并加以系统研究;还在很多演讲中,对"文化休克"现象进行了深入浅出的解释。之后几十年来,各类相关出国旅行"指南"或跨国生存"锦囊"书籍的出版,都表明当西方社会经历愈来愈多的人口流动后,学者们就积极从事相关的实用知识研究。①

"文化休克"是一种需要治疗的病！

欧伯格以及随后的学者，曾把"文化休克"下的一些反应看成"职业病"的一种。欧伯格1954年在巴西的一次演讲中就直接把"文化休克"定性为一种精神失调或疾病(amalady)，并宣称"文化休克"和任何其他疾病一样，有其独特的病源、症状和治疗办法(has its own etiology,symptoms,and cure)。他列举了一些典型的身心反常病象，如像孩子一样心里存不下事，会因为一点小事就"抓狂"，或显得无比焦虑，思绪飘忽，时常目光呆滞，陷入一种无助、失魂落魄的心理状态。

塔夫特提出了文化错位(cultural dislocation)的概念，具体表现为：一是文化疲劳，以及由于这种疲劳所带来的心理失调，如易怒、失眠等。二是有失落感，在新环境中找不到自己恰当的位置。三是被新环境中的人拒绝，在社会关系的建立上不知所措，体验受挫感。四是不能胜任新环境中的事务，自我评价降低。②

"变迁休克"与文化休克

班尼特提出"变迁休克"的概念，强调这是人类有机体对新的、变化的环境不再有效适应的状态。当个体遭遇伴侣死亡或离婚，在跨文化情境中失去了熟悉的参照框架，由急速社会变革引起的价值观变化等，就会发生变迁休克。而文化休克不过是变迁休克的一种。换言之，拥有"文化休克"的常识，对于跨国生存以及正常生活，都是有益的实用性知识。③

---

① OBERG K. Culture shock[M]. Indianapolis,IN:Bobbs-Merrill,1954. OBERG K. Culture shock and the problem of Adjustment to the new cultural environments. World Wide Classroom Consortium for International Education & Multicultural studies,2009-09-29. http://www.worldwide.edu/

② TAFT R. Coping with unfamiliar cultures[M]. // WARREN N,Ed. Studies in cross-cultural psychology (Vol.1). London:Academic Press,1977:121-153

③ BENNETT J. Transition shock:Putting culture shock in perspective[J]. International and intercultural communication annual. 1977,4:45-52.

文化休克不一定只发生在跨国经历中

美国教授保罗·佩德森教授认为：文化休克并不一定局限在海外旅行者或移民中，许多人的一生中都会遭遇类似的危难和打击，也会陷入文化休克研究所描述的那些困境。总之，这涉及一个过程，即打破现状—适应新格局—恢复自我的一个过程。

去文化相近的他国，也会文化休克。佩德森本是纽约一所大学的教授，但花了好多年去"OE"（overseas experience）。OE 是一个在新西兰发明的、人人皆知的名词，通常指二十出头的年轻人，到海外"勤工助假"（working holiday），时间至少一年或一年以上。OE 不仅让人开眼界和长见识，而且会有更多的升迁机会。比如"有没有 OE"往往是现代大公司雇主面试时必问的一个问题，因为有跨国求学和生存发展体验的人，总是被认为更具有培养和重用的潜力。①

佩德森先后在印度尼西亚和马来西亚的大学任教，并到中国台湾地区"全日制"地学了一年中文。新西兰位于南半球一隅，只有到海外——通常跑得越远越好——才能真正地感悟外面的世界，但因为语言、文化和历史，英国又总是新西兰年轻人求学、打工、游历的首选，但佩德森在观察和调查中发现：尽管语言相同、文化同宗，不少新西兰人在英国仍或多或少感到"文化休克"。

换言之，即使来自儒家文化圈国家的留学生们，在中国学习或工作中能更快更易地适应，也并不意味着他们就因此能避免文化休克。

众家罗列病症，为的是找出药方

无论是欧伯格、佩德森、科奥斯还是塔夫特，众人系统研究文化休克的主要目的就是通过对症状的罗列和分析，找到治疗办法。他们都认为文化休克的症状虽因人而异，但大致离不开几个基本表征。如：过度敏感（hyperirritability，即对外界某些刺激的过度反应），辛酸苦楚（bitterness），怨恨嗔怒（resentment），思乡（homesickness），忧郁（depression）等等。从中可以看出，这些症状的共性，就是凄凄惨惨、自哀自怜，或者失落导致失常，加上离开了原来熟悉的社会以及那些有形无形的制衡机制，原本或许不会走极端的人也可能在异文化的他乡最终想不开、走极端，酿成悲剧。

---

① PEDERSEN P. The five stages of culture shock：critical incidents around the world[J]. Contributions in psychology. Westport：Greenwood Press，1995(25).

文化休克的"好处"

文化休克不是病,是一种学习过程!

早期的多数文化休克研究都是问题导向,强调如何将病情控制住,将困难化为最小或缩短不适的时间等,但阿得勒（Adler）提出了相反的观点,将文化休克放到更宽广的背景中审视,强调文化休克也是一种深刻的学习体验,它会使个体提高自我意识,获得个人成长。①

美国教授保罗·佩德森也认为文化休克——不管多么不适或痛苦——不是一种疾病(is not a disease)而是一种学习过程(a learning process)。虽然文化休克有可能与疾病和病态(pathological states)相关联,也会在相关条件下引起不良反应,但若能克服困难、实现对新文化环境的适应,则会因此获得更大的自我价值。

认识文化休克有"消极"与"积极"的不同角度

华东师范大学的严文华教授在《跨文化沟通心理学》一书中分析说:如果从消极的方向看文化休克,人们易将自己的跨文化不适应经历看成是自己生了一场病,以为只能等待周期性病症逐渐消失后才能全力以赴地投入其他工作;而如果从积极的角度看,就会发现遭遇文化差异的过程本身就是有意义的,在这个过程中人们本身就在学习和体验,它本身是一份正餐的组成部分,而不是要等文化休克之后才上正餐。

文化休克的"归零"效果和"排毒"作用

从积极的角度看,跨国性的新文化适应过程可能是难熬的,更是令人激动的。无论是对于旅行者、留学生、外派公司代表,还是对于旅居者或新移民,"出国"意味着自己和过去熟悉的一切暂时隔绝了,甚至可能有种一时间"一刀两断"的感觉。尤其是许多人选择留学、被外派或移民,都是为了深造自我,单打独斗出一片新天地。这种"出国"决定本身就体现了敢于冒险和探索新路的勇气。对这些人而言,文化休克有一种"归零"效果和"排毒"作用。

有人把移民到一个新的国家比作跳进大游泳池"裸泳",过去的无论是辉

---

① ADLER P S. Culture shock and the cross-cultural learning experience[M].// Regional Council for International Education. Readings in Intercultural Communication. vol. 2,1972.

煌还是黯淡都成为过去。在这个鱼龙混杂、不知深浅的大游泳池里，自己是龙是鱼是虾全靠自己在激流中搏击，而且可以不断地搏击和在变迁中改变命运。其中的压力和困惑，本身就是事先渴望的人生冲击的一种，也是人生新发展机会之所在。

不仅如此，即使是那些在国内从事"跨国交往""国际接待"和"国际教育"的工作者和志愿者，也往往会在频繁的跨文化交流中，比一般人感受到更多的激励和压力，更有自我的实现感和工作的成就感。

同时，跨文化交往总会让不同文化的人群都有机会更清楚地看到自己文化的长处和弊病，尤其是一些潜在的、已经成为国民无意识和习惯势力的文化弊病，一些自以为是、他者却根本无法接受的过于特殊的特征或喜好。由此，不同文化的人群可能借助不同文化对相似问题的不同应对思路和解决方案，借助不同文化对冲突处理的不同智慧，对自己的文化进行经常的反省反思和文化修理，最终达到类似"排毒养颜"、强身健体的文化"自修复"目的。

例 许多惊人罪案的犯罪原因是严重的文化休克

2009 年 11 月 20 日，美国托管地塞班岛发生枪击案，造成 4 死 9 伤，凶手为 42 岁的中国移民。案件起因是他所工作过的射击场老板拖欠其工资。

探讨：其实这位华人可能经历了严重的"文化休克"，缺乏相关的常识和自救方法，最终在绝望中铤而走险。也就是当他"孤身一人"进入不熟悉的文化环境时，他也曾经努力打拼和适应，但由于未满足预先期望而逐渐积累起一些迷失感和挫折感，又由于这种累积的消极情绪因失去自己熟悉的社会交流的符号与手段，无法倾诉、无处宣泄，也无法深入地与他人，比如他老板进行有效的交流和沟通，因为他也无力获得新文化环境的法制和舆论支持，所以产生了越来越严重的迷失、疑惑、排斥甚至恐惧的感觉。

跨文化调适的阶段性

跨文化适应是一个有许多周期的过程

学者们的研究发现，文化休克是绝大多数的人们来到异域他乡都会经历的一种心理上的迷惑和失落感。这种迷惑和失落感，往往来自你所遇到的不同风俗习惯中的做派、感知、价值观等等对你的撞击。而这些撞击又威胁到你潜意识里最基本的一种认定，即自身既有的文化、种族及其派生总归是对的。也就是说,当你所熟悉的参照物——小到日常琐事,大到信仰体系——在新的生存环境里逐渐淡化、消失时,剩下的就是失落。从不知所措到找到自我是有一段过程的。跨文化适应是一个有许多周期的过程,一般可以分成四个阶段:

第一阶段,蜜月期(honeymoon)。跨文化体验带来的巨大欣喜往往来得快、去得快。这一时期的人们会对新环境、新事物充满好奇,对自己的新生活无限憧憬。

第二阶段,危机期(crisis)。这一时期的人们会逐渐变得烦躁、敏感、孤独、想家、消沉,甚至对异文化背景的人们充满敌意。常常伴有生理上的不舒服:头疼、精疲力竭、没有胃口、睡眠不好、常常感冒。

第三阶段,恢复期(recovery)。这一时期的人们会进一步了解对方文化,改变自己的行为方式和思考习惯,努力去适应,能够与异文化背景的人们有效合作。

第四阶段,适应期(adaptation biculturalism)。这一时期的人们不仅适应,而且开始欣赏新文化当中的好处,甚至意识到新的文化在某些方面,比自己所属的文化更优越。人们能欣赏新的文化了,对新的文化越来越熟悉,能够认同对方文化并融为一体。[①]

例 刮痧在中国几千年了,到了美国怎么就说不清楚了呢?

在中国电影《刮痧》中,生活在美国的中国移民遭遇了中医不被承认的困境,去探亲的孩子爷爷痛惜地自问:"刮痧在中国几千年了,到了美国怎么就说不清楚了呢?"电影《刮痧》中的孩子爷爷是刚去国外探亲或之前没怎么出过国门的老人,所以他在为孩子做感冒的刮痧治疗时,几乎不清楚他者文化圈的事宜,同时又很兴奋,终于全家在国外团圆了,自己很想多做点力所能及的事情,来帮助儿子一家人。目前中国年轻的观众可能觉得这个故事有点过时了,因为今天的中国人已经对相关的文化差异有更多更普遍的资讯了解和信息掌握了。

例 "资浅"的跨国旅行者会"丢脸都丢到国外"?

其实"资浅"的跨国旅行者会遇到很多类似《刮痧》的文化差异的情形,一

---

① 参见:WARD C,BOCHNER S,FURNHAM A. The psychology of culture shock [J]. 2nd ed. London,New York:Routledge. 2001.

且处理不当还会被舆论评论为"丢脸都丢到国外去了"。如：

路上堵车造成时间紧张后，是否可以在公共场所高喊："对不起！我来不及了！"然后推开人群、大步追赶？

小孩子在飞机上吵闹，作为父母应该怎样做？作为邻座应该怎样提醒？

父母在孩子不听话时为了教育或做规矩，是否可以在国外旅游胜地轻轻地打孩子或大声训斥一下？

在旅行中看到特别可爱的人、宠物、场景或活动，可否自由上前打招呼或悄悄拍摄？

出现伤筋动骨时应该去国外医院吗？去了医院是"冷敷"还是"热敷"？孩子突然在国外感冒发烧应该"冷治疗"还是"热治疗"？

中国孩子在国外是否还可以穿一下实用方便的开裆裤？出门后"熊孩子"内急、实在不行是否可以找个偏僻的地方"方便"？

万一被人误解和漫骂之后应该怎样勇敢又安全地应对？等等。面对这样的状况，如果旅行社事先做过跨文化培训或旅行者自己做过功课，才可能从容应对和不造成文化误解。

跨国婚姻为什么多数没有坚持到底？

德国社会学家齐美尔（1858—1918）奠定了许多重要概念，如陌生人、社会距离、边缘人、同质性与异质性、世界公民与当地人等。其中他提出社会距离指人们的亲疏程度，主要有三个经典问题：

你愿意与之成为邻居吗？

你愿意与之建立长期友谊吗？

你愿意与之结婚吗？

换言之，跨文化交流，从陌生到熟悉，从暂时到长久，都是越来越不容易的事情。但是，跨国恋爱和婚姻，又往往是最难的。

从调查统计数据上看，跨国婚姻成功率相对稳定的时期，多数是战后时期或是饥荒和贫困时期，否则跨国通婚的成功率都是有限的。很多都是浪漫轰动一时，随后黯然、沉寂、争吵和努力弥合，但矛盾仍越积越多，最终以离婚收场。

因为一方面，跨文化交流的第一个阶段是蜜月期，也有学者称之是陶醉期和神魂颠倒期。当一个人初入异文化圈、认识全新的文化人时，会因为满满的新鲜感、好奇心和兴奋感，特别轻松和愉快，并且对自己可能的"新经历"

充满了甜蜜的幻想。

包括人们第一次看到不一样的自然奇景、风土人情，第一次品尝异国的美食和茶饮，第一次欣赏不同的艺术创作、画风、音乐、建筑、城市设计等，也会感到特别的心旷神怡和兴奋过度。但是随着时间的流逝和完整的社会风俗渐渐呈现在眼前，就可能进入第二个阶段：危机期。如果危机不能通过努力解除，婚姻、友谊和普通关系都会出现破裂和扭曲，甚至导致文化冲突。

跨文化调适的第三阶段：调整、恢复、重建自信

一个人真正离开本土、扎根他乡，往往要经历很多文化震荡，忍受很多漫长而又细碎的文化差异折磨，才能一点一点地从迷惑、失序和挫折感中走出来，学会另一种自己终于重新认可的生活方式。

由于个性不同，旅居地和旅居方式不同，这个配合新的环境调整和改变自己的过程也会是很不一样的，从中国人熟悉的"对立统一"的角度看，有的人慢慢拥有了更强的文化敏感和文化适应能力，在新的学习、工作和生活中渐渐接受很多新的活法和做法，并越来越感谢、尊重和欣赏目的地文化和文化人群。他们最终会成为双文化或多文化的成功适应者。

另一种情况则可能是，在激烈的文化震荡和跨文化生存考验中，有的人越来越清楚自己的文化是什么，自己的文化优势在哪里，猛然意识到他者的文化并不适合自己，而且也越来越清醒地看到异文化的长处与短处。因而，他们毅然选择回国，在超越原来自我文化理解的基础上，重建自己的文化自觉和自信。另外，也说不定会出现回国当"愤青"的现象。

双文化人、多文化人还是全球人？

目前我们所处的时代是人类文明史上第一次出现的全球化时代，世界各国的人员、物品、信息和创意想法都可能越来越方便、越来越快捷地自由流动和互惠互利。

在这个大背景下，国家、团体和个人都认可"对外开放"是文化共识和人类共享价值观。

由此，无论是中国人到海外旅行观光、求学、找工作、尝试移民，还是中国越来越吸引世界各国的优秀人才前来学习汉语、谋求更好前程、洽谈深度合作和尝试移民中国，都是符合中国和世界人民利益的好事情。

由此，**"双文化人"**可能是在异国他乡让两种文化深度融合，让自己像种子一样扎根、开花、结果的中国人，**"多文化人"**可能是无惧漂泊不定、始终奔

走在创业大道上的中国人，"**全球人**"可能是机会在哪里，就勇于冲向哪里的冒险中国人。

文化适应的阶段说不过是理论假设，相信现实中世界人民都可以亲身参与跨文化交流实践，更丰富、更超出所有的已有预测，不断检验和突破这些纸上谈兵的论点。

例 海外"中国城"的中国人：持续延展的文化休克周期？

传统意义上的文化休克，强调的是初入异乡的"文化苦旅"，这种特殊的痛苦或失落在生活的不同阶段有可能依不同情形，分阶段或重复发生。对一些海外华人移民而言，因语言和文化的差异，许多人会被迫在国外的"本族社区"一辈子出不来，相当于文化休克的周期在持续延展。

当然，如果本族社区具备的条件和规模足以支持自身的产业和供需，一辈子生活在这里或那里的"唐人街"，也未必是值得大惊小怪的事。

海外"中国城"，既是中国旅行者最亲切的地方，也是最容易感受文化情感复杂性的地方。所以还是要谨记跨文化交流的伦理原则：**相互性、不妄加臆断、诚实、尊重**。跨文化交流的行为伦理准则应该是：志愿性参与、尊重个别性、免于受害的权利、隐私权的保护、避免强加个人偏见。[①]

欧美的各种移民理念都经历了严峻考验

法国的"共和同化"模式在移民理论上叫作"**番茄汤理念**"，就是把法兰西文化比作一锅番茄汤，移民可以往里面添加种种辅料和调味品，使之更加味美汤浓，但基本上仍然是一锅番茄汤。

与法国相对照，英国推行多元文化社会制度，它允许移民保留自己的文化，对待移民持"互相宽容、互不干扰"态度，这被称为"**沙拉理念**"。

荷兰更加善待移民，他们提出的是"绝对宽容"的理念。但是如法国模式一样，英荷的理念也都遭到过不同程度的挫折。

美国曾经的"**大熔炉**"移民理念也同样面临倾塌，却又找不到有共识的新的理念来替代。在"大熔炉"理论之后，专家学者们还提出过"**支流群**""**挂毯**""**沙拉酱**"等比喻来改良美国的移民融合国策。以"文明冲突论"闻名于世的美国学者塞缪尔·亨廷顿，在他的《我们是谁？——美国国家特性面临的挑战》一书中就忧心忡忡地预言：到2025年，美国很可能会变成另外一个国家或

① 陈国明.跨文化交际学[M].上海：华东师范大学出版社，2009:13.

者几个国家。

相比之下,澳大利亚和加拿大是两个近年来自认在实践**"多元文化国策"**上比较成功的国家。甚至是一些对欧美移民政策极度失望和担忧的欧美国民们,也纷纷"移民"到这两个主要目的国。

今天西方世界严重的"移民问题",其实也是不同文化群体之间,虽然长期共处一个"地盘"却仍感到自己是"陌生人"的问题,它可能引发的是暴力冲突,但它应该引发的是人们对成功跨文化交流的更深入思考,是对现代社会公正问题的更深入思考,人们不仅期待政府和非政府组织以及公民们的共同努力,努力对不同利益群体关系进行更公平、更有效的协调,人们也需要期待他们自己和周围的所有人都更重视多元文化共存的必要和难度。

跨文化适应的策略与方法

治疗文化休克的最好方法？没有万全之策,需要自主选择

一般而言,建立**"第三种文化"**的整合策略是更佳方案。因为所谓第三种文化是指通过跨文化交流,主客文化都因此得到改良和提升,并在交流中自然形成第三种文化,而不是指一种更好的文化如何说服了,或者征服了另一种文化。

但事实上,如何针对自己的情况进行适应策略选择,由于四个原因,没有大一统的药方,只有各自不同的好或相对更好。

一是个体差异,如旅行或出国动机、经济状况、身份等。

二是在东道国的生活经历并不一定能让人的适应性增强。异文化并不能自动让旅行者或旅居者增加对东道国的好感和接受度。只有在先前有好感的前提下,随着接触次数的增多和时间的推移,人们的积极感才会加深。而这个模式的假设是:人们的适应是以积极的情绪为特征的。

三是跨文化适应的过程说,只讨论了"积累—渐进型"变化。由于可能有四种不同策略,所以"积累—渐进型"只讨论了整合型和同化型,没有讨论隔绝型和边缘型。所以也有学者提出要用"多类型说"来弥补。

四是旅行者有多种情况:旅游者、旅居者(移民)、外派者、难民、政治避难等。应该有不同群体的文化适应具体建议。

跨文化适应的四大策略

跨文化适应，无论是作为管理者，还是公民个体，都有四大策略类型：整合型、同化型、边缘型、隔绝型。

如严文华老师总结的，中国留学生的"文化融入"三策略如下：

边缘化（留学相当于炼狱：国外远不如国内，但为了父母和学费，熬到毕业就回国）；

同化（我终于彻底过了语言关：现在完全不与中国人来往，尽量让本地人感觉不到我是外来者）；

整合自己和他者文化，建立第三种文化（如鱼得水、文化整合：保留原有身份，但也同时拥有新的文化身份）。

这里没有谈到的**隔绝型**，那是指因为各种原因，不同文化不允许交往、不可能交流、不想交际的情况。不过所谓"隔绝"只能是暂时的现象，不同的文化若汇集于同一社会空间，短期内可能彼此之间"老死不相往来"，可能建造类似"长城"或借助自然天堑形成"看不见"的相互抵御和对峙，但既然彼此都知道对方的存在，彼此都需要发展和壮大，那么总有一天是要交流甚至交锋的。所以一旦交流，就仍需要共同决定是整合、同化还是让某方边缘化。

例 新闻报道不应随便称人"奶奶"

2011 年 6 月 15 日，华语媒体凤凰卫视报道一位 48 岁的澳大利亚女士创造海泳世界新纪录时说："今天，一位年轻的奶奶创造了奇迹！"对中国人而言，由于资料显示这位女士刚刚有了第一个孙子，就可以称她是"奶奶级"人物，但对澳大利亚人而言，不应该强调她的年龄和家庭情况，应该称"女士"和说清准确年龄更合适。

所以，当代旅行者总是喜欢用手机"晒"自己的行程收获和好心情，也特别喜爱表达自由的自媒体时，若表述不当或拍摄不当，也会给自己和他人带来麻烦。

例 泰国司机的素质好不好？

外国旅行者曾抱怨泰国的出租车司机在马路上经常不看路而看路上的人或对面车上的人，开车乱按喇叭乱开灯。

浙大对外汉语专业研究生班的泰国同学解释说：泰国人以认识人的多

寡、朋友的多少来评估一个人的社会地位，所以大家平时生活中都要努力"拉关系""搞关系"以提高自己的社会地位。比如：（1）泰国人开车的时候看到认识的人在开车或走在路上，都要按喇叭或者开两次车灯，表示打招呼。如果不这样做的话，对方会生气，认为你没有礼貌，双方的关系就会变得不好。（2）泰国大学生的校服。泰国大学生一般都要穿校服。为什么要穿校服？是对老师表示尊重，是学校的规定，也代表他是哪个大学的学生。如果不穿的话呢？不能坐学校班车，不能参加考试，被老师批评，违反学校规律，被社会看不起。（3）泰国人打招呼：跟和尚、跟父母、跟老师、跟长辈、跟朋友、跟晚辈——各有规矩。如果不这么做或者做错的话，会被认为没有礼貌、没有文化、没有家教，会被别人批评，社会也可能不承认你。

所以，旅行者在泰国旅游也应该理解他们的这类习俗，注意自己的语言和非语言沟通。往往旅客觉得奇怪的现象背后，都是有着文化和风俗内涵的。

回归适应

"逆向文化休克"与"回归适应"

欧伯格及随后的学者曾反复提醒过，"逆向文化休克"（reverse culture shock）也是存在的。如"留洋"了多年，每逢佳节倍思亲，尝够了"洋插队"的辛苦，终于学成归来，却又被眼前的一切震惊了。比如对人们说话时的"话中有话"方式，人们马马虎虎的排队方式，排到车来了就不排了的习惯，单位的集体面试方式，面试过程中领导的正式承诺很快又莫名其妙变卦的情况，亲戚朋友迫不及待的直接"干扰"等等，都可能一下子不再熟悉和适应。

对这个问题不重视的人，往往会经历比当年出国适应异乡新文化更痛苦的感受。如果回归者本人没有意识到，缺乏相关的常识，他或她就会毫无准备地遭遇一段新环境下的身心煎熬。如果此时相关接受单位的领导和同事们对之也缺乏认识、毫无察觉，或看到了也觉得是他"觉悟不高"、崇洋媚外、"人品不如文凭"而置之不理，则也可能导致自杀和杀人的严重悲剧。

"逆向文化休克"的三个原因

严文华的专著也总结说，之所以会出现"逆向文化休克"，主要有三个方面的原因：

一是跨文化适应改变了人们。在国外生活学习工作的经历，会让人们的生活习惯、饮食习惯、着装风格等发生许多外在的变化，同时也发生许多内在的变化，如价值观、职业观、思维方式等。在经历了新的文化塑造之后，人们在他国的生活中往往感觉不到自己的巨大变化，但一旦回到母文化中，则这些外在和内在的变化会突显出来。

二是所在地区发生了变化。在海外工作学习或生活的人，虽然有信息和网络方便与国内的亲友联系，但彼此在空间和时间上都处于隔绝状态。所以在回国后会产生"脱节"感和陌生感。

三是回归者对回归休克没有足够的心理准备。由于回归者毕竟是回到自己以为最熟悉的地方，语言和文化都不存在任何障碍，所以很少有人会对回归休克问题有充分准备。兴冲冲地满怀思乡热情和报效祖国的干劲，渴望回国大干一番事业，却发现一切都不再是自己所预想或希望的那样，于是遭遇回归休克。

许多外语流利、专业成绩过硬的留学生在回国后，发现今非昔比，难以适应。他们到国内大公司、企业和单位"面试"时，会因为工资待遇（相比于他们海外学习的投资）、工作经验要求、交流语言和行为模式、岗位设置和责任设定等问题而"大失所望"，一筹莫展。他们可能会转而考虑是否继续到海外求学、到海外求职，以寻求和建立国内企业目前特别看重的"国外工作经验"等。但其实很可能在面试中，国内的企业或单位负责人已经感觉他们的回归休克症状和心态不适应了。

盲目爱国者的"回归狂热症"

如上所述，欧伯格先生发现患有"文化休克"病症的人最容易"盲目爱国"。这类人格的旅居者如果感觉自己在东道国持续受打压，或者发现母国已经越来越强大，会毫不犹豫地回国报效母国。他们极可能为祖国的发展做出突出贡献。

但是从跨文化交流的角度看，他们中的有些人也可能产生一种"回归狂热"，就是可能违背常识地贬低自己曾经旅居的东道国，以达到"歌颂祖国"的预期效果，他们可能在自己的祖国对其他研究者和创业者狂热地宣讲言过其实的国际大势分析和类似"21世纪是中国世纪"的高调爱国观念。由于他们的流利外语，由于他们的外国留学或就业经历，人们会觉得他们的言论"应该"都是"事实"，应该是十分可信和可敬的。甚至有的时候，这些回归者会依仗自己的留洋背景，对母国的学者和普通人造成新的话语霸权。

　　需要注意的是:跨文化能力是一种相对能力,绝不可以夸大这种相对能力,即使是一个留过学、拿过名牌大学高级学位的人,也不能因此就证明他真正了解了一种异文化。即使是一个媒体称之为"中国通"、研究了中国一辈子的外国学者,也不见得真正懂得了中国文化。外语的流利和与外国人能自由自然地对话交流,并不等于文化上也因此就能相互沟通。语言不过是工具和桥梁,语言能力与文化能力是有区别的。它并不意味一个掌握了外语的人就一定能到达正确的目的地,一定能成功跨越文化间的差异鸿沟。

五、集体主义与个人主义文化差异

> 最不了解因而最难以研究的正是与自己最亲近的东西，这些东西就是控制生活的无意识模式。
>
> ——爱德华·霍尔《超越文化》

区别文化差异的两种基本方法

如何区分和对比不同的文化？

了解丰富的人类文化现象和区别各种文化差异有两种基本方法：

(1)通过具体的"特征"描述文化差异，如历史、文学、影视、游记、日记等。

(2)通过抽象的理论假设归纳描画文化地图。

已经提出并得到一定认可的抽象理论假设，有文化模式研究、交流(传播)模式研究、文化语境研究、文化维度研究、世界价值观调查、领导力和组织行为有效性调查等等。其中美国学者爱德华·霍尔(Hall)和荷兰学者霍夫斯泰德(Hofstede)的两类抽象理论或归纳法最为有名，被广为采用。

理解文化差异有两种最著名的理论假设

爱德华·霍尔的抽象文化模式区分：

> 高语境与低语境；
>
> 单项时间与多项时间；
>
> 空间感；
>
> 接触距离等。

霍夫斯泰德的六种价值维度区分：

个人主义和集体主义；

不确定性规避；

权力距离；

男性气质和女性气质(亦译阳刚和阴柔)；

长期与短期定位；

放纵与约束自身。①

两种最著名的理论假设下的中国文化特点

具体如表 5-1 所示。

表 5-1　两种最著名的理论假设下的中国文化特点

用爱德华·霍尔抽象文化模式理解中国文化的四大特点	用霍夫斯泰德六种价值维度理解中国文化的六大特点
高语境	集体主义
多项时间	喜爱确定性
不太重视空间感	权力距离大
人际接触距离小	男性气质
	长期定位
	约束自身

跨文化交流学的一些理论假设是如何创建和产生价值的？

戴晓东教授在他的专著《跨文化交际理论》中总结说：跨文化交际理论是对跨文化交际行为与价值观念系统化、抽象的和理性的解释。理论的抽象不是对个别事物孤立的抽象，而是对一系列现象的整合。它有自己的法则，每个组成部分彼此相互联系，以较为稳定的方式产生互动。

跨文化交际理论一般包含以下四个要素：其一是研究问题，其二是基本

---

① 　[荷]吉尔特·霍夫斯泰德.文化与组织：心理软件的力量[M].2 版.李原,孙健,译.北京：中国人民大学出版社,2010：22.

假设,其三是概念与变量,其四是与概念和变量相关的命题。

科学发现始于**问题**的发现,创建科学理论的第一步是找到具有普遍意义的问题。**假设**一般指在既有研究基础上对学术问题所做的尝试性的回答。它是一个可以验证的、对两个(或两个以上)概念或变量之间的逻辑关系进行预测的命题;能否被检验是构成假设最核心的条件。**概念**是理论的基础部分,它可以帮助学者获得一般性的理解、设计研究计划和对实证发现进行归类。如跨文化交流学中的我族中心主义(ethnocentrism)、刻板印象(stereotype)、跨文化敏感性、面子、同化以及集体主义与个体主义等概念皆是跨文化交际学者为了解释交际行为,建构理论体系所创造的。在理论体系中**变量**和概念紧密地联系在一起,并由此产生不同的相关命题。

例 霍氏的高、低语境文化对比理论

核心问题:如何跨越高、低语境文化的差异,实现有效的交际。

基本假设:语言不能够充分表达意义,在跨文化交际中不同文化成员对语境有着不同程度的依赖。

概念与变量:高、低语境(相对、混合)。

相关命题:高、低语境文化的形成原因。

高语境文化的形成原因:人们生活在长期相似的交际环境中,地理区域固定,社会生活发展速度缓慢,文化变化幅度小。人们对各种问题有着相同的理解方式,交际者对语言本身的依赖程度小,不必清晰地表达,就能领会彼此的意思。

低语境文化的形成原因:人们居住的地理区域比较松散,注重个性,所以不同的社会变革让他们对社会生活有着不同的体验。所以会比较重视人际交往中语言的清晰表达。

文化模式说

本尼迪克特在《菊与刀》中说:如果我们对文化过程感兴趣,我们能认识经过选择的行为细节之意义的唯一途径,就是根据在那种文化中已经制度化了的动机、情感、价值观念的背景进行研究。

个体生活历史首先是适应由他的社区代代相传下来的生活模式和标准。从他出生起,他生于其中的风俗就在塑造着他的经验与行为。到他能说话时,他就成了自己文化的小小创造物,而当他长大成人并参与这种文化活动时,其文化的习俗就是他的习俗,其文化的信仰就是他的信仰,其文化的不可

能就是他的不可能。①

吉尔特·霍夫斯泰德更关注商贸交流

吉尔特·霍夫斯泰德是荷兰学者,长期从事国际商务管理和跨文化交际研究。霍夫斯泰德认为:社会制度的存在表明人的行为不是随意的;每个人都有其思维程序(mental program)——大脑软件,因此他们能够在相似的情形中保持稳定、大体一样的行为方式。

人的思维程序分为三个层次:其一是普遍层面,即世界上所有人共享的"生物操作系统",实际上是指人类共同的生物禀赋。其二是集体层面,即由一些人共享,但不一定为人类共有,它常常属于某个特定的群体,与其他群体有差异。世界各种文化就在这个层面上,其意义只有内部成员才能理解。其三是个体层面,即人的个性,它是真正独特的部分,因为没有任何两个人的思维是分毫不差的。个体层面为人们在文化框架内提供了多种行为选择。大脑程序既可以由基因遗传,也可以通过后天习得,但处于中层的文化基本上都是习得的。

在霍夫斯泰德看来,文化是集体的思维程序,它把一个群体的成员或一类人与其他的人区分开来。文化有普遍性的和特殊性的价值,虽然不同文化对那些普遍性价值的认同度各不相同,但跨文化比较还是可能的。

霍夫斯泰德选取了人类文化中六个具有普遍性的价值维度作为考察对象,同时依据各个国家对这些价值的接受程度划分它们的文化类型。即权力距离(power distance)、个体主义和集体主义(individualism and collectivism)、不确定性规避(uncertainty avoidance)、男性和女性气质(masculinity and femininity)、长期和短期定位(long-term and short-term orientation)、放纵与约束自身(indulgence versus restraint)。

例 吃力不讨好的中国式接待:集体主义"撞车"个人主义

这可能是一个有点"老"的例子,但仍值得仔细体会和举一反三。因为交流的双方都充满相互尊重的诚意和善意,都很想示好,但并不一定因此好心有好报。

有位美国工程师第一次来中国工作,他的中国同事对他说:"欢迎你到我

---

① 露丝·本尼迪克特.文化模式[M].何锡章,黄欢,译.北京:华夏出版社,1987:2,38.

们家来玩，随便哪一天都可以，我随时恭候。"这位美国工程师听了很纳闷。

探讨：中国同事觉得给了他最客气的礼遇，甚至把决定时间的主动权都交给他了，希望他感到自己享有"主随客便""宾至如归"的礼遇。但美国工程师却觉得中国同事没有诚意。因为如果没有确定时间，不讲清楚有多正式、有多少人参与、可能持续多长时间，他就根本没有办法确定自己如何着装、如何准备礼物、如何安排餐后的其他活动等。

等他真的进了中国同事的家门，一起就餐，美国工程师感到了更多的不悦。因为主人不停地为他夹菜、倒酒，不停地上新菜。他提出想走的时候，主人又一再地挽留，几次三番，直到他涨红了脸，不知所措。

探讨：美国工程师觉得中国人不尊重自己，自己的意愿完全被放在了次要的位置上。主人处处把自己的意愿强加于他。中国同事觉得老美初到中国，人生地不熟，肯定有点不适应，有什么真实的话也不好意思说出来，自己一定要多多主动解除他的心理不适。所以，经过这样的热情接待和热闹聚会，他一定会真实地感受到中国人的热情和大方。

中国人的热情好客，往往会在客人提出自己的想法时，视之为客气或不好意思。需要大家来回地相互"客气"几次，差不多是相互"否定"几次，才算一个"回合"结束。

探讨：这也是霍夫斯泰德所归纳的——个人主义文化圈的人们视个人为主体和行为的发出者，集体主义文化圈的人们视个人为互相依存的集体的一部分。中国工程师的所思所做，以及美国工程师的反馈和努力适应，都可能是其他集体主义和个人主义文化圈中人可能经历和实践的事情，是一种较普遍的文化交流模式。

个人主义和集体主义文化差异

个人主义和集体主义文化有什么不同？

个人主义文化即以个人为中心的文化，强调个人利益高于集体利益，个人权力比集体权力重要，个人需要重于集体需要。与之相反，以集体为中心的集体主义文化强调"我们"的概念而不是"我"的概念。个体对集体的责任先于个人的权力，集体的需要高于个人的需要。社会、政治、地理因素、城市或乡村生活环境、教育、大众传媒的影响，都是发展个人或集体中心文化的潜在因素。

个人主义文化圈的人们视个人为主体和行为的发出者。人们比较有意识地控制周围的环境,主动表达自己的思想、看法和感情。这种强调突出个人的行为形成了自尊的重要基础。集体主义文化圈的人们视个人为互相依存的集体的一部分,个人要意识到自己所属的那个集体,尊敬他人,在行为中要不断调整自我以适应他人的需要。为适应他人而约束自己的行为构成了自尊的重要基础。

对于自我是相互依存而存在的还是独立存在的看法的不同,影响人们对于自我和传播行为的看法。倘若人们认为自我是独立的,那么他们的传播行为会以自我为中心,侧重表达自己。同理,自我价值观还影响人们用来评价他人传播行为的标准。倘若认为自我与他人是相互依存的,他就会用集体规范、集体利益、集体责任来解释和评价他人的冲突行为。

霍夫斯泰德主持的广泛调查和研究发现:持个人主义取向的国家有美国、澳大利亚、英国、加拿大、新西兰、荷兰等。以集体主义文化为特征的国家有印度尼西亚、委内瑞拉、巴拿马、危地马拉。由霍夫斯泰德主持的调研还发现:中国、朝鲜、日本、墨西哥等国的文化皆显现出以集体主义为中心的特点。

例 集体主义还是个人主义,很难说? 这个感觉是正常的

理论的假设只是为了帮助我们更好地理解与分析跨文化交流的实践,现实中,集体主义国家之间也会有文化差异,集体主义文化圈内的团体和个体也会有诸多不同。理论只是抽象概括,文化现象则永远是具体的、个体的、流动的。理论阐释与现实描述也需要在交流中不断得到有效的互证,从而改进概念表述的准确与完整,不断提升理论的解释力。

例如:集体主义还是个人主义,很难说,两种可能都会出现? ——这种感觉是正常的,不影响理论的解释力。文化在交流中不断改变(如全球化),文化内部有差异(如主流民族与少数民族),个人在不断成长和变化(如年轻人与老年人……),但好的理论假设一定能够抓住一些相对恒定的因素和内在决定因素。

理论假设也可以像科学研究一样,不断细化和发现新的问题。如目前也有学者在尝试创建理论假设,来解释集体主义文化的不同模式,如日本与中国、中国与韩国之间的集体主义文化有什么异同。

再有一点,就是信息时代和电脑、手机、网络、影视剧、短视频等的广泛应用和传播,也促进了各国年轻人的个人主义文化认同,促进了国家、集体和个人文化间更迅速地相互影响和借鉴、迁移和变革。换言之，在目前的现实中，个人主义文化的全球性影响力可能大于集体主义文化。

所以，目前情势下，个人主义文化圈的人需要更警惕文化上的盲目自信和傲慢自大，集体主义文化圈的人需要更加重视和不丢失自己的文化传统，更有效地传播与传承文化。双方都要更好地看到对方的优势和值得借鉴的经验教训。

课堂讨论：集体主义文化、个人主义文化与国际关系

是不是集体主义文化中的人，更关心国际新闻，更愿意讨论国际大事，如奥运会、巴以冲突、伊拉克战争、叙利亚战乱、民族解放运动等等？

是不是个人主义文化中的人，不太关心国际新闻？托克维尔在《美国的民主》中写道：美国民主的一个缺陷就是在外交事务上特别"弱"，幼稚且无知，因为投票的普通人不太关心他国事务，会觉得与自己没有什么关系。

横向与纵向的个人主义与集体主义

由于不满个体主义和集体主义二分法过于笼统，不能帮助人们准确地把握其他文化的实际特征，辛格里斯（T. M. Singelis）和特里安德斯（H. C. Triandis）等学者在霍夫斯泰德研究的基础上提出了更精致的纵向和横向的个体主义与集体主义概念。

横向个体主义是一种珍视自我独立和相互平等的文化定位；纵向个体主义是指重视个人自治的价值观，但接受现实中一定程度的社会等级的文化取向。

横向集体主义是一种把自我看作群体中与他人平等的成员、强调相互依赖的文化定位；纵向集体主义重视集体认同，但不是对所有成员一视同仁，而是强调下层人员的服务与牺牲精神。

美国和法国属于纵向个体主义文化国家，而瑞典和奥地利等国表现出更多的横向个体主义倾向。美国和法国的个人不仅谋求个人利益的最大化，而且想得到比别人更多的东西。瑞典、奥地利和澳大利亚的个人也谋求个人利益的最大化，但不想得到比别人更多的东西。

中国属于有代表性的横向集体主义文化国家，而日本、印度和希腊等国则属于纵向集体主义文化国家。

例 中西教育尺短寸长

重集体主义（儒家、东亚）国家的教育：注重孩子们良好的记忆和模仿能力并依此来进行教学，通常采用系统的知识灌输，鼓励学生的刻苦学习（预习、认真听讲、复习、考试）精神，主要以统一考试中是否考出好成绩为标准，用一致的尺度衡量学生。在 21 世纪初的一段时间里，中国的这种教育体系还偏好在让大多数人受教育的基础上，不断地进行重点苗子"拔尖"，如重点小学、重点中学、重点大学的入学筛选。虽然更推崇一些重点个人，但他们肯定是集体的杰出代表。

重个体主义（欧、美、澳、加等）国家的教育：注重发现和发展每个孩子的个性（天性）。教学方式上更重视培养青少年发现问题、独立思考、运用知识解决问题的能力，所以也就更重视每个人的创新能力。这种教育体系承认每个人都有自己不可替代的天赋和价值，推崇课程的自由选择，强调评估标准的多元化和科学性。

美国应该向亚洲教育学习什么？

2010 年世界经合组织对全球中小学教育的调查报告显示：中国上海和香港 15 岁学生的阅读、数学和科学知识能力名列前茅，美国在 65 个国家中名列第 26。于是美国报刊纷纷发文讨论美国应该向亚洲教育学习什么，有文章提出应该学习：

(1)严格的教学标准和核心课程。（美国的学校层次和类型都很丰富，办学主体和出资方五花八门，如公立、私立、社区、特色等。每个学校都追求"个性主义"，所以没有统一教材和统一的教学标准，没有大范围内统一的核心课程。）

(2)学校在按标准教学中的自主权。（在基本教学标准面前，由于每个学校都受制于投资方、监管方、学生家长委员会、各类非政府社会组织等复杂的管理体系，所以学校的自主权也受到影响。）

(3)重视高素质中小学教师和校长的招聘与支持。（美国个人主义文化传统使得多数孩子都在自由、宽松、富有的家庭和社会环境中成长，所以课堂气氛活跃而又缺乏纪律，多数孩子都不愿在过于严肃紧张的气氛中学习，也不太能接受老师的批评和严格要求。所以中小学老师也越来越成为不受年轻人青睐的工作。）

另一方面，许多美国教育研究者也认为：与美国青少年将大量的时间放在课外活动、体育运动、自选项目、自组织活动不同，亚洲学生将大量的时间放在学习上，并且学习十分刻苦。如果说美国教育有什么长项的话，他们认为是美国有创新性研究和先进的教学方法。

例 田径或球类：体育比赛中的文化较量

在国际性赛事中，集体主义文化国家与个人主义文化国家之间都会展开"常规"竞争。比如：美国队队员的个人能力超群，单项金牌多，但集体项目的配合性差；需要长期坚持的简单型、技巧型运动项目弱，因为参与的人少，持之以恒、滴水穿石的耐心差。

一方面，美国队中比赛型运动员居多，因主要以个体名义参赛，心理负担小，擅长在激烈比赛中的超水平发挥；另一方面，稳定性差，一旦比赛失利，自控能力差，情绪波动大。

东亚队队员的个人能力不如美国队，比赛时超水平发挥的情况极少，主要靠平时长期坚持的基本训练和勤学苦练，擅长以不受注意的"黑马"形式创造成绩。非身体直接接触的项目相对强，集体性项目因平时集训时间长、专业化程度高，配合更为默契，所以比如在百米接力赛项目中，极少像美国队那样反复"掉棒"，在羽毛球、乒乓球等集体项目中，全体队员之间相互了解和支持的力度大，举重、射击等需要长期坚持的简单型、技巧型运动项目中国运动员更易取得好成绩，稳定性好。

集体主义与个人主义文化，两强相争、胜负难料？——结果往往是各有斩获。这也说明多元的文化特色如果能在有公共游戏规则的公共交往平台上竞争，最能相互促进、异彩纷呈、共同发展。

例 最值得尊敬的对手

西方文学早期经典荷马史诗《伊利亚特》的两个主人公：阿喀琉斯与赫克托耳，分别是个人主义和集体主义精神的最高代表。当他们必须在特洛伊城的攻守大战中一决高下时，行吟诗人荷马说这场战争打了"十年"之久，意指没完没了。最终该段故事结尾虽然是代表集体主义文化精神的赫克托耳倒在了阿基琉斯的剑下，但阿喀琉斯也视他为自己真正的兄弟、最值得尊敬的对手。在这个故事里，耐人寻味的是：阿喀琉斯有一位饱受猜疑的同性挚友或"情人"，以突显他的天马行空、我行我素；赫克托耳也有一个饱受争议、因个人情爱而惹祸殃民的美男"弟弟"，以衬托他勇于承担社会和家庭重任的情感之完美。

在浙江大学的课堂上,学生们更喜欢的英雄是赫克托耳,因为他不仅是民族的骄傲和代表,而且是最好的儿子、丈夫、父亲、兄弟和朋友。赫克托耳更符合中国人对"英雄"的理解和欣赏习惯。

例 礼多人不怪? 不见得

彭凯平教授说:经济学家认为所有的人在经济决策上相同,都是所谓理性的人。我们发现这个结论完全错误。在社会决策方面,可以找到文化的共通性,比如说中国学生和美国学生对选工作的态度是一样的,有工作比没工作好。但在个人决策方面,例如选一个礼物,中国人普遍认为选一个"坏"的礼物比不送礼物要好,觉得这样礼数到了,而美国人则认为送一个"坏"的礼物还不如不送。(彭凯平:"文化与心理:探索及意义")

探讨:这个调查结果说明中国是集体主义文化,不光考虑问题有"他人导向",而且这个"他人"还是可少可多、难以准确预测的。对中国人而言,一个人的社会关系好坏强弱,常常会比这个人本身的潜质和潜力更重要,更决定他/她与其他人共同相关事情的进展。所以人们会努力将时间、资金和心思放在"拉关系"上。对中国人而言,万一得罪了一个人,可能会得罪一群人。送礼即使送的不是对方想要的,反正对方也是经常需要送礼的人,所以他自然会转送的,所谓"礼多人不怪","送礼送的是心意"。因此,送不送相差很大,送对送错则不必多虑。

对美国人而言,送礼不过是两个人之间的事,两个人相识相知后觉得真有必要,才需送一份增进友谊之特殊之礼。两人初次相识若想要送点礼表示一下,则有现成习俗:只送一份"轻礼",以免造成心理负担和交流障碍。所以,不必要或不了解,就不必送礼,送一份坏礼,只可能更糟。

例 文化观念差异:我就喜欢它/我们都喜欢它

美国的大众文化特别强调个人主义的精神,例如麦当劳的广告叫作"我就喜欢它"(I am loving it),我不管你有多少人喜欢,我喜欢就行。而我们中国的餐饮广告肯定得说"大家都爱我"或"我们都喜欢它"。

心理学家做过一个研究,给不同文化背景的人看鱼的互动,然后让他们回答一下这条鱼在干什么,为什么这么做。调研发现个人主义和集体主义文化对我们的判断其实有很大的影响。比如说在一种情况下,一条鱼领先,鱼群紧随其后,问被试者觉得领先的鱼是高兴还是不高兴。在中国做的研究中,大概有75%以上的人认为这条鱼很高兴,因为大家都来了,有伴了。而在美国做出的结果则正好相反,75％的美国人认为这条领先的鱼会不高兴,因为:我本来一个人挺自在的,你们怎么都来了?(彭凯平:"文化与心理:探索及意义")

讨论和反思:平时我们出门购物、消费、旅游等,确实很喜欢"扎堆",喜欢查一下众人的"口碑",喜欢等在那些已经很拥挤的餐馆门前"排队进去吃顿饭"。杭州也有"杭儿风"的说法,指杭州人经常集体地为一件事或商品"发疯"一阵,然后就过去了;或者刮向另一"东东"(网络语,指东西)去了,或者等待下一个值得疯的"东东"出现。这与我们的集体主义文化有关吗? 是因为我们更倾向于"他人导向"和"他律"而不是"自己做主"和"自律"吗? 我们是否在强调"你可以欺骗一部分人,但你不能欺骗所有人"?

例 德国外教的要求过分了吗?

一位德国老师将在某中国大学任教一年。按照合同,他的住宿由该大学提供。于是该大学为他提供了一个学校宾馆的双人房间。这位德国教师看后立即要求改变一下宾馆房间的布局和服务,如更换双人床为单人床,将电线放长,移出部分家具,增加一个可以自己做德国饭的有两个灶具的灶台,还有房间的清洁工作必须按照自己的要求安排时间,等等。中方"上级"当时听了很生气,觉得他很自私,要求太多,不替别人考虑。[①]

探讨:首先,也许德国外教视这一切改装要求不过是自己的权利,所以说话口气不是中国人习惯的商量式、请求式,而是指令式或语气中透着"理所当然",让中方管理者觉得不适。区别就在于德国外教觉得个人的事情必须自己争取,中国的管理者觉得个人的要求与集体利益相比是"小事",应该谦逊和低调。

其次,也许德国外教也很意外和生气,自己的合理要求竟可能不被接受。而中国领导重点担心的是他的要求一旦被满足,其他外教也会提出各种各样的特殊要求。那以后的工作就越来越"个人主义",没有统一标准和基本章法了。

从时间概念上讲,在德国外教看来,这是工作一年,不是一周。在中国领导看来,不过是旅居一年,住有全套服务的宾馆已经是很好的待遇了。出门在外,客随主便,"不要给他人增加太多麻烦"也是一个人的素质体现,在外国"做客"就不能像在家里那样事事顺己。相应地,德国教授可能认为:我这样

---

① 严文华.跨文化沟通心理学[M].上海:上海社会科学院出版社,2008:26.

认真落实日常生活的细节,正说明我要在这一年里像在德国一样好好地计划,全力以赴地工作,而不是以"临时观念"做事做人。

从借鉴和吸取教训的角度讲,这个案例也提醒中外管理者,要防止这样的事,就必须在签订合同的时候将条款思考得更仔细。如果合同上已经写明:提供的住宿具体是什么标准、什么家具、什么管理方式,写明不可以随意更改,相信德国外教或者已有心理准备,或者在签订合同前就已经提出了自己的个人要求,让中方管理者也有了心理准备。

例 打招呼、聊天与个人主义文化

"你们周末出门了吗? 玩得好吗?""听说你们去上海办事了,都顺利吗?""你上班回来了?""你又要去采访了?""你是一个人搬去上海工作吗? 家里人不与你一起去吗?""你已经写了几篇报道了? 都发表了吗?""你不喜欢吃冷的东西,是因为你的牙不好吗?"对集体主义文化背景的人者而言,这都表示关心和热情;但对个人主义文化而言,这都是冒犯和探听隐私。

"天气冷了,你要多穿点衣服。""你怎么给孩子穿这么多,会热感冒的。""你最近气色很好,有什么喜事吗?"对集体主义文化背景的人而言,这也是表示关心和热情;但对个人主义文化者而言,这是不合适的,可能带有歧视和明显的"干涉内政"。

例 致谢与集体主义文化

外教说:Thanks a lot. That's a great help.(你帮了大忙了,太谢谢你了!)
中国同学可能想回答:It's my duty.(这是我应该做的。)

其他可能的中国式回答是:"不用,不用。""谢什么? 不用谢!""谢什么? 我也要谢谢你!"

探讨:在前一段师生对话中,对集体主义文化背景的人而言,这个回答是表示谦虚和客气,但对个人主义文化而言,这个回答好像是说对方的感谢是不必要的,会让人产生不悦,仿佛有人在拒绝与他交往。集体主义文化背景的人认为社会生活是一种集体生活,每个人都应该为他人做一些力所能及的、帮忙的事,这是必需的。因为是集体主义的生活方式,大家就都是一回生、两回熟的"亲人",相互帮忙还感谢,那就"见外"了。而且,如果在人家的感谢时不表示一下自己的"拒绝",就显得幼稚无知或傲慢无理了。

还有一种在杭州会遇到的情况,就是从城郊来城里贩卖自家蔬菜的老农,在你买了他的菜,临走对他说"谢谢"的时候,他会赶紧笑容满面地回一句："噢！不用谢，钱都付了的。"那意思是：如果不付钱，我白给了你什么，你就"谢"我一句。如果取了我的东西，把钱给了，那就不用再说"谢"了。这种说法也与上述情况一样，是集体主义文化环境中的人们的"客气"方式和礼貌交往，是更多体现中国式个体"自谦"和重视集体和谐关系的方式。

但对个人主义文化背景的人而言，每个个体都应该做好自己的事情，请他人帮忙就是占用了他人的宝贵时间，打乱了他人的原先计划，所以必须个体对个体地认真表示感谢。所以回答应该说"You are welcome.""It's my pleasure."（"谢谢你"或"我很乐意这样做"）。这样的回答更多地体现了独立个体间平等交往、友好交往的意识和意味。

例 到底美不美？

学会了一点中文的外教对他的中国同事说："你夫人很美丽。"中国同事回答："哪里，哪里。不如你夫人漂亮，你夫人才真正是美貌绝伦。我们大家都说她真的是长得太美了。"（外教极为诧异。）

探讨：在这一段同事对话中，个人主义背景的来华外籍教师说的是自己的一种真实感觉，讲法也是礼貌的。一般他们不会对一个"丑女"说"很美"的评价，因为那不诚实。但中国同事的回答易引起对方的误解甚至不满。

因为一是他说自己的妻子不美，虽然这其实是中国式自谦，但在外教看来，这完全违反事实，所以首先是不诚实，其次是对妻子的不尊重，更有甚者，会认为丈夫是封建式大男子主义，与当代尊重女权的趋势反其道而行之。

二是若比较两人的妻子谁更美，并说还是对方妻子美，中国同事可能是想贬己褒人，采用"最"礼貌的方法，体现自己对"贵宾"的道德，但个人主义文化背景的外教听来就肯定是不妥当，甚至是太冒犯了。

三是中国同事可能觉得自己的话和眼光是有限的，所以搬出"我们大家都"的集体主义想法，这可能让个人主义文化圈的人觉得更难以接受，因为这让他发现人们在背后议论自己的夫人，而且议论的是他们不该关心的事情。

例 谁没有尽责？

一项针对日本母亲和美国母亲的调查：如果孩子没有把应交回的单子交到学校，谁应该负责任？ 日本母亲大都觉得是自己的过失，美国母亲大都认为是学校没有尽责。[①]

---

① 陈国明.跨文化交际学[M].上海：华东师范大学出版社，2009：50.

探讨：说明集体主义文化背景的日本母亲不希望麻烦别人，包括觉得动不动就责怪别人，也是一种不谙世事的表现，所以遇事会主动承认自己做得不够好。

个人主义文化背景的美国母亲是希望被人麻烦，希望有机会表现自己是很负责任的，所以她们会觉得学校如果通知需要上交单子的工作做得到位，自己肯定会承担相应责任的，于是就会强调学校方面没有尽责尽力。

这其实说明日本和美国文化背景的母亲都是很愿意承担责任的，只不过思路很不同。

例 送客之道的差异

中国人先长后短：客人说想走，主人要挽留几次，"再坐会儿嘛！""别急着走呀！""好不容易见面啊！"然后才送客人走。最后就送君送到大门口，挥手告别。

西方人先短后长：客人说想走，主人要尊重他/她的决定，马上放下杯子站起身表示同意，但在送到门口的时候要再小聊几句，所以一般这个送客过程比中国人用更多的时间。

例 中国人更爱冒经济风险还是爱财好赌？

彭凯平教授说：和美国人相比，中国人是不是更不容易受"文字游戏"的迷惑？在做出经济方面的决定时，更富有冒险精神，甚至愿赌服输？一系列的跨文化研究发现，许多习以为常的行为经济学原则，在中国文化的环境下，往往都有出乎意料的表现。我和施俊琦及王垒教授已经进行了初步研究。我们请中国人和美国人做一些决策，包括挑选礼物、挑选工作、挑选婚姻伴侣、挑选股票和投资基金。在挑选工作方面，中国人和美国人没有文化差别，大家都认为"聊胜于无"，也就是有一份工作好歹强过没有工作，也能容忍有一份并非那么满意的工作。在挑选伴侣方面，也没有什么文化差别，大家都认为与其要一个不好的伴侣，不如单身。

然而，在经济决策方面，中美双方却显示出了显著的文化差别：中国人在经济方面富有冒险精神，认为做总比不做好，什么事情都可以放手一搏。有待研究的是，这种现象在多大程度上反映了中国当前经济发展的现实。（彭凯平："看不见的场：文化与行为经济学"）

探讨：你觉得这种经济方面的冒险精神与集体主义文化有关吗？有人认为集体主义文化比较不能容忍个体的差异性和特性，所以一些集体主义文中的个性鲜明（显现或隐蔽）的人，就可能在一些"主流力量"控制的边缘地带，如日常饮食、私人生活、文艺活动、自己可以掌控的财力运作中，特别兴奋和"铤而走险"。你同意吗？

例 取名和怎样为自己而骄傲？

美国许多人的名字就是他们的职业或工作，如面包师 Baker(贝克)，铁匠 Black Smith(布莱克·史密斯)，好木 Good Wood(哥德伍德)。这样的文化习俗强调实践和行动而不是"无为"或"顺其自然"，强调做事而不是做人。对自己所努力的工作感到骄傲和自豪，并希望坚持到底，成为自己家族的象征。

中国许多父母为孩子起名字，或是希望他将来吉利或"有出息"，或是记录具有历史意义的时刻，或是运用大自然的一些美丽景观来命名，总之是体现集体和他人导向，用社会性的一般标准或大自然的常见现象来衡量自己家族和个人的得失成败，或者让个人的命运融入更宏大的历史和自然变迁，所以名字常用福、贵、光、明、珍、珠、碧、华、健、康、祥、月、亮、春、风、亮、晶……或者跃进、解放、拥军、爱国、建国等字眼。

探讨：你觉得这个现象可以用集体主义与个人主义文化差异来区分和分析吗？如何解释才能让双方都觉得应该"美人之美"和"各美其美"？

例 社会关系是家庭关系的扩大化吗？

在中国，交际双方即使没有任何家庭关系，也相互借用家庭称呼，以示"礼貌"。如小孩子称自己的父辈或者祖父辈的人群为"叔叔""伯伯""阿姨""奶奶"等等。孩子们从小随父母出门，学和"悟"的一个重要礼貌习惯就是如何叫人。

最常见的情况就是：陌生人的年龄特征常常是考验小孩子们是否真正懂得礼貌的难题。比如对一个长辈既要立即主动致意，又不能乱叫"叔叔""伯伯"和"爷爷"，最好将中年人叫小一点，把伯伯叫成"叔叔"，把"爷爷"叫成"伯伯"，让他们显得"年轻"，对着肯定是爷爷奶奶的人则要学会叫得响一点，让他们听得更清楚、更高兴。无论如何，面对地位更高、年龄更高、辈分更高的人，年轻人一定要问寒问暖，像对自己的亲人一样问候长辈。

诸如此类称呼，英美人听了不会觉得有啥亲热，更体会不到其中的敬意。有位德国老太太就曾抱怨说："我爱北京，但不喜欢被称为奶奶。"个人主义文化背景中的人们一般不随便与人聊自己的年龄情况、身体情况和家庭情况，因为那都是隐私；也不强调年龄差异，因为每个人的情况不同，有的老者还很健壮,乘车喜欢站着向周围的人显示自己还很年轻,有的年轻人工作累了,更需要在地铁车厢里坐一下。

所以,中国式高低、长幼地分序式问候,在个人主义文化圈可能就显得过于类型化,不够个性化和平等了。所以,他们的分类里就主要是"先生"和"女士"。过了成人仪式的男性,不管什么年龄特征都一律称"先生"。

探讨:中国的社会关系是一种家庭关系的扩大化,重点是亲或疏、生或熟、交情的深或浅,因此必须通过经常的交际才能不断检测"关系"和促进"关系"发展。但是西方社会的人际关系主要是独立个体之间的交往关系,重点是平等、自由,关系好的时候应该是相互尊重,关系未建立的时候可能会彼此先保持互不干涉的距离。

例 中国养老模式的变革

随着物质生活条件和医疗卫生水平的极大提升,中国也迅速地进入"老年社会",中国传统的"家庭养老"模式也在经历重大变迁。按照国际标准,我国在 1999 年就进入了人口老龄化社会。2008 年全国城市老年人空巢或独居比例高达 49.7%。据有关统计和预测,到 2025 年,中国老年人口将达 2.8 亿,占当时人口的 20%,比世界平均水平高 6.65 百分点。家庭内部的养老敬亲是中国传统孝道的基本内涵。从正面的意义讲,中国传统孝文化是中国式集体主义文化的一个重要组成,曾经是调控和规范家庭成员行为、维护家庭稳固,从而促进社会健康发展的文化设计。但从负面的意义看,这种孝文化也是束缚年轻人自由、压抑个体精神生长的一种制度设计。

所以目前关于养老模式已有非常多的争议,如:一种意见是,父母培养子女,子女反过来照顾年迈父母,天经地义;照顾老人会给年轻人带来经济负担,但老年人可以帮年轻人带小孩,让他们更安心地工作与发展——双赢,这个模式持续了千百年,应该一直作为文化传统延续下去。另一种意见是,家庭养老即老年人居住在家庭中,主要由具有血缘关系的家庭成员对老人提供赡养服务的养老模式。在以东方文化为底蕴的中国、日本、韩国、新加坡等国家,家庭养老仍占主体地位。但该种模式只适合不愿意脱离熟悉环境且子女有经济能力、闲暇时间、照顾精力和照顾意愿的老年人,只适合父母与子女在性格上真正合得来、大家在一起都过得很顺心的部分家庭,不能一概而论。社会评价体系在这个问题上一定要多元化。

关于养老院,一种意见是,送父母去养老院肯定是件丢人的事情,是没有良心和不孝的表现。由于中国缺乏西方式的个人主义文化和社会组织基础,今天中国养老院的管理方法和财政资助方法都还不成熟和不够可信。另一种意见则认为，今天的中国年轻人已经习惯于越来越多的流动、创业、冒险、尝试、发展和发挥自己的个性，今天的老年人也同样有许多是追求个性、自主、自由和渴望活到老、学到老、干到老的人，那么国外经验中的居家养老、机构养老、互助养老等模式也必然陆续出现在中国大地，成为中国老年人的自由选择。

探讨和比较：中美对待老年人的方式存在很大差异。不过，美国历史上"三代同堂"的现象也曾很普遍，但 20 世纪的美国逐渐变成流动性很大的社会，随着美国老龄人数量急剧增加，"社会养老"模式逐渐流行，成为全社会都能认同和接受的养老方式。可见养老模式的变化也是文化变迁的一个重要侧面。

例 对于自我和交流行为的看法差异

一个在地铁车厢里戴着耳机听音乐的人，如果是集体主义文化背景的人，他会说自己不想影响他人。如果是个人主义文化背景的人，他会说不想被他人影响。

探讨和讨论：在浙大校园，当你看到一个你认识的西方留学生，戴着耳机正在等校车，你应该与他打招呼吗？他戴着醒目的大耳机，你肯定你们认识，你觉得他好像没看见你，到底有没有看见呢？

仍是在浙大校园，戴着耳机正在等校车的人，若换成是你熟悉的中国同学呢？你应该与他打招呼吗？若是地点换成西方国家呢？

例 美国老师为何在日本碰壁？

美国学者到日本讲课，觉得课堂反应不够。美国老师担心英语授课听不懂，于是特意找了个翻译一同上课。几次课后，请日本人专门开会询问效果，答案是：仅懂 50%。美国老师十分泄气。

探讨：其实是美国老师请翻译之举无意中得罪了日本人。会讲英语在日本是受过良好教育的标志，美国教授此举让日本学员感到：美国教授嫌学生没有受过良好教育。日本文化也是比较典型的集体主义文化、高语境文化、面子文化。美国老师上课时觉得"反应不够"，可能只是与美国比。一般浙大的外籍老师授课比中国老师"更能活跃气氛"，因为外籍老师会更多地提问和更幽默风趣。另一方面，课上的日本学员也许英语水平确实不够好，但他们希望老师不要用"请翻译"的方式来"暴露"他们的水平，这是很丢面子的事情。如果老师能用稍慢的语速或重复重点的方式来"暗示"自己的不满意和自己对外国学生的体谅,相信日本学员们会很感谢他,并且在一段时间后英语水位会迅速提高。

美国老师也许会觉得日本学员好奇怪,自己请翻译让他们不快的话,为什么在一开始不直接向他提出来,非要等到他开会才"暗示"他。而且若不是旁人指点他仍不知情。原因就在于班上的日本学员是一个集体,在东亚的集体行动中,并不是每个人都"想站出来"替大家说话,就可以直接那么去做的。在潜规则中,一个集体自然有一个"应该"的最具代表集体资格的人物。如果他不开口,一般其他人不会轻易开口。所以,如果这位美国老师没有开会征求意见的话,再过些日子,如果他再耐心等一段时间的话,应该会有一个学员代表来与他对话的。

例 美国人不懂日本民众之怒

美国士兵吉拉德在第二次世界大战后于日本执行站岗任务时,对一位捡空弹壳的日本妇女开枪,引起日本民众强烈反应。美国的善后工作又做得极差。后判士兵三年监禁,缓期执行。

探讨:一般情况下,此事发生时,美国士兵应该反复大声警告过,但不懂英语的日本老妇未予置理,反而越走越近,于是士兵按规定开枪阻止,铸成错误。美国政府处理此问题的一般思路是:就事论事,检查士兵是否违反规定,是否按规定程序做事,如犯错是故意还是失误,然后根据具体情况予以量刑适当的公开处理。但美国文化背景的判官们没有意识到日本式集体主义文化是将此事与两国关系联系起来的。这不是一个美国士兵与一个日本老妇之间的事情,而是整个美国与整个日本之间的关系象征。害了人家一条无辜性命,施害者仅判三年,还缓期执行,这就是美国人歧视日本人的证据,他们根本不把日本人的命当回事。

日本文化也受儒家文化的影响,遇到事情有强烈的感情反应和道德判断,可能许多日本民众还会想到一个以捡空弹壳为生的老妇已经是够可怜的了,说不定耳朵也已经不灵了,你一个年轻士兵即使怀疑一切,也完全可以上前细问细查,怎么可以随便开枪?!

例 中国人的反省意识及表现特征

彭凯平教授说:西方很早就产生了社会认同理论,其含义是所有社会团体的成员都会下意识地夸大自己团体的正面形象和作用,因为对自己团体的夸大也就是对自我的扬伸。但社会认同理论并不总是成立。有一个现象可能大家都意识得到，即中国人特别爱骂自己人，很多中国人倾向于贬低自己的团队。即使是在美国的华人中，这种倾向也是存在的。难道中国人真的没有自尊心吗？文化心理学的研究发现这只是一种表面的认知现象而已。这种认知层面的现象与我们的辩证自我有关：中国人能意识到自己的长处，也能意识到自己的短处，所以会更倾向于揭示自己的短处。在心理上其实我们还是喜欢自己的同胞，只不过不说出来而已。（彭凯平："文化与心理：探索及意义"）

探讨：需要讨论的是，彭教授在此说的中国人还特别爱骂自己人，一般是否是在"私下"的"自己人"圈子里。一旦面对外族人和他者，由于集体主义文化，不少中国人就更多地"对自己团体的夸大也就是对自我的扬伸"。一些外交工作者、国外学者和热血公民还经常向他人强调自己的这种"对内对外两种标准"是特别爱国、特别勇敢、特别正义的表现。

不确定性规避与权力距离

"不确定性规避"用汉语说就是：是否努力避免不确定性

霍氏提出的不确定性规避（uncertainty avoidance index; uncertainty avoidance）是指人们对不明确的、模糊的状态感受到的威胁程度，以及在多大程度上会采取一些措施来回避这种不确定性。

霍氏团队的广泛调研发现：属于不确定性规避低（弱）文化的国家，有英国、印度、美国、加拿大、南非等。

属于不确定性规避高（强）文化的国家，有西班牙、韩国、日本、法国、巴西等。中国应该也属于这类文化的国家。

不确定性规避低（弱）的文化：偏爱冒险

容易接受不确定性，精神压力小，时间是自由的，拼命工作不是美德，情感含蓄，鼓励年轻人，更愿冒险，强调经验，更可能少规范，警惕权威……在不确定性规避低的文化中，人们更容易接受从一个地方换到另一个地方生活、工作。

比如目前有许多英、美、加、印及非洲的学生来中国学习汉语，寻找新的发展机会。

比如许多中国留学生发现美国学生不喜欢的工作主要是：比较机械单调的，如实验室、程序员；比较受到严格管制的，如公务员、流水线上的工作者。他们更喜欢与人打交道并有挑战性和较大不确定性的工作，如房屋销售员、产品推销员、不同类型的管理者，或自己创业、当与众多他者竞争的业主。

不确定性规避高（强）的文化：偏爱稳定

不确定性是威胁，精神压力大，时间是金钱，因内在动力而拼命工作，情感较多表露，怀疑年轻人，更重视安全，强调全体一致和终极价值，坚持规范，权威是必要的……在不确定性规避高的文化中，人们更倾向于采取一些措施来防止不确定性。如：制订非常详细的规章制度；寻找稳定的工作，防止由于更换工作带来的陌生环境、陌生人；对不符合常规的想法和行为表示怀疑和拒绝，因为不知道它们会带来怎样不确定的结果。

如中国父母担心孩子会输在曾经差不多的"起跑线"上，与其他孩子相比情况不"统一"，从集体中"掉队"，因此"压力山大"。中国父母和不少年轻人认为：公务员、老师和医生是最好的、稳定性高的工作，因为这些工作在集体或人群中，一是不容易获得，二是能得到更多的尊重和羡慕，三是国家会重点保护其队伍的稳定性。所以，中国学者也会强调集体主义文化常常会有群体取向和他人导向。

例 如何严格执法和判罚？ 确定与不确定

受西班牙文化影响较大的拉美文化与美国文化有明显差异：拉美文化中的人们认为：法律在判决前，没有可能干预，但一旦开审，就需要借亲属或家族力量去影响。美国人则认为法律本身应该公正，一旦审判开始，就基本无法改变了。

拉美文化背景的桑科是一位上任不久的美国摩托警察，他严格执行15公里限速，从不留情，也不听从违规者的任何说辞（因为在他潜意识里，一旦由于超速被逮捕后，人们可以托关系到法庭上要求从轻处理，那就与他无关了）。他的这一做法惹怒了辖区内的众多美国公民，在他们看来：遇到类似15公里多点、16公里以内的情况，就应该警告一下后"算了"。执法本身应该合情合理，因为一旦进入"执法过程"则不再有可能修改。

探讨：中国目前的法律理解和执行情况，更接近拉美西班牙文化还是美国文化的习惯？还是第三种习惯？

霍氏的另一文化价值归纳：权力距离

权力距离指社会或组织对权力的分配，以及权力较少者对这种权力分配不平等的接受程度。

权力距离越小，人与人之间表面上就越平等。霍氏团队的广泛调研发现：英国、挪威、美国和德国属于这种文化。这种文化更强调：

> 人人拥有平等权利，
>
> 不平等应该缩小，
>
> 上下级应该平等，
>
> 经常重新分配权力，
>
> 权力运用要合法……

权力距离越大，人与人之间表面上就越不平等，具有权力意义的符号和行为会越多，如：

> 办公室的位置；
>
> 开会时的座次；
>
> 称呼是否带头衔；
>
> 打招呼时的用词和语调；
>
> 各种非语言，如握手时应该由谁先伸出手……

霍氏团队的广泛调研发现：日本、印度、法国、韩国等就属于这类文化。

中国应该也属于这类。如中国外交史教材上，就强调美国总统尼克松在首次访问中国、解冻两国"冷战"关系之际，周恩来总理亲自到机场迎接，尼克松一下飞机就"先伸出了要与周总理握手的右手"。

探讨：要注意的是这个区别和解释可能让中国文化处于劣势。其实这个区别往往是"表面上"的：或者是外在的、报道中强调的；或者是仪式的、带有制度特有的约束意义的；或者带有表演性的。从人性相通相似的角度，谁都认可平等自由博爱的人类共同价值观，但文化也可能"穿不同的鞋子"。

例 如何监管企业员工的工作状况？

一个加拿大银行职员认为他的菲律宾上司疑心重，无法忍受：他完全不信任员工，无时无刻不在监视、检查我们的工作、态度和迟到情况。他这是不尊重我们，所以我们也准备以同样方式对待他。

老板与这位菲律宾经理进行了漫长的讨论，才发现大家对情形的看法完全不同。

菲律宾经理说：如果不这样对待菲律宾员工，他们会抱怨自己被上司忽视了。

于是通过沟通，大家化解了矛盾。

例 "大"教授、"小"秘书

在德国文化中，权力的距离比中国人小。在教授与他的秘书、本地教授与外来的访问学者之间都应该是平等的关系。所以一位德国教授见到没有事先预约的中国教授来访时，会一边直说，自己还有 10 分钟时间，只能简单交谈一会儿，一边认真承诺，自己会让秘书安排自己与中国访问教授的下次会面。

但中国的访问学者可能觉得：你让秘书来接待我，说明你对我不重视。或者中国人觉得时间安排是一件很重要的事情，你一个堂堂大教授，却让秘书来安排你的时间表，是不是太滑稽了？或者，这只是一种托词，实际暗示的意思是你不一定想认识我？

例 权力与年龄、地位、资历

第一次世界大战期间，日本侨民在美国被安排统一居住和干活。干活需要安排施工队领班，美国人出于自己的习惯，找了一个懂技术的人员当领班。这些被"软禁"的日本侨民已经感觉人格受侮、财产被夺，但他们不想再失去耐心和传统，于是开始罢工。后来美国当局同意他们自己从地位适当的人中间选领班，问题因此得到解决。

被选的是一位被尊敬的老人，他虽然不懂英语，也不懂技术，但他们立即就挑选了年轻工程师担任他的"助手"。

男性气质和女性气质文化

男性气质和女性气质，也被译成阳刚与阴柔文化、阳性主义与阴性主义

生命的双重性把人类这一物种自然地划分为男性与女性。男女之别以及他们在社会中所扮演角色的差异是各个文化中普遍存在，同时也是不容回避的问题之一。男女之间不仅有生物禀赋和生理功能上的差异，而且有社会角色和社会分工上的不同。

虽然各个文化对男女社会角色的界定相差较大,近年来在女权主义的冲击下两种性别的社会地位日趋平等,但总体上看无论是传统社会还是现代社会都或多或少地存在这样的倾向:男人应该负责经济来源和社会交往,女人负责照顾孩子和家庭。

霍夫斯泰德因此用男性气质指数值的高低来分析各国文化在性别差异上的价值取向。

男性气质文化:重视数量型生活质量,如薪水、房子、升迁等。

女性气质文化:重视人际关系和生活品质,更关心这个工作是否适合我,居住的地方是否让我愉悦,升职是否是我的目标,等等。

在男性气质文化中,男人具有较大的权威与控制权,而且表现出雄心、果断、高度成就感、力量、竞争性和追求物欲的特质。这种文化也期盼女性扮演相夫教子的角色。霍氏团队的广泛调研发现:日本、墨西哥、奥地利、德国等就属于这类文化。

在女性气质文化中,男女的地位较为平等,这种文化强调细腻、善感、敏觉与看护等女性柔性气质。阴柔性文化通常不期待男人过度果断。在阴柔性文化中成长的人,在沟通的过程中,也比较能够解读非语言表达的线索,而且对不确定性的环境,也比较能够适应。霍氏团队的广泛调研发现:挪威、芬兰、法国、西班牙就属于这类文化。①

探讨:中国文化是否应属男性气质文化?因为我们一般普通人也特别重视生活的"硬件",如升迁机会、财务收入、在单位里拥有的位置等,会与同事们明里暗里比拼票子、房子和车子;有一定的男主女辅、父权和男权中心思想;不如女性气质文化那样更重视生活中的心情"软件",快乐至上、跟着感觉走。中国人是能够为了未来的快乐和快乐的物质条件保障,甘心吃眼前苦和亏的。当然,中国文化讲究中庸和辩证,得意时说奋斗(孔孟),失意时说潇洒(老庄)。

例 性别与气味

一位美国社会学家在黎巴嫩看到某阿拉伯人的汲水池被污染了,但他们拒绝外人去清理。在外人看来他们的水有股子类似骆驼身上的怪味。但他们认为村中有某男的强悍勇猛,就与饮用此水有关。喝干净水反被认为有女

---

① 陈国明.跨文化交际学[M].上海:华东师范大学出版社,2009:80.

人气。

探讨与对比：男女比较平等的国家就不太会认为男人应该如何、女人应该如何，而是各方面情况都是男女错落的。

印度教激进分子的"阳刚"文化追求

印度教国民志愿团"沙卡"是一个半军事组织，他们将民族视为有生命的有机体，希望创建充满阳刚之气的印度教，超越强大的伊斯兰和西方文化。他们认为印度和印度教在过去的几个世纪变得太女性化了，所以脆弱和被外国轻而易举地控制。①

探讨：这个案例让人联想到中国目前讨论得比较多的一个话题，就是有人提出过去我们太缺少"狼文化"了，现在我们经济腾飞、国家实力强大了，我们也需要"强化"自身的阳刚文化吗？男性气质与这些中国人说的"狼性""阳刚"有什么异同？

例 两性关系与社会文化关系

一种文化中的男性行为可能是另一种文化中的女性行为。相似性就是：有一种性别接受一类言行模式后，另一性别就可能放弃。比如：如果一国的男性普遍接受更多高等教育，变得多愁善感和地位优越，那么这个国家的女性也可能会因此较为普遍地变得十分理性和勇敢，从而应对自身总是弱势的社会地位。

许多拉美国家倾向于认为：只要男性与女性单独在一起，男性就无法压住自己身体中的强烈欲望。所以要有外部的保护或防范措施，否则就只能那样（指男性强迫女性做自己想做的事）。

所以在这些国家，女儿长大后，父母有不可推托的责任看好女儿的"外交"情况，男女结婚后，丈夫有不可推托的责任看好妻子的"外交"情况。如果让她们单独出门或与其他男性在外面待在一起的时间过长，随后会发生的不幸之事就"难以避免"，并且社会舆论会在指责犯罪者的同时，齐声怪罪父母、丈夫或其他应负责的家人（如兄长、舅舅、叔叔等）对她们的管教不严。

探讨：这个文化差异对中国同学来说，可能不太容易理解。不妨讨论一下单性制教育，即女校与男校现象。为什么这一现象在 20 世纪中叶前和某些

---

① 爱德华·卢斯.不顾诸神：现代印度的奇怪崛起[M].张淑芬,译.北京：中信出版社,2007:116.

国家很普遍，在现代，有些国家已经放弃了，有些却仍是男女分校的？也不妨讨论一下：为何新闻中会报道一些国家的女性孤身一人出门，特别危险，而且在遭遇险境的时候，会出现大白天、光天化日之下却没有人相助的情况？

例 伊朗男生与美国女友不和谐？

在伊朗，男人是更多接受高等教育和古典文学熏陶的人群，他们常常在一起读书、读诗，变得十分敏感，直觉发达，男生们常常在马路上相互拥抱和手牵手成群结队地走在一起，平时为人处世也总是感情外露，动不动就发火，否则就会被社会舆论认为缺少一种重要的男性品质。由于"有一种性别接受一类言行模式后，另一性别就可能放弃"，伊朗的女性则显得更冷静而实际，有着其他国家的所谓男性气质。在这一点上，伊朗的两性关系文化恰与美国式的理智与情感关系颠倒。

电影《终点之城》(*The City of Your Final Destination*)，就生动地展示了这种差异。28岁的奥码(Omar Razaghi)是一个来自伊朗的留学生，他刚刚通过美国科罗拉多大学研究生学位的申请，他申请奖学金的一个研究项目，是为刚刚去世的乌拉圭著名小说家朱尔斯·冈德(Jules Gund)写传记。于是他的奖学金、博士学位，以及他往后人生所仰赖的教职机会，都取决于他能否获得作家传记的家属授权。

在他的美国女友迪尔德丽的不断催促和逼迫之下，奥码终于做出了一个惊人的决定，他未经邀请就擅自来到了位于乌拉圭偏远地界的朱尔斯·冈德家门前，希望可以亲自说服这些人，改变他们拒绝授权的初衷……

在这个故事的进程中，观众会看到与伊朗男生奥码比起来，美国女孩迪尔德丽显得雄心勃勃、事事追求高效率，她反而像个未来的"丈夫"，希望主导和决定"家中"的事宜，而奥码却多愁善感，遇到困难就有点伤怀和迷惘，情商很高，同时也犹豫不决和细腻多情，对迪尔德丽的刚毅果断也越来越不能忍受。

最后奥码与过于强势的美国女友分手，与作家温情迷人、同样对人生感到迷惘的情妇雅登产生了一段缠绵起伏的爱情，并以自己不经意的闯入行为，打破了一个异常复杂的家庭结构和本来就已经脆弱不堪的共存关系，促进了片中每一个人物对自己的现状和命运的大胆改变，也因此获得了作家传记的家属授权。同时，迪尔德丽和朱尔斯·冈德守寡多年的漂亮妻子也都在新的自由开放的生活中找到了合适自己的另一半。

例 英国文化更富于丈夫气,中国文化更富于女性的机智?

林语堂曾写道,英国和中国的最大分别,便是:英国文化更富于丈夫气,中国文化更富于女性的机智。中国人从英国人那里学到一点丈夫气总是好的,英国人从中国人多学一点对生活的艺术以及人生的缓和与了解,也是好的。

一种文化的真正试验并不是你能够怎样去征服和屠杀,而是你怎样从人生获得最大的乐趣。至于这种简朴的和平艺术,例如养雀鸟、植兰花、煮香菇以及在简单的环境中获得快乐,西方还有许多东西要向中国求教呢。①

例 多元文化、女性与理想生活

有人说过,理想的生活便是住在一所英国的乡间住宅,雇一个中国厨子,娶一个日本妻子,结识一个法国情妇。如果我们都能够这样,我们便会在和平的艺术中进步,那时才能够忘记战争。那时我们定会晓得这个计划,这样在生活艺术中的合作,将要形成国家间了解和善意的新纪元,同时使这个现世界更为安全而适于居住。②

长短期定位与是否约束自身

长期与短期定位维度:东方维度?

1991 年,霍夫斯泰德出版《文化与组织》时在原有讨论的基础上加进了这一维度,它的加入以及理论的进一步完善得益于人类学家迈克·H. 邦德(Michael H. Bond)的启发。邦德利用他在香港中文大学工作之便,请其华人同事总结出中国人的基本价值观,并且在此基础上设计出中国价值调查问卷,组织人员在世界二十几个国家的大学生中做统计研究。

霍夫斯泰德曾与邦德合作过,他把两人的研究成果加以改造后运用到他的文化价值取向论之中,其最初的设想是加入一个东方的文化维度,可以淡

---

① 林语堂.英国人与中国人[M]//林语堂全集 19:爱与讽刺.北京:群言出版社,2011:1.

② 林语堂.英国人与中国人[M]//林语堂全集 19:爱与讽刺.北京:群言出版社,2011:1.

化原有理论的欧化倾向。

长期定位指数值

长期定位是指"以未来回报为目标的道德培养，特别是对节制和刚毅的培养"；而短期定位则是指"对与过去和现在相联系的道德培养，尤其是对尊重传统和履行社会职责的培养"。它主要反映一个人如何在时间维度上定位生活与工作。

中国、日本和韩国等长期定位指数值较高的国家，其文化倡导坚韧、节俭、谦卑和廉耻感；巴基斯坦、尼日利亚和加拿大等指数值较低的国家（也就是短期定位），其社会尊重传统，但把它当作时过境迁之物，在社会交往中注重人格的尊重与利益的满足，期待较快的回报。在思维方式上，前者惯用归纳与合成，后者偏爱推理与分析。

长期定位指数值较高的文化成员注重节俭、人际关系和社会教育，把勤俭、谦虚、忍耐和刚毅看作美德，他们重视长远效应，强调社会伦理，提倡和谐与人治，长于综合性思维。

长期定位指数值较低的文化成员具有较强的自我意识和平等观念，包容差异，主张私人与公共领域的分离，他们善于分析性思维。

例 中美老太太买房子的经典笑话

美国老太太：我终于付清贷款了。

中国老太太：我终于可以买房了。

霍氏团队认为：德国、美国、英国、加拿大都比较短期定位。

例 缺乏耐心的美国经理

大卫是美国威斯康星州一家超市的经理，很想与中国建立贸易联系。通过中国员工吴新，他从浙江一家进出口公司进口了 2400 包茶叶，到货时正值感恩节购物高峰期。

大卫自己喜欢喝茶，对进口的茶叶从质量到包装都很满意，于是就在电视台上花钱做广告，无意中增加了成本，财务部要求提价，略高于一般进口同类产品。

浙江进出口公司的代表盛先生则不同意，建议大卫先降价出售，等到该产品打开销路之后，就有了长期稳定的市场，薄利就不再薄了。

但大卫不愿亏本销售，于是在感恩节提价。

三周后,盛先生从电话中得知,那批茶叶已经因为销售不佳,下架收回仓库了。他再次建议大卫降价出售,但这时的大卫已经对这个项目失去兴趣。

几个月过去了,盛先生再也没能引起大卫的合作兴趣。

这一事情因此告一段落。

调查发现:在企业中,长期导向的管理者关注企业前景和未来利润,愿意对企业及产品进行长期投资。短期导向的管理者关注企业的盈亏状况和当前利润。一些国家的长期导向和相应指数为:韩国100、日本88、中国87、德国83、俄罗斯81。短期导向和相应指数为:美国、澳大利亚、墨西哥、阿根廷和阿语系国家平均分为23。

自身放纵与约束维度的文化差异

这是霍氏团队最新增加的维度:放纵与约束自身(indulgence versus restraint)。这一维度指的是某一社会允许人们满足基本需求和享乐生活欲望的程度。

放纵自身(indulgence)的数值越大,说明该社会整体对自身约束力越小;社会对个体任意放纵的允许度越大,人们越不约束自身。反之亦然。

调查数据和指数:最"浪"的是墨西哥,得分97,美、英、澳、加倾向于放纵,平均分为69。东亚和南亚国家、欧洲几国和阿语国家比较倾向约束,平均分为38。

探讨:中外都有"虎妈"吗?"乱骂人"的老板哪里更多?还是应该差不多,都有虎妈虎爸和凶老板,只是表现不太一样?

六、高语境与低语境文化

文化制约人们的行为，其方式深刻而持久，而且有许多都在人们的意识之外起作用，因而不受人们的意识的控制。实地工作的人不管多么正直诚实，仍然无法理解这一事实的真正意义。人类学家强调这一点时，人们常常置若罔闻，因为他是在指责美国人对外国人最根深蒂固的看法，他摆在大家眼前的东西也许正是大家都不愿看到的。

——爱德华·霍尔《无声的语言》

高语境与低语境文化差异

素质问题还是文化差异问题？

中国人卫生习惯差？

中国人喜欢大声喧哗？

中国人不守纪律、不喜欢排队？

中国人只信"关系"，不信规则和法律？

中国学生只会考试，不会创造？

中国人感情用事、缺乏理性？

中国人太"集体主义""整齐划一"？

通过了解文化间的系统性差异，我们会明白，上述的中国人习惯"差"问题不完全是道德或素养问题，也是文化差异问题。比如有的中国公民会在参观"世博会"走累了之后，"当街"脱鞋或躺倒在路边休息，许多人（包括西方国家的公民)觉得这是公共场所,怎么可以这样? 这样做的中国公民则可能觉得既然是公共场所,说明也有我一份,为什么不可以像在家里一样随便一点呢? 比如公共场所的大声喧哗,这些习惯于大声说话的中国公民可能觉得公共场所如果不大声点,对方怎么听得到呢? 人家怎么能感到你的交往热情呢? 自己说的话被不认识的人听到了又有什么关系呢? 又不是什么秘密。

类似这样的问题,通过跨文化交流和沟通、对话与争议,都是可以慢慢改变的,但并不是说中国人放弃了自己的文化习惯而迎合了西方,或者相反;而是中国人和西方人共同因为交流和分享,建立了和而不同的"第三种文化"。

高语境与低语境文化之差异

高语境与低语境差异是经常被引用的对比文化异同的理论方法。最早由爱德华·霍尔教授提出,基于他的语境传播理论。除高语境文化与低语境文化之外,他的其他文化区分比较选项是:单项时间取向与多项时间取向,空间变化(他将人类空间分成四类:亲密距离、个人距离、社交距离和公共距离),接触文化与非接触文化,等。本书会另用一章讨论此问题。

爱德华·霍尔将文化分为高语境文化(high context culture)与低语境文化(low context culture)。高语境文化中的信息的大部分要传播参与者通过环境推测出来,而低语境文化中的信息内容由所传递的讯息表达,不需要依赖环境去推测。一般来说,低语境文化大多是个人主义文化,而高语境文化大多为集体主义文化。低语境文化传播的特点是直接言语表达方式、明确的意义表述和信息发出者的价值取向。而高语境文化传播是螺旋形的,采用的是间接言语表达方式。

例 高语境的地勤人员误读了低语境的飞机驾驶员的报告

一架飞机上的英国驾驶员向地面交通管制人员用纯正的英语报告:飞机快没油了,要求紧急降落。地面负责管制调度的是位阿拉伯文化中人,他从英国飞行员冷静的声音中判断:这架飞机的情况不可能像他说的那么严重,就先去处理其他在他看来更紧急的事务。就在这个过程中,这架英国飞机在空中盘旋的过程中因为缺油而爆炸。①

---

① 严文华.跨文化沟通心理学[M].上海:上海社会科学院出版社,2008:56.

例 美国和德国朋友听不懂日式高语境言辞

一个德国人、一个美国人、一个日本人到同一家餐厅，都点了一个汉堡，结果由于厨师的疏忽把三个汉堡中的肉都烤糊了，问：此三人会对此说什么？可能的结果是：德国人会直接批判这个糊了的肉，批评这个厨师；美国人会说，虽然肉的口味不太好，但是面包、沙拉、香葱的味道还不错；日本人会说，面包、沙拉、香葱的味道不错，至于肉，他一句不说，你自己揣测去吧。这就是日式高语境文化。

探讨：那么中国人若在场，会如何说呢？

例 高语境的伊拉克人对低语境的美国人的误读

1991 年 1 月 9 日，在美国决定对入侵科威特的伊拉克开战之前，伊拉克外长和美国国务卿率团在日内瓦进行最后一次谈判。美国代表团的决策者就在谈判现场，而伊拉克不是。坐在伊拉克外长身旁的是萨达姆的姻亲，只见他不停地给萨达姆打电话，报告谈判进展。他汇报说，美国人说得非常清楚，如果伊拉克不从科威特撤军，美国肯定会向伊拉克宣战。萨达姆问他美国人会不会真的开战，他评估说：虽然美国人给出了最后期限，措辞严厉，但语气非常平静，声调也不高，表情也不愤怒，看样子不像动真格的。

伊拉克属于高情境文化，人们会根据语气、语调、表情等综合判断对方的意图。美国是低情境文化，强调说话的清晰性。在他们觉得自己已经将最强硬的态度都清楚地表达了的时候，伊拉克方面却认为还有余地和空间。最终由于伊拉克方面没有妥协，美国随后进攻了伊拉克。[①]

低语境的四个说话原则

美国加州大学语言哲学家格赖斯（1976）提出体现低语境交际的有关协调社会交往的四个假设：

第一是数量原则，即个人不应该给人家过多信息。

第二是质量准则，即应该只说真话。

第三是关联准则，即个人的话语应与会话语境相关。

第四是方式准则，即人应该避免费解的表达法，如模棱两可、过度的多嘴

和打扰等。①

例 基辛格回忆与中国领导人的第一次会面

"他要说的话的要义包裹在大量若即若离的语句之中,它们传达了一种意义,但却没有断语。他所用的省略号仿佛墙上掠过的影子;它们反映某种事实,却并不蕴含其义,它们暗示某种指向,却并不说明行进的路线。"②

外国朋友往往听懂中国人说话中实的部分,忽视虚的部分:

领导说:原则上不同意你的要求。他们会认为同意了,中国人则知道其实是不一定,要视情况而定。

要我帮你搬家? 到时候再说吧。他们会认为对方愿意帮助搬家。中国人则知道对方是婉言拒绝了。

例 清楚与模糊:谁是谁非

奥克布认为:低语境文化在交际中常用诸如"绝对""当然""肯定地"这些绝对性词汇。高语境则相反,喜用诸如"也许""可能"这类修辞语,用的目的是防止听者认为自己武断。③ 高语境的人说话时往往涉及间接、隐含和模糊的信息使用。当他的话语是回答时,低语境的人往往会觉得答非所问。一个很好的高语境的交际者应该是能听一知十的,也就是能听出"言外之意"的。这种能力就是由推断说话的方式与理解和说话的内容相关联的能力。就是强调信息接受者的敏感性和捕捉间接交际中的非语言信息的重要性。④

例 高语境的非洲埃塞俄比亚的阿姆哈拉文化

跨文化交际学者迪纳·R.莱万(Deena R. Levien)描述了非洲埃塞俄比亚的阿姆哈拉文化,一种集体主义文化,他们的交际基本方式是间接的,并常常守口如瓶。⑤ 谈话中充满了泛泛的、含糊其辞的话语,如:说话人并不明确

---

① 严明.跨文化交际理论研究[M].哈尔滨:黑龙江大学出版社,2009:42.

② 何南林.汉英语言思维模式对比研究[M].济南:齐鲁出版社,2008:388.

③ OKABE R. Cultural assumptions of east and west:Japan and the U. S[M]// Gudykunst W ,Ed. Intercultural communication theory. Beverly Hills:Sage Publications,1983.

④ 严明.跨文化交际理论研究[M].哈尔滨:黑龙江大学出版社,2009:42.

⑤ LEVINE D R, ADELMAN M B. Beyond language:Intercultural communication for English as a second language[M]. Upper Saddle River:Prentice Hall,1982.

所指之事时，就问"什么更好？"说话人并不具体说明自己所要之物时，就说"给我"。说话人在打量着眼前之事或自己所要之物，他的回答可能还没有透露出他心里的真正想法。[1]

例 谁是拍板人？

当一家日本公司的董事长参加谈判后告诉对方，他要将所有新的信息都带回公司讨论的时候，西方人十分不解，他们想知道公司里到底是谁在拍板。其实日本有一传统的集体协商——"根回"意识，为了确保下级的支持和执行，他们不像西方人那样在商务会议上反复协商，而是在做出决定前需要一层层井井有条地"画圈"，也就是像家庭成员那样集体协商，耐心取得全体成员的同意，然后正式开会的时候时间很短，因为决定早已做好。[2]

美国语言学学者卡普兰看到的语言表述特征差异

英语系学生喜欢直来直去，用论据论证论点。

拉丁语系，也就是法语和西班牙语系的同学喜欢在论述过程中穿插与主题毫无关联的句子。

俄语系同学写论文，往往采用一系列猜想式平等结构和一些从属结构，而且其中至少一半与主题无关。

闪米特语系，也就是阿拉伯语和希伯来语的同学，特别偏爱平行结构。

阿拉伯语惯用排比句，喜好铺陈。古兰经就是如此。

卡普兰还发现：韩国人的思维方式是螺旋式的，喜欢间接思维，回答问题不直接，更多论述不是什么，而非是什么。[3] 试想：中国人的思维方式也是这样的吗？

例 对"沉默"的不同评价

霍尔说：高语境文化往往是重要位置的人不用多说，说话多的位置往往不重要。说话少的人更能得到信任。同时在群体环境中，为了和谐，说话者必须说一些言不由衷的话。这些言不由衷的话其实是"话中有话"，"不方便明说的话"等，同是高语境的人往往不用思考就听出来、悟到了，而对低语境

① 严明. 跨文化交际理论研究[M]. 哈尔滨：黑龙江大学出版社，2009：41.
② 李炯才. 日本：神话与现实[M]. 北京：中国电影出版社，2008：166.
③ KAPLAN R B. Cultural thought patterns in intercultural education[J]. Language learning. 1966，16(1)：1-20.

的人而言,则可能立即产生相反的理解或者说误解。

高语境文化中的个人信息资料并不能用来预测行动,因为他们在公共场合说话,必须基于群体的信息,如背景、群体成员、地位、年龄等。低语境文化的人们则是想什么就说什么,强调一定要坚持在任何情况下都只说真话,人们在交际中需要开放和坦诚。

低语境文化的人倾向于认为"沉默"是需要弥补的缺陷。因为沉默让谈话停止,让大家感到不舒服。莱布拉(Lebra)认为沉默可以用来表示不信任、不同意、尴尬和不允许。[1]

低语境文化中的人习惯于将每个人视为独立的个体,他们的个人信息资料往往决定了他们说话的立场和态度,如党派、学派、从事职业、所属公司等,这些信息越透明,人们越可能监督他们的公共意识、个人品行和理性水平。

例 日本教授们用沉默通过了一项决定

一位会说流利日语的美国教授,参加了一次日本大学的系务会议,他在会上用日语发了言,支持一项决定。会议结束后,他与一位教授同事说:"系里很明显地做了某项决定,因为 X 教授同意,他还说服 Y 和 Z 教授支持自己,其他教授也都同意了。"这位同事很礼貌地表示赞同,但最后又补充说:您说的可能是这样。尽管如此,您还是搞错了,会议所做的正好是相反的决定,您虽然听懂了人们所说的话,但您没有理解的是人们在言谈中的沉默。[2]

影响冲突化解的不同文化模式

解决冲突的不同文化模式

如前所述,低语境文化大多是个人主义文化,而高语境文化大多为集体主义文化。在个人主义、低语境文化中,冲突争执往往围绕个人荣誉和自我尊重、个人感情、个人权力等方面;在集体主义、高语境文化中,冲突协调往往围绕着面子的维护、集体和谐、集体取向、互惠与互尽责任等。在个人主义、

---

① 严明.跨文化交际理论研究[M].哈尔滨:黑龙江大学出版社,2009:42.
② 严明.跨文化交际理论研究[M].哈尔滨:黑龙江大学出版社,2009:43.

低语境文化中，冲突的产生往往是由于性格不合、信念不一致或目标不一致；在集体主义、高语境文化中，冲突的产生源于互不相容的面子或关系处理等方面的问题。

关于防止两种文化发生冲突的建议

蒂恩·图米(Ting-Toomey，Stella，也译丁图米或汀·图梅)按照以个人为中心和以群体为中心文化处理冲突的区别，分别对两个群体提出处理冲突的不同建议：不过尽管有这么详细的建议，但迄今为止这两种文化之间的群体对话仍是十分艰难的。许多国家间、族群间的"口水仗"没完没了，不断引发危机，不禁让人想起孔子所说的：人类是"性相近、习相远"。如果"习"越来越远的人群不能有效地、自觉自愿地反思和克服自己的"我族中心主义"，愿意去接近和拉近彼此间的距离和克服差异造成的障碍，则许多失败的跨文化交际案例也可能提醒我们：人类如果"习"太远，则"性相近"也就没有意义了。

蒂恩·图米对以个体为中心的文化群体建议：(1)特别留意对方文化中维护面子的概念。(2)积极处理初期的冲突。(3)给对方留有面子、机会和余地。(4)留意沉默的作用。(5)注意倾听对方的意见。(6)留意冲突处理中的语言，要使用留有余地的词汇和句型。(7)如果对方不想直接处理或回避，可以暂时放一放，让大事化小。

蒂恩·图米对以群体为中心的文化群体处理冲突的建议：(1)留意对方解决冲突的立场——问题与人的分离。(2)学会肯定自己和直言不讳的表达方式。(3)勇于承担责任，充分表达自我的看法和立场。(4)积极倾听和给予反馈。(5)采用直接的语言表达意义、传递信息。(6)与冲突对方共同解决问题。寻找共同目的、建立双方信任，建设性地解决冲突，并由此保持合作的良好关系。[①]

沟通与沟通环境的关系

高语境和低语境文化的区分还涉及了沟通与沟通环境关系的问题，因而对研究跨文化的世界治理也给予了极大启示。类似曾经的伊朗总统内贾德、委内瑞拉总统查韦斯这样的领导人，在世界舞台上说话强硬甚至可能用上咒骂的形式，除了国家语言文化传统上的差异外，另一个原因就是他们对目前

---

① TING-Toomey S, DORJEE T. Communicating across cultures [M]. Guilford County：Guilford Publications，2018. 370-394.

的国际秩序是不认同的,包括联合国和其他国际对话平台的构成和组织管理方式,他们也明显存在不认同。

2007 年 11 月,在智利首都圣地亚哥举行的第 17 届伊比利亚美洲国家首脑会议最后一天,查韦斯发言攻击西班牙前首相阿斯纳尔是"法西斯分子",查韦斯的攻击性言辞招致西班牙现任首相何塞·路易斯·罗德里格斯·萨帕特罗的不满。轮到萨帕特罗发言时,他要求查韦斯尊重其他国家领导人,在言辞中讲究点外交艺术。

"前首相阿斯纳尔由西班牙人民主选举产生,是西班牙人的合法代表,"萨帕特罗说,"乌戈·查韦斯总统,我认为对话有一个基本原则,那就是尊重与被尊重,我们应该避免辱骂。"

萨帕特罗的发言引来下面一片掌声。查韦斯几次想反驳,但他面前的话筒处于关闭状态。看到查韦斯跃跃欲试的样子,坐在萨帕特罗旁边的西班牙国王胡安·卡洛斯一世再也按捺不住,年近七十的老国王指着查韦斯喝道:"你就不能闭嘴吗?"

查韦斯终于可以在事后接受记者采访时继续用他的方式说话,他仍然激动地说:"谁失去自控,谁的样子就很难看。有人让我们闭嘴,好像我们还活在 17、18 世纪。"查韦斯事后的发言暗指当年西班牙对美洲的殖民统治。他还忍不住挑战式地说:"我是在把真相告诉国王们、帝国主义者,布什。"①

可见在这样的对话中,不仅有高低语境文化的对话,也有集体主义和个人主义文化的艰难对话,有不同世界观、时间观、历史观的对话,还有如何讨论问题的方法论和规则论的公开对峙。

中国式高语境文化

例 自谦不被理解、客气当晦气

清朝大臣李鸿章在国外举办招待会。在盛大的答谢宴会上,他用卑己尊人的礼貌习惯,向外国客人说:"今天,承蒙各位光临,我感到非常荣幸。我们备有粗馔,聊表寸心,不成敬意,请大家多多包涵。"事后,饭店老板看到讲话

---

① 冯武勇.西班牙国王要查韦斯"闭嘴"[EB/OL].(2007-11-12)[2021-10-23].http://news.cctv.com/world/20071112/100533.shtm

后,觉得自己的饭店受到了极大污辱,因此决定要告上法庭,指控李鸿章涉嫌侵犯名誉罪。[①]

中国式高语境——汉语的言语等级

个人发话者:礼貌型、敬语型。

个人受话者:谦卑型、自然型。

不仅如此,还有最恭敬的形式:敬语型和谦卑型相互结合。对别人说话用敬语,对别人回应用谦卑方式——卑己尊人的礼貌。

探讨:上述清朝大臣李鸿章在国外举办招待会,因为中国方出钱请客,因此在主客关系中,主为上,客为次。即使是贵客,一般也会出于礼貌而自觉地表示恭敬不如从命。在这样的主次关系中对话,位高或位重的发话人主动自谦,则位低或辈分小的受话者就应该理解这种说辞的言外之意,一方面可以因为感觉上更平等一点而心里更舒服,另一方面则要意识到这是人家谦虚和大度,所以自己更应该表示尊重和敬意。

在平时生活中中国人会讥讽一种不礼貌行为叫"客气当福气!"叫"不领情",或南方方言所谓的"拎不清",也就是指位低的受话者在听到"礼貌型"话语后不能"自以为是",真的想与位高发话者"平起平坐"。否则就是缺乏教育和不懂道理。

但在上个案例中,低语境的美国饭店老板则是"拿客气当晦气!"因为在他的心目中,没有类似主次、上下、辈分、长幼、先来后到、工作性质差异的等级意识,也不会因为提供的是"服务"就自认位低一等,反而为自己遭遇的不公平评议而愤愤不平。

例 面子人人要,维护方式各有不同

面子是冲突中常遇到的问题,面子是公众场合下对个人的尊重。作为人类,我们都希望获得尊重,有面子。但是,如何对待"丢面子"和"维护面子",尤其是在冲突过程中如何维护面子,不同的文化有不同的做法。

中国文化属于集体为中心的文化,在人与人之间的交谈中,特别强调用词和交谈方式,人们话语中经常使用道歉、奉承、自谦之类的词汇,以给对方留面子。给对方留面子,也意味着自己有面子。拒绝他人时要讲究婉转,批

---

① 贾玉新.跨文化交际学[M].上海:上海外语教学与研究出版社,1997:37.

评别人时要讲究间接。解决冲突和矛盾时要以大局为重,不要破坏安定团结。请对方做某事时要寻找恰当时机。而这些语言传播的方式方法常常难以被个人主义文化圈的人们所接受。

中国式高语境文化的另一种表现:个人过谦、集体过尊

高语境文化往往也是集体主义文化,这种文化中人更倾向于将人群区分为"我们"和"他们"。因为时时处处考虑到集体和他人,作为个体可能会在说话方式上显得"自谦",知情的人会说一句"你不要客气",或"请不必客套",但不了解中国文化的人可能会觉得中国人比较自卑和缺乏个性。高语境文化同时作为集体主义文化,往往容易有集体自大式发话者:在代表国家说话时尊己卑人、豪情冲天、血气方刚,甚至怒发冲冠。反思一下,这种集体自大式发话者讨论问题有四种典型方式:(1)个人有问题,集体没问题。(2)逼人家说自己(群体)好。(3)借名人说自己(群体)好。(4)对外人客气,对同胞无情。

从文化自信和自觉角度看中国式高语境的另两个潜在问题

(1)中国的官方集体话语:最高级赞誉式形容词泛滥,发话者真理在握,不容置疑。也就易给人留下盛气凌人、傲慢自大的印象。

(2)中国人喜欢利用"他者"的话语:或者是"外来的和尚好念经",为我所用;或者是借用外力"含沙射影",集体进行高语境文化含蓄委婉的"暗喻狂欢"。

探讨:这样做的坏处一是外交对话更愉悦了自己,比如办一届最好的××运动会,仿佛人家都不如我们,其实我们并没有那样的意思;二是可能对他者的经验随便解释,并不能真正深入地理解和良好地吸取,同时在一些没完没了的"暗示"和"影射"游戏活动中,将高语境文化原有的含蓄隐忍"玩"成了文字游戏。一方面是空话套话废话成为公共话语的重要组成部分;另一方面是民间喜用狂欢的文字和暗喻的段子宣泄情感,最终让思考的理性缺乏应有的重视和长期的磨炼,让问题的解剖和方案的拿捏缺乏应有的耐心和执行的意志。

中国人的"下跪"语言被美国医生模仿"接受"

中国体操运动员桑兰在美国比赛中不幸摔倒后,她的父母赶到纽约长岛,一见到主治医生,激动和焦急的心情无法言表,当即双双下跪,求医生救他们的女儿。那医生虽然从未见过这个架势,但却完全明白其中含义,虽然

没有像中国习俗般上前搀扶："快快请起"，却当场回跪，发誓尽其一切所能救治桑兰。美国医生的模仿"接受"也在美国的中国人中间被传为佳话。

如何让老外欣赏西湖山水的美学特征

2011年6月24日，杭州西湖申遗成功！中国新闻网发表的文章题为《西湖申遗成功 杭州副市长曾被世遗专家"雷倒"》。文章说6月24日，在巴黎举行的第35届世界遗产大会宣布，中国西湖文化景观被接纳为世界遗产。消息传出，杭州西湖申遗无役不予的张建庭副市长喜极而泣。而几年前，当杭州刚刚启动申遗，一位来自北欧的世遗专家的一席话，曾经让这位分管西湖申遗工作的杭州副市长吓出一身冷汗："在我的家乡，像这样的湖有几千个。"

1999年，杭州市政府正式宣布为西湖"申遗"，但是由于种种原因没有成功。"西湖申遗起步很早，但在相当一段时间内确实举步维艰。"西湖申遗的规划人、中国建筑设计研究院中国建筑历史研究所所长陈同滨说，一个重要原因是，一直未能找到一个准确的定位，在西湖为什么应该是世界文化遗产的问题上缺乏话语权。在回顾申遗的经历时，陈所长回忆说：曾陪一位比利时专家考察西湖。当他们走到苏堤中段时，陈所长向专家解释这湖光激滟、重峦叠嶂的西湖，可称是"无声的诗，有声的画"，而"无声的诗，有声的画"就是中国山水美学的审美特征。但这位比利时专家听了直摇头："啊，你们是这么看的？我可什么都没有感觉到。"

参与起草申报书的陈所长说，以"西湖十景"为代表的西湖景观是园艺、绘画、诗词"三位一体"的关联性文化行为的创造物，表现出讲究"诗情画意"和"天然图画"的东方审美情趣，以及追求人与自然"情景交融"的和谐互动意境。确定了申请书基本内容之后，杭州针对东西方专家，编制了不同的解说方案，申遗申报文本的翻译，也颇下功夫，很多翻译都是所在国专家翻译。其中包括经过准确和合宜的阐释，能让老外明白西湖上许仙和白娘子的爱情故事。

李安《断背山》中大获成功的艺术"高语境"

在李安的电影《断背山》中，Ennis 和 Jack 是一对不能公开自己性取向的西部青年。电影快结尾处，Ennis 知道 Jack 遇险后，与其妻子通了平生唯一的一个电话。李安举重若轻地采用了一种东方"高语境"的电影氛围营造方式，让简单到不达意的语言和丰富的画面不断重叠，从而将巨量的信息隐身在短短的对话中。在观众介入其间的故事理解和情感交流中，我们自然会清楚地领会到:妻子在电话中终于验证了丈夫的性取向,知道了以前的传言并不是杜撰,而 Ennis 也同时意识到了 Jack 不像她说的"死于车祸",而是像别的同性恋者一样被人活活打死了。李安用含蓄、节制、细腻、跳跃、隐晦的艺术"高语境",拍摄了一部涉及敏感社会问题的好电影,为美国主流文化中的"西部片"增添了重要的一笔,大获成功。

接触文化与非接触文化

接触距离与文化差异

相关"接触距离"(爱德华·霍尔的第四个抽象文化模式)的讨论关注以下问题:

人际交往时是否可以有身体接触,以传递比较亲密的信息,如拍拍肩膀、碰碰手肘,还有亲吻、握手等。

如何相互表示欣赏、接受、鼓励、爱欲等,如长辈拍一下小辈的肩、同性拍一下你的大腿、当众亲吻等。

人际交往的适当距离、目光(正对、侧对、停留时间)、手势、接触的频率。

性别与气味:欣赏自然体味还是有意掩饰体味。

爱德华·霍尔将人类交际时的空间距离分成四类

亲密距离:46 厘米及以下——情人和亲人们;

个人距离:46～122(含)厘米——朋友和熟人们;

社交距离:122～366(含)厘米——开始认识和交谈的人们;

公共距离:366 厘米以上——不认识的人们处在同一公共场所时。

霍尔还发现:美国人在接待中,喜欢与客人相对而坐,不喜欢相傍而坐。但别的文化中则可能是偏好相傍而坐,以表示亲密无间。

例 东方人有特殊的接触距离?

在比较和观察中,东亚国家的人际交往距离取决于地位差别和年龄差异。东亚教师和学生的交际距离可能比美国更大一点,因为教师在东亚应该是受尊敬的人。领导与下级的距离也是如此,地位越高,下级越应该与之保持足够距离，除非受到领导的要求，否则是不能随便靠近就座或站到一起的。

东亚人开会要按座次就座。座次中有复杂的地位高低、年龄资历排序，包括个性脾气差异。不是有经验的秘书，还承担不了这项复杂的安排工作。因为开会时常常会出现事先约好的贵人或"要人"临时不来，或者到点了才派来一个他的代表，地位比他低，但"来头不低""架子不小"。主持会议的人需针对情况及时调整座位，同时又必须表示足够的尊重，以免"代表"回去汇报时觉得被接待得不客气，从而得罪了贵人。

例 接触还是不接触，拥抱还是握手？

人际交往时，交流双方彼此身体是否接触和如何接触，相会时是用拥抱还是握手来接触，两人交谈甚欢时可否用手拍对方的肩膀，或坐着的话，可否兴起时忍不住拍对方的大腿，走在大街上亲密的朋友或同学可否勾肩搭背，这是一种存在许多差异的文化习惯，学者们认为：以下排序也许可以说明接触的远近和频繁度。

第一阵营：喜欢接触类，如阿拉伯、印度、地中海沿岸国家、拉美国家；

第二阵营：比较喜欢接触类，如希腊、意大利；

第三阵营：会接触类，如法国、荷兰；

第四阵营：不太喜欢接触类，如英国、爱尔兰；

第五阵营：较少身体接触类，如东北亚。

不过，在统计数据中发现：上述情况由于日益频繁的跨文化交流已经在持续变化中。

例 皇家特殊礼仪

目前仍有不少国家保留了皇室传统，如被英国女王接见有许多必须遵守的"皇家特殊礼仪"，美国或法国总统偕夫人去，也要经过特殊培训。培训内容包括称呼、握手、用餐、对视、说话、身体触摸等。

例 手势、亲吻、健谈

各国对搭车有不同的手势。

许多国家的人用手指着自己胸口的意思是谈到了自己；但是日本人会觉得不解，因为他们谈到自己时习惯用手指着自己的鼻子。

亲吻是一种体语,源自日耳曼人、罗马人和闪米特人的习俗。

吻脚也是闪米特人的习俗。

印度人和巴基斯坦人都喜欢身体接触文化,他们会站得很近,相互正视对方,大声地交谈。在英国和欧洲,人们常常抱怨美国人喋喋不休,说话声音太大。

南美人和中国人也常常被认为是讲话声音太大、行动总是一群群进行的民族。

日本人常常一群人坐在一起,保持长时间的沉默,他们的悠然自得让一旁健谈的美国人看得心生恐慌。

芬兰人习惯于慢慢地说话,结果被一些异族理解成了思维简单、行动迟缓。

例 目光如何对视的文化差异

在西方文化中,直接的目光接触是一件很重要的事情。如果谈话的伙伴不正视对方,他就会被认为是不坦率的。"如果一个人不正视你,那么就不应该相信他。"但是在一些亚洲国家,直视对方是对人不敬的表现。而有的国家的妇女除了丈夫之外,与任何人都不可以随便目光对视。

例 笑的表情也涉及文化差异

在许多西方国家,笑让人联想到笑话和欢乐。但在日本,笑也常常是迷惑和没有把握的表示。比如:一个欧洲人对日本人发火,日本人由于感到尴尬而以笑应之。结果就极可能让欧洲人大为光火,产生严重误解。如果这个欧洲人不了解日本文化,他会以为日本人是在嘲笑他。

对中国人而言,我们习惯在见到生人的时候不管认识不认识,先友好地对他表示微笑。但这种微笑的表情也会产生误解。对不少西方人而言,只有认识的人才会在相互见面时微笑或目光对视,否则就应该表情平静,相互介绍时点个头即可。所以当中国同学对他微笑时,他会显得很尴尬地回一个勉强的微笑,并且立即询问道:"我们认识吗?"

例 心情沉重时会面带笑容?

2010年菲律宾发生中国香港旅行社游客被劫持的事件,最后人质中竟有8人在菲律宾警方极不成功的营救行动中丧生,除了前警察身份的劫匪开枪之外,也怀疑有菲律宾的警方误伤人质。悲剧发生后,菲律宾总统苏西洛三世,在当晚接受电视采访时,面带笑容,表情轻松。这一录像引起了中国香港市民的极大愤怒,发出了强烈的舆论抗议。对此,菲律宾总统解释说:我的笑容只说明我的心情沉重,我个人心情沉重时反而会面有笑容。此一说辞令舆论哗然。

2013 年 10 月,马尼拉市政府通过特别决议案,将就人质事件对北京、香港及人质家属进行正式道歉。虽然当时的菲总统阿基诺表示菲律宾政府不会就马尼拉人质事件道歉,但 2018 年 4 月,菲律宾总统杜特尔特在香港会见菲律宾劳工的时候,就 2010 年发生在菲律宾的香港人质事件道歉。同时,这个新闻事件也引发了相关的"笑脸"问题的信息传递。

之后笔者查到,世界上确实有一部分人的脸部肌肉是特殊的,当他们难过的时候,呈现出"笑"的样子。所以在跨文化交流中,我们也要注意避免过于自信,以为自己见多识广、什么都懂,这个世界上总有一些现象出乎我们的意料或预想。不过通过人和信息的充分交流,我们会懂得越来越多。

七、时空观念的文化差异

在地中海国家的市场上和商店里,顾客们争先恐后地争夺一个店员的注意力。在那里不存在先来后到的服务顺序。在北欧和美国人眼里,这简直是混乱不堪、嘈杂一片。

——爱德华·霍尔《超越文化》

单项时间与多项时间文化差异

时空观的文化差异

爱德华·霍尔从语境传播理论出发,讨论了高语境文化与低语境文化差异后,还讨论了另一个重要概念,即时间与空间认识的差异。以我们汉语比较简洁的方式说,就是讨论了时空观的文化差异。在他之后,对这个方面的研究和调查也仍在延续。霍尔的理论假设是:时间观有单项时间取向与多项时间取向的差异。根据空间观涉及人际交流时的距离意识和接触意识。他将人类空间分成四类:亲密距离、个人距离、社交距离和公共距离,并由此提到了接触文化与非接触文化的差异等。

时间观差异

文化人类学家的调查发现:一方面,对有的民族而言,时间的意义很小,但对有的文化而言,时间是一个极其重要的范畴。另一方面,那些"忽视"了时间的民族,实际可能对时间的理解与我们不同。

一般而言,农业社会中的"时钟"价值不大,"日出"到"日落"是一个常用单位时间,年初到岁末是一个更长的计时方法。但工业和城市化的社会分工更细,所以要有划分为小时和分钟的钟表式时间。市场经济是竞争激烈的,更需要讲究时效和时间的成本。

从感知的角度看,对欧洲和北美人而言,时间是两点之间的一段光阴,现在就仿佛是隔离过去与将来的一点,将来是可以在一定时期内计划的,时间是连续性的、可切割的、可估值的。"时间就是金钱。"不过除此惜时观之外,还有其他的时间理解:对非洲提弗族人而言,时间是一个盒子,当你处于工作的这个时间(盒子)里,你就不可能换到另一个时间(盒子)比如做饭的时间(盒子)里去了,换言之,一个人不能同时做两件性质不同的事;对某些印第安人而言,时间是一些"洞",这些洞是没有时间性的。事件发生的时候就是人们在反复地朝着同一个时间洞而来,又离它而去。所以他们的时间观念不是时钟式、预先计划式的,当一件"大事"发生或一场"严肃的讨论"结束的时候,无论何时何地,他们都可能会毫无顾忌地前来敲击你的房门,邀请你参加或告诉你一切。

例 霍尔总结的一些与美国人不同的时间观

美国人"时间先导",什么都要预约,宣布消息总要找个合适的时机。中东人再约也没有用,而且事后往往想不起来了。

拉美国家人,约好后坐等45分钟,很正常;如果是美国人会因此发火,就别想合作了。美国人则等1分钟可以,5分钟以上就可能光火。

美国人喜欢展望未来,认为自己能为长远着想,"很长时间"可以指各种情况,几天到几十年都是"很长时间"。南亚人则将"很长时间",看成是几千年,甚至无尽期。

美国人办事喜欢讲效率,但除了瑞士和德国北部,许多其他地方的人认为美国人是"工作狂",因此认为美国人易患溃疡病和高血压。

印第安人的时间观:万事俱备时就可以开会了。所以你不知道是几点开会,也问不出来此时是几点了。你要问印第安人舞会几时开始,没有确定时间,就等"万事俱备"。

例 他们好像要攻占我家!

一个美国经理在南太平洋岛国,刚完成了一项人事安排。他不知道当地人希望按派别一贯的势力,按比例雇佣他们。这位美国经理的人事安排让当地人看后大怒。两个主要帮派的人在夜里会晤,商量找出解决方案。待方案商定后,立即深夜三点敲响美国经理的门,想要告诉他。

美国人认为除非十万火急,深夜是不会有人敲门的。

由于语言不通,这位梦中被一片吵闹声惊醒的美国经理以为这些吵吵闹闹的人群想暴动,竟拿起电话叫海军陆战队来为他家解围。

例 对迟到的不同反应

霍尔的调研发现:人们对迟到的解释是很不一样的。有人迟到一点点就咕哝一声,微表歉意;有人觉得迟到一点点已经是轻微冒犯,于是好好道歉;有人会觉得这是粗暴无礼、明目张胆欺侮人,非得表示一下自己的强烈不满。

霍尔的调研也发现:掌握时间和对迟到状况的表示,在一些美国精神病医生看来,甚至是观察精神失常者的重要指标。但他们不清楚,其他文化中人可能并不认同"时间就是金钱"。

例 光与暗的中西不同理解

在中国,或者说东方,光与暗永远和谐相处。时间就叫"光阴",可以合为一体,就像水与乳可以交融。中国人也可以上下求索、融会贯通、达至圆寂。中华文化因群体本位,追求情感的节制与中和的美。乐而不淫,哀而不伤。发乎情,止乎礼。把个人情感和意志融入大化之中,引向顿悟和澄明,达到无我之界、物我两忘。

在西方文化中,"上帝说:要有光,于是就有了光"。"上帝看光是好的,就把光与暗分开了。"所以白天与黑夜、正义与邪恶、向上与向下,都是不可以混淆的对立面。西方文化是个人本位,追求情感的奔放与个性的张扬,强烈情感的自然流露,生命冲动的充分释放。因此不仅不会"无我",而且要大喜大悲。①

例 三种时间观的差异

线性时间观:一个时间段应该专注做一件事,时间是重要资源,很容易被浪费、消耗或花费掉。有效利用和管理时间是能力的体现。一是看重准时。二是重视日程表,凡事需要计划和预约。三是一个时间段应该专注做一件事,否则(一时间段里同时做几件事)会受到负面评价。

灵活时间观:时间是灵活开放的资源。一是时间应该为关系服务。人是时间的主人。为了建立一种关系,可以随时延长或缩短交往时间。二是不按

---

① 飞白.诗海游踪:中西诗比较讲稿[M].杭州:浙江工商大学出版社,2011:298.

时间表是可以接受的,因为时间是用来享受生活的,所以人们的活动不应被挤压。对一些临时性的安排有更高的容忍度。三是一个时间段里可以同时做几件事,这说明你的效率高、能力强。

轮回时间观:时间是一种轮回、循环、重复。时间管理着一切,时间能够治愈一切,时间拥有最高的智慧。一是强调历史总是惊人的相似,以史为鉴。二是喜欢强调从长远的角度看问题,建立关系并非仅凭眼前利益,要从全局出发看到将来。三是一个时间段里可以同时做几件事,因为事物之间存在着复杂的联系,牵一发而动全身。许多事情需要通过复杂的关系网络,间接地达到自己的目的。一般认为中国人拥有这种轮回时间观。

例 中国人独特的复杂时间观

中国人的时间观也被文化研究学者们认为是更为独特和复杂的。一是认为时间的流逝既是线性的,如江河流水"一去不复返",又是周期循环的,"三十年河东,三十年河西"。二是认为时间的价值是因"天时地利"而各不相同的,时间流逝中有的时段是有利时刻,需要利用它,有的时段则可能是不利时刻,需要回避一下。三是认为时间在内容上也不是抽象的刻度,每个节气和季节中都可以有一个具体的体验过程,其间有特定的山水景观变化、季节性工作、饮食起居方式的调整、年龄与心情的变化等。所以中国人的时间观与西方文化背景的人是很不一样的。

霍尔谈单项时间与多项时间文化之差异

时间反映了传播所产生的心理和情感环境。当两个好朋友谈话时,时间如白驹过隙;但当两个互有敌意的人相对而视、无言以对时,时间就如黄牛拉车。此外,时间影响冲突的发展和解决过程。时间的取向影响人们的冲突处理方式。

爱德华·霍尔提出了两种时间的使用取向:单项时间取向(mono-chromic time)和多项时间取向(polychronic time)。

多项时间取向的文化注重人们的参与,人们喜欢同时做几件事,如汉语成语就有"眼观六路,耳听八方""左右逢源""左右开弓""八面玲珑""八面来风"的说法。多项时间取向的文化中人愿意同时与不同的谈话对象进行交际,同时照顾到各种被约谈对象的情绪和需求。约会的时间可以不严格遵守,事先的计划可以根据具体情况随时修改,因为万一有其他更急迫的、更要紧的事情出来,是允许修改预约,或迟到一下以避免重要人际关系网出现漏洞的。多项时间取向的人们对时间的概念比较松散,个人时间与社会时间混在一起,也就是说:多项时间取向的文化在上下班的时间如何是"准点"、加班加点时员工权益如何保障等事项的理解上,都与单项时间取向的文化有传统习惯上的差别。

单项时间取向的文化注重按计划日程行事。在这种文化观念中,时间是线性的,一去不复返。所以中国旅客去西方国家旅游,会惊讶他们的商店员工明明在顾客还很多,但下班时间已到时,却不愿多上 5 分钟班来完成更多的生意。单项时间取向的人们将时间分为各个部分,以满足个人的需要。所以在上班的时间,老板是老大,员工工作不佳,老板可以训话。但下班时间一到,人人平等,老板想要员工加班,必须用恳求的语气和说清给加倍工钱的条件,还要看员工是否事先有了预约。

爱德华·霍尔认为,单项时间取向主要出现在个人主义文化,即低语境文化,而多项时间取向主要出现在集体主义文化,即高语境文化。拉丁美洲、中东、非洲、亚洲、法国和希腊文化代表多项时间取向,而北美、北欧、德国文化反映单项时间取向。

对于单项时间取向的人们而言,冲突要加以控制和处理,在某一时间范围内得以解决。对于多项时间取向的人们而言,最重要的不是在规定时间内解决冲突,而是要花时间好好了解冲突双方,因为集体主义文化所强调的是"我们"的价值取向,维系集体成员之间的"和谐"比澄清问题、解决问题更为重要。

例 中国摊主欺负"老外"吗?

德国外教 Nowak 经常去一中国菜摊买菜,因为这个摊子品种多,摊主态度好。这天他挑好了一颗西兰花,正犹豫再买点什么,听到摊主又在招呼其他顾客,他等了一会儿,只见摊主手脚麻利地给其他两个刚来的顾客过秤、装袋、收钱。好容易轮到他,摊主一边为他称菜,一边又在试图招呼其他人。Nowak 不高兴地说:"我是先来的,你应该先服务好我。"摊主笑着回答:"我看你半天没吱声,以为你还想挑点什么呢。我这不来了吗?!"Nowak 回家的路上,一直觉得自己在这里是"老外",太容易被人欺负了。[①]

探讨:德国文化是属于单向时间的,人们认为在一段时间里应该集中精力做好一件事。德国文化很重视排队、遵守顺序,因此人们认为摊主也应该

---

① 严文华.跨文化沟通心理学[M].上海:上海社会科学院出版社,2008:64.

注意维持排队的秩序。中国文化是多项时间的，重视人际关系。人们在一段时间里可以同时做几件事，摊主应该尽可能让所有人都感到满意，所以有时营业"高峰"时间挤一点、乱一点问题不大。如果中国摊主按照德国的方式做，可能过不了几天生意就不兴隆了。

例 多项时间观与"中国式"堵车、"中国式"过马路现象

21世纪初期，在当中国"城市化"进程加快，越来越多的中国人拥有私家车之后，早晚上下班时段路上塞车和拥堵不堪的现象，行人不顾红绿灯和斑马线乱穿马路现象，也变得越来越严重和让人看不下去了。其实这与中国人的多项时间观也有一定关系。中国人喜欢在同一时间做很多事情，喜欢在一片忙乱中见机行事和见缝插针，不喜欢有秩序地等待，很难忍受时间和空间上的"浪费"现象。

比如每当车流量大的时候，一些自认为有技术的司机就会很随意地变道驾驶；每当发生比较严重的堵车时，他们又会很使劲地往前挤，路上本来就只有两个车道，硬是被挤成三个四个；而且很多时候是喇叭声此起彼伏，还夹有叫喊声或抱怨声，因为他们觉得道路上有"空间"或"位置"正白白地被空着浪费！当然，这种"中国式"堵车现象正在迅速改变。

同样，在中国的饭桌上，一桌人可以在同一个时空聊好几个话题、做好几件事，大家七嘴八舌、隔空喊叫，讲话不被他人认真倾听，或者讲话被他人打断都是常有的事，这不一定被认为是不礼貌或不守规矩，大家会觉得那都是可以瞬间调节和相互配合的事情，甚至会觉得这样才能证明大家是其乐融融和关系密切的。

例 韩国夫妇被歧视了吗？

在杭州工作的一对韩国夫妇，周末开车游玩，中午决定在景区的一家中餐馆就餐。餐馆生意很好。他们点了三个菜，然后坐下安静地等待。

很快，他们发现比他们来得晚的中国客人的菜先上了，他们表示奇怪。服务员对他们说：很快就来了，很快就来了！

但又等了一会儿，他们的菜还是没有上，一直没有，然后他们十分气愤地站起来，要求退钱。店主退还了他们的钱，并说："真对不起，今天太忙了，欢迎下次再来！"

讨论：在中国，你如何在一个很挤的时间很快就餐？

例 美国人与希腊人的合作困难

爱德华·霍尔发现第二次世界大战后美国的对外援助并没有赢得爱戴,也没有换得尊敬,反招来许多厌恶,或勉强容忍。比如美国人与希腊人就合不来,开了一连串会议都毫无建树,双方都对对方不满。美式说话的直截了当被希腊人视为缺点,缺乏处理人际关系的技巧。美国人喜欢限定时间先讨论一般原则并达成协议,然后由下属小组去讨论细节,而这被希腊人认为可能想蒙蔽一些内容。希腊人更喜欢全体到会,共同参与拟定所有具体内容,会议时间嘛,需要多长就开多长。但美国人是性急的,如果工作的最初一段没有起色,美国人往往就放弃或转移目标了。①

例 比尔的拉美之行

比尔(Bill)是一家美国公司销售总监,准备去一个拉美国家商谈生意。考虑到合同的重要性,他决定亲自前往。为了合作成功,他事先就让手下将行程和谈判日程拟好,通过电子邮件发过去,希望对方能认真考虑和按计划准备相关过程。

他到达之后,立即要求与对方的销售总监对谈。对方彬彬有礼地听了他的一番话后,提出的问题却是:"你是第一次来我们国家吗?你觉得与美国很不一样吗?你想先尝一下本地的小吃吗?要不要明天安排你去观光旅游一下?"比尔惊讶于正式的合同细节没有人关注,反而被问了太多私人的问题,他问:"你们没有收到我发的日程安排吗?要不要我让手下再发一遍?"对方忙回答说:"收到,收到。""那么你对我们的原先日程安排有意见吗?""没有,没有。"比尔想强调这就是他所希望的正式工作日程。但第二天谈下来,他仍觉得进展缓慢,在许多细节需要敲定的时候,对方却问:"你成家了吗?有孩子吗?"尽管这些问题看起来都太私人化,但他还是尽可能简单地回答了。比尔总想让会议尽快回到应有的讨论中去。每天会议结束,他都在计算又浪费了多少小时,家里还有多少事等着他去处理。并且他开始怀疑对方是否真有合作的诚意。②

探讨:这中间有三个方面的文化差异值得留心:(1)工作第一/关系第一。

---

① 爱德华·霍尔.无声的语言[M].侯勇,译.北京:中国对外翻译出版公司,1995:导言.

② 严文华.跨文化沟通心理学[M].上海:上海社会科学院出版社,2008:80.

拉美文化与中国文化相似的一点，就是初次见面的合作伙伴最好先努力建立起相互的亲密关系，所谓一回生、两回熟，要从陌生人变成熟人后，才能谈好生意。（2）单项时间/多项时间。拉美公司的代表并不是不谈生意喜谈家常，而是希望在谈生意的同时也能不断拉近彼此的关系距离。（3）当下/长期。美方总监误以为对方没有诚意。对方则觉得我方已经按你的日程进行了，就是有诚意了。现在需要看到的是你方的诚意，不仅是做一次生意的诚意，还有大家做朋友、建立长期合作关系的诚意。但是对美国人而言，一般是生意归生意，朋友归朋友，谈生意的时候不谈感情，谈家常的时候不谈工作，谈这笔生意的时候先不想下笔生意。

例 法国老板没有人情味吗？

一家中法公司的老板是法国人，他的一个中国女秘书由于家中爷爷病危，要求请假。法国老板问她要请假几天，她说：这个一时说不准，不知道爷爷的病情会怎样发展。老板有些不高兴，但还是准许了。秘书去了三天，老板问替她承担工作的中国同事们：她几时回来？人事经理回答：刚来过电话，她爷爷仍处昏迷中，医生仍在抢救。老板说：难道她打算一直等到她亲戚死了才回来吗？中国人怎么有这样的习惯？她又不是没有工作的人。你负责提醒她一下，公司规定只有直系亲属才能请丧假。如果请事假的话，员工一年中最多只能请 11 天，否则后果自负。听了法国老板的这番气话，员工们都觉得外国老板没有人情味。这位法国老板还在其他时间与中国同事谈及，他曾有个年迈的亲戚，多次病危，都活了下来。他自己的父母目前也已经年迈，但他从没有因此影响过工作。他还说："我觉得他们也活不长了……"中国同事们听了都很震惊，觉得法国老板太冷漠和无情了……[1]

探讨：中国员工可能觉得外国老板没有人情味，外国老板可能觉得中国人缺乏严格的纪律观。一些西方文化中的人认为：现代社会是一个分工越来越多、细、专的社会。专业的事情应该找专业的人士去做。家里的亲戚病了，亲人陪在医院或他们身边，并不能真正帮助到他们，应该让专业的医生或护理去看护他们。或者社会应该有敬老院来"专业"地解决养老的问题。年轻人或中年人则应该努力工作。老年人也不应该因为种种原因影响年轻人的事业发展。

中法在死亡观、孝敬观、人情观上有许多不同。许多西方国家文化将死

---

① 严文华.跨文化沟通心理学[M].上海：上海社会科学院出版社,2008：4-5.

亡看成是人生的自然组成部分,是人人都会面临的一件普通的事宜。虽然都会为亲人的离去而伤心痛苦,但在纪念仪式和方式上更重视"仪式",让活着的人能够更好地惦记亲人,包括记住亲人、友人或熟悉的逝者的美好的地方。仪式甚至会是一个气氛愉快的聚会,大家一起回忆往事和评述过世者的特殊个性。

另一些国家的文化或地方性文化,会将亲人按"辈分"排出亲戚参与葬礼的必要性和集体送葬仪式的隆重性等。若有"熟人"不按此规定执行,会引起亲戚和邻居的直接不满和长期议论,甚至还有更严重、模糊的社会关系上的后果需要长时间的承担和"自负"。同时这些"红白事"也是熟人圈社交活动的重要组成部分。在仪式上许多平时由于工作太忙聚不到一起的亲戚会因此(主动或被动地)聚首,许多以前留下的社会交往问题(亲近、疏忽、疏散、过节……)会借这个神圣而严肃的机会重新进行协商或协调、弥补或修复。这种社交文化对个人主义文化中的人而言,太复杂、模糊和不理性了。

例 意大利人排队买肉

在意大利排队买肉,一般轮到你才能得到服务。

但若一个顾客要买香肠,老板打开一整袋,为其称去一磅后,会向排队人大喊:还有谁要香肠?队中人可以上前先付钱拿货走人。这与中国人的普遍做法是不是很相似?

对时间的处理差异与不同的"准时"观

关于时间的感知与取向偏好

在线性时间的感知形式中,西方文化是面向未来的,过去了的事情就应该让其过去,未来具有无限的可能性。每一天都是同样重要的,人生的每一阶段也是具有同样分量的。因为时间就是金钱,所以一定要珍惜每一分每一秒。与人约定的事情一定要按时按质按量地完成,与人约会的时间一定要准时到达,否则会给人留下很糟的印象。中国的传统时间认识是线性感知与循环式感知兼容的。

中国文化是强调过去的,过去的事情决定了未来,所以只有不断地认识过去才能更好地把握未来。祖先崇拜和历史意识是中国人的悠久传统。由于长期重视历史传承和社会稳定的绝对重要性,中国人一直对变化带有"衰变"的联想和担忧。虽然在近代遭遇西方文化的强势刺激后，中国人也出现了对"变化"和"进步"的狂热崇拜，但同时在文化上一直存有不要"数典忘祖"的古训。对中国人而言，时间有时是"一刻千金"，有时是"一如既往"。年轻时是"如日中天"，年老时是"江河日下"。所谓"千钧一发"之际是漫长的苦苦等待之后的收获，是机不可失、时不再来的关键时刻。一方面是机遇总是留给有心人的；另一方面则是谋事在人，成事在天。一方面要君子报仇，十年不晚；另一方面要顺其自然，知足常乐。大到历史经验教训、合作机遇、危机处理，小到年龄猜测、背景认识和个性是否开朗，不了解中国式独特又复杂时间观的"老外"在与中国人讨论问题时，可能是会犯晕的。

例 汤姆医生需要担心吗？

来自纽约的医生汤姆被分配到沙特阿拉伯的一个发展中城市进行为期两年的医疗工作。由于这里的人们对于西医西药了解很少，为此他在当地的一所学校召开了与居民的见面会，向当地人介绍西医的价值，并为下周的诊所开业做预约。会议开得很成功，预约星期一来看病的人很多。但到了星期一早上，门诊时间开始了半个小时之后，前两个病人一个也没来，汤姆开始担心今后是否会有人来他的诊所。

其实汤姆医生不用担心，当地人只是不像美国人那样准时，即使预约了，他们也可能因为这样那样的理由，姗姗来迟，并且一点也不觉得有什么不合适。

例 迟到半个小时是比较合适的

在墨西哥，迟到是一种礼貌的行为。如果主人邀请你六点到，你准时到，往往会发现主人还没有准备好，双方非常尴尬。很多墨西哥学生告诉中国老师，一般迟到半个小时是比较合适的。虽说上课的时候准时到是每个学生都应该遵守的，墨西哥学生也明白，但是习惯是最难改的；即使他们觉得上课迟到是不对的，也不像他们的中国老师感觉到的那么严重。

例 挪威人的绝对准时

挪威人总是绝对准时，迟到或提前到都是没有礼貌的表现。

挪威人不会迟到，也不会提前到，而是争取做到"绝对准时"。即便真的提前到了，即使已经正面看到要约的人了，也不会主动上前打招呼。因为那是属于他人的私人时间，未经允许不得侵犯。

例 中西不同的准时观

西方文化背景的人喜欢主动掌握时间,将事情安排得紧密和高效,时间的准确度最好是准确到每一分钟,在规定的时间内完成规定的任务。所以"准时"的概念十分重要。经常迟到的人在美国人看来是能力上有问题的人,也是经济上会"漏财"的人。

而对中国人而言,"贵人多忘事","要人"常迟到,"闲人"才准时。因为每个人的时间是不平等的,忙得不可开交的人往往正处于社会的高位或人生的上升阶段,难免事多和分心,其他人对这类"迟到"往往能够网开一面和真心原谅。因为自己若能到了那个位置也难免如此。中国人相信每个人(尤其是"贵人"或"要人")都会在同一时间里面对众多急需处理的关系之间的利弊权衡,考虑如何处理最要紧的事,如何利用对自己最有利的时刻和机会。相比南美文化,中国人还是很重视时间和准时性的。中国人普遍对不准时、迟到、失约感到不合适,迟到者往往会着急解释迟到的原因,对不准时的行为表示真诚道歉,许诺日后择机补偿或"赔不是";而南美人常被认为是最不重视准时的,他们会迟到 45 分钟也没有任何表示,好像最终能来就已经是一切 OK 了,他们在商店和车站长时间等候也不太抱怨。

例 如约准时等待会面,少数民族官员仍让你等在门外

爱德华·霍尔在美国观察发现:一些少数民族官员,说话用语都是与其他人一样的美国英语,但做法完全不同,拥有独特的"无声的语言":如与你事先约好了几点开始会面 1 小时,你准时到后却必须坐冷板凳等他 15～45 分钟,而且会见时常常让人坐得远远的。这让许多习惯了西方文化模式的官员感觉受到冷遇,其实这只是国内多种亚文化间的差异。

例 一位美国教授到巴西任教

上课时间是早上 10 点,美国教授 9 点 10 分已经到了他任教的巴西校园,于是在草地上散步。过了一会儿,他抬头发现一个大钟上显示 10 点 20 分,惊得飞奔向教室,一路上不断有人轻松悠闲地招呼他,他发现其中有许多就是要上他课的学生。跑到教室后,面对空空的教室,问一个过路人几点了,回答是 9 点 45 分。再问一位,回答是 9 点 55 分,再问一个,是 9 点 43 分。巴西的钟,始终是不准的,而且人们也不在意。正式开始上课后,许多人迟到,似乎没有人注意到这点。更让他惊讶的是,12 点下课的时间到了,但很多学生并没有离开的意思,他们继续讨论,有的则向他提问。他在 15 分钟后才离开教室。

例 美俄的时间观与行为规则差异

戈尔巴乔夫及夫人罗莎 1978 年受邀访问美国。当时里根总统的夫人南茜提前发信邀请罗莎在到达当天下午去白宫喝下午茶并参观白宫。罗莎接信后一直没有回信，过了许多日子之后，她回信说她那天下午要陪先生参加记者招待会，希望南茜将下午茶改到上午。南茜接信后被激怒了，她的一位朋友回忆说，南茜当时恨恨地说："当你被邀请吃晚饭时，你不会提出不吃晚饭吃午饭吧？"[①]

探讨：在中国人看来，罗莎的行为可以理解和接受吗？应该是可以的。因为妻子为了配合丈夫（国家总统）的国事访问，应该以丈夫的安排为主要任务，在其次的时间中才可能另作自己的额外事务安排。如果丈夫的时间表不能完全定下来，自己的时间表也因此无法确定。所以不能回信。同时美国人喜欢事先确定时间表，并且轻易不变，但事情是在不断变化的，为什么人定的时间表却不可以随机调整和改变呢？再则，虽然罗莎在这次宴请中是客人，但主人的礼貌应该是让宾客有"宾至如归"感。还有，虽然没有立即回信，但一旦自己有了确切的时间表，就在第一时间通知了对方，也没有失礼呀。

例 中国人的时间观和第一关注点

西方人讲"日月年"、中国人讲"年月日"，反映的是第一关注点的不同。西方人"从小到大"的时间观是分析性的、以主体观察客体的，而中国人"以大观小"的时间观是综合性的、主客一体的。西方人的神话和史诗大都从一人一事一景开始，而中国人说事论人总是从复杂的历史和社会大背景开始，用大时空来限定特定的人和事，强调"天时地利"往往具有某种不可知的、对人和事的影响力，所以要承认"时"的顺背。

例 中国人的时间观和工作方式"老外"不能理解

有两位美国女作者卡琳·马尔姆斯特罗姆（Karin Malmstrom）和南希·纳什（Nancy Nash），在 20 世纪 70 年代后期中国改革开放时，开始在中国旅行和工作，做过包括旅游、商业推广和国际合作项目等工作，感受了很多与西方文化不同的中国生活方式。1982 年她俩在云南相识并开始交流学习中文

---

① 贾玉新.跨文化交际学理论探讨与实践[M].上海：上海外语教育出版社,1997:193.

的体会。1985 年起，她们联名在《华尔街日报》和《中国商业评论》等报纸杂志上发表"图文"并茂的英文小文章，并最终结集出版成一本口袋式"小红书"。所谓"图"，大都就是各种字体的汉字和不同年代书法家的书法作品，这些书法汉字本身就是生动有趣的抽象画。所谓"文"，则是这两位女士用风趣幽默的表述，传递她们在中国遇到的各种跨语言和跨文化交流经历。

这本书还主要列举了 16 个在中国遇到最多的"关键词"（没有，不在，不可能，没问题，等一下，没办法，没关系，不太清楚，没意思，不知道，等等），向非汉语母语的读者介绍中国文字和它们丰富的文化内涵。比如"不在"通常包含了下面的意思：

您想见面交谈的人不在这里。

我在这里，但我不想和你说话，所以我不打算介绍自己。

您想见的人在这里，但尚未准备好与您见面。

你想要见的人不在这里，你看错了号码或敲错了门。

您刚才拨打的号码正确，但您要找的人已去了另一个单位。

对不起，我不知道他/她在哪里；如果你想问我，我会告诉你的。

管钥匙的人不在，我也不知道他/她什么时候会回来。[①]

其中每个关键词的最后一个可能解释，都涉及一个"管钥匙的人"。比如"管钥匙的人不在"，那意味着他也许吃饭去了，开会去了，也许正在午休，也许就在办公室内间但拒绝见你，等等。总之无论这件事在来访者眼里有多么十万火急，中国那个"管钥匙的人"不在或不愿出面的时候，其他人就都不急，也不做任何承诺，就是让你有空再来看看。也几乎无法约定一个时间，能约的都是大概的时间。比如："我们领导大概下周一会来上班，我也不太清楚。""要不你过两天再来看看吧。""要不你明天再来吧，说不定他就在了。"这在许多低语境、单项时间文化背景的西方人看来，原本是相当简单、举手之劳的事，却不知道为什么中国人会表达得这么含蓄或含糊不清。这么多意思混在一起，包括有意推托或婉言谢绝，他们很可能完全不明白是怎么回事。

时空观念与历史意识和行事方式

如上所述，中国文化：向后看——过去取向、重视历史、崇拜祖宗、讲究资

---

① Xiao Mao（小毛），Nan-Tzu（南子）. The man with the key is not here：A key to what they really mean in China[M]. Publisher Karin Malmstrom，1990.

历、借古喻今、一心多用。美国文化：向前看——未来取向，重视青年人，不断更新制度、人员、方法，经常流动、专心致志，一段时间集中精力做一件最想做的事；时间与金钱是生命生存中最紧缺、最珍贵的。

美国学者科恩通过自己研究观察得出这样的概括：美国人最关心问题的处理，接着就去接受新的挑战，他们对过去历史上发生的事不感兴趣。那种几百年几千年前曾发生的事情与当前问题有关的论点令他们无法接受和理解。而非西方文化社会却对历史尤为重视，过去的屈辱不断给今天的人们以启示。

探讨或调研一下：中日韩三国就历史遗留问题反复发生外交摩擦事件。请问单项时间观文化的人们，或者如美国式"向前看"文化观的人们，他们会怎样评价这些"摩擦"？

例 过去对印度很重要

在欧洲，过去就是过去，但是在印度，过去在许多方面也是将来。它有一个与众不同的历史。从它的现在就可以窥见它的过去。①

例 日本人健忘，但也记仇

日本许多单位每年年末都会举行"忘年会"，为的是让大家忘记过去一年的事，新年一切从头开始。日本人认为一个人总记得过去就会背上沉重的包袱，不能继续明天的工作。也许是因为生命短暂如樱花吧，日本人都十分"善忘"，包括第二次世界大战中的南京大屠杀。在他们人人知道的历史故事中，会强调健忘的必要性和做法。如当敌人活着的时候，他们会势不两立、不共戴天，但一旦敌人死去了，日本人通常会忘记他和宽恕他，甚至还会去参加葬礼。他们从不说死人的坏话。事实上，这些故事往往也证明：日本人可能在对一些事保持"健忘"心态，若无其事地与敌人相处一年后，在时机成熟时又对仇敌实施突然袭击。日本人生活在"仲间"（伙伴）和"他家"（别人）的世界之中。首先是日本人与非日本人有别。日本人之间"自己人"（家人、熟人、朋友等）与"外人"有别。校友、同学、兴趣俱乐部等又内外有别。②

---

① 爱德华·卢斯.不顾诸神：现代印度的奇怪崛起[M].张淑芬,译.北京：中信出版社,2007:227.

② 李炯才.日本：神话与现实[M].北京：中国电影出版社,2008:133-138.

例 日本教授沟口雄三用时间观差异讨论中日摩擦

日本教授沟口雄三在北大演讲"文化与中日关系"时,提出中国人认为日本不为侵略战争道歉,中国报纸总是强烈谴责日本政府人士参拜靖国神社,虽然都有足够的理由和在情理之中,但也要注意日本文化中的时间观和生死观与中国文化是不一样的。

探讨:请查找日本教授的文章《沟口雄三:文化与中日关系——在北大的演讲》,并讨论中日时间观和历史观到底是否有巨大差异,以及我们如何通过文化交流来面对问题和促进相互关系。

例 特鲁克岛民的历史负担

美国第二次世界大战后占领特鲁克这个珊瑚岛后,曾有一村民气喘吁吁地报告一桩谋杀案,有过教训的军政府官员在细查后,发现他说的是 17 年前的凶手,而且这个凶手一直在村里逍遥无事。又如:1876 年西方传教士来特鲁克岛前,岛民们不是住在方便的海边,而是住在便于自卫的山坡上。因为岛上经常发生无缘无故的凶杀和斗殴。人们常常不宣而战,因为突然想起过去的某件冤枉事,觉得没有报仇,就可能趁夜深人静而袭击别人。岛上的一个小偷如果被抓,那么他任何以前的小怠慢,都会被一丝不漏地提出来。这让美国官员觉得奇怪:一个小偷怎么坏到这种地步? 他们又怎么什么事都记得这么清楚?[①]

探讨:中国的学生也许觉得这些案例都不过说明特鲁克的居民与外界隔绝时间太长了,所以思维比较原始。不过爱德华·霍尔教授在这样的例子中重点讨论的是一种"向后看"的时间观特点和"历史包袱"现象。正是由于岛上的居民一直保留着太多历史记忆,不能及时处理人际交往中的矛盾纠纷,随时可能记起历史上的遗留问题或世代怨恨,所以渐渐地,岛上的所有人都失去了安全感和相互信任感,也无法预测可能发生的各类报复事件。为了尽可能自保,他们甚至舍近求远、住在很不方便的山坡上,彼此警惕着、防备着,并随时可能因为一点小事而想起所有的旧仇新恨。那么,这样的比较"原始"的时间观现在就不存在了吗? 我们应如何记取历史的经验教训又放下历史的包袱轻装上阵?

---

① 爱德华·霍尔.无声的语言[M].侯勇,译.北京:中国对外翻译出版公司,1995:14.

例 伊朗人的时间观

爱德华·霍尔在美国的访谈和观察中发现：伊朗人对待现在的约会十分随便，虽然会带口信、发誓一定到、不见不散等，但到时都可能来不了了之。被"放了鸽子"的人也不太计较。但霍尔也发现：伊朗人对"过去"却十分重视，经常回顾自己的伟大历史，同时认为"将来"是不真实或不确定的。因为时间观差异，美国技术人员在伊朗工作时总是感觉对方是毫无计划的，一开始做事就乱套。[①]

例 美国与印度青少年的时间观差异

心理学家发现：印度与美国的青少年，在讨论"未来"时，美国人讲的是 5 年以后，印度讲的是 20 多年以后。美国人是短期时间观，印度人是长期时间观，但同时，具有短期观念的人更愿意谈未来，具有长期观念的人更愿意谈现在。因为具有长期观念的人又觉得"长期"太长了，未来还很远。[②]

空间认识差异和文化差异

空间感知的文化差异

文化人类学家的调查也发现：对有的民族而言，空间的意义很小，对有的文化而言，空间是一个极其重要的范畴。有的社会严格区分东西南北、高低宽窄，有的社会则并不重视它们之间的区别和划分。

人们对空间的感知也很不同。文化人类学家沃尔夫发现：霍皮族印第安人就无法理解西方人所说的"天堂"和"地狱"，对他们而言，装满物体的抽象空间是不存在的。他们会建造坚固耐用的房屋，但没有表示三维空间的词汇。对他们而言，所有的空间就是小小的宇宙，类似房屋这样的空间不是因为被看作物体而被命名的，而是通过其他物体的位置来描述的。

爱德华·霍尔发现：西方人只重视物体，而看不到物体之间的空间。日本人在看物体的同时，也会有意识地看到物体之间的空隙，并为这些空隙命

---

① 爱德华·霍文.无声的语言[M].侯勇，译.北京：中国对外翻译出版公司，1995：17.

② 彭凯平，王伊兰.跨文化沟通心理学[M].北京：北京师范大学出版社，2010：195.

名,甚至崇拜物体之间的"隙"。

探讨:其实我们中国人早有人生如"白驹过隙"的说法,形容人生短暂如马匹在峡谷间一跃,转瞬即逝,一去不回。由于天人合一和阴阳互补的理念,中国人看到的世界总是主次相ן
、大小相依、彼此相关的。所以中国人也追求"见缝插针""忙里偷闲"的乐趣,视之为生活的艺术,虽向往"无隙可寻"的大圆满,但评估事物时更爱寻找中间值。毕竟圆满是理想境界,中间值才是现实可能。

例 中国同学喜欢中间选项

一位美国学者进行的调查选项是:有一你需要购买的东西,但它们有不同的条件,请在下面两种选择中做出你的决定:(1)很好但很贵;(2)很差但很便宜。调查发现:中国同学虽然也如美国同学一样,最终选择了第一项,但他们会花一段时间犹豫不决,而不是像美国同学那样毫不犹豫。结论是:因为中国同学更喜欢性价比均为中间值的选项。

比如,中国人举行婚礼喜欢请朋友帮忙。有一个针对中国年轻人的调查:你要举办婚礼了,或者完全请专业婚庆公司包办,或者完全请朋友帮忙。你选择哪种?你是否希望有更多的中间性选择?结果是,多数人会选择中间项。也就是如果请专业婚庆公司包办,一般要找朋友开的公司,或是好朋友介绍的,起码也要到网上看看口碑(还不能全信,说不定有"托");如果可能完全找朋友的车和空闲时间来帮忙,也要问清楚专业婚庆公司是如何操作的,"山寨"和创新结合一下。若是能用朋友帮忙的价格办成专业的水平,就是最佳——价廉物美又拉近感情了。

例 中国人买东西的习惯让澳大利亚人觉得奇怪

中国旅行者在澳大利亚商店买衣服,问了价格、看了货品、摸了衣服的质地后,仍想到周围的商店再看看同样或相似的货物,所谓"货比三家不吃亏"。这让澳大利亚年轻人觉得奇怪,他们买东西的习惯并不是这样的,一般需要买的东西,看中了就买,更相信商店里的标价是货真价实的。如果同一货品有差价,那是因为房租和地段等的合理差价,应该在10%左右,消费者不必去比较那个差别,因为时间更值钱,在你最方便的时间和最方便去的地点,买到了想要的衣服,就最合算了。

例 空间认识差异

日本人在第一次世界大战末占领乌曼岛,试图控制该岛作为自己的基地,于是把乌曼岛的一个首领阿提·摩西抓到东京。之后,根据战情,日本人迫使他用无线电对他的岛民说话,以显示日本技术的魔力。结果是:尽管阿提的家人知道他在东京,但无法相信无线电中的信息是他发的,也不相信他说了什么。这个首领完全不起作用了。乌曼岛的人们对相隔两地的两件事,完全无法像日本人一样地理解。结果日本人的苦心计谋自然是泡汤了。

例 约好地点,没约好时间?

霍尔在美国的观察和访问中发现:在阿富汗,兄弟约好在喀布尔见面,但可能没有约好时间。所以哥哥会每年到市场上向所有商人询问一遍,然后留下自己的地址。若干年后,美国人发现哥哥仍未见到弟弟,也仍在询问和留地址。

例 特别的时空观?

人类学家保尔·博安发现尼日利亚的土著民族——蒂夫族的人们,靠太阳的位置表示一天中的不同时间,他们判断一周时间的方式是那天市场上卖什么。

爱德华·霍尔分析说:美国人可以用自己的时间刻度和空间观念嘲笑别人是未开化的人群。

私人空间、方向感与空间塑造

私人空间问题

生物学家发现:人与动物一样,有强烈的"领土"意识。这就是"私人空间"的缘起,不过这又因不同的文化而出现感知差异。英国人的家就是他的城堡,不管新旧破败、人多人少,"风可进,雨可进,国王不可进!"美国人的私家院子也是未经允许,绝不可轻易踏入的,包括周边的草地和小路,若挂牌显示是私人所有,就是同样不可随意接近的,否则可能迎接你的就是黑洞洞的枪口,并有人对你大吼:"站住!不要再靠近了!你是谁?"

德国人也是十分看重私人空间的。第二次世界大战期间的欧洲战俘营里,四个战俘一室。德国战俘会用他们一切所能得到的东西塑造属于自己的隔离性空间。在住宅阳台和花园的建造上,德国人也是想方设法让自己的私人空间不会暴露在他人的眼中。德国建筑中有许多地方用双层门,为的是隔音和保护隐私。

中国人也是很重视私人空间的,不过如我们的集体主义文化一样,我们传统的"私人"往往不是指个体,而是以家庭(熟人)为主要单位的小集体、小团体。

例 请别再靠近了! 中国人不懂礼貌?

英语国家的人对于从拥挤的人群中穿过去往往有所顾忌。在不得已的情况下,他们会用双手开路,同时说些抱歉的话。他们往往不愿意用身体去挤。

来华旅游和工作的外国人在售票处或收银台前看到不排队的拥挤的人群往往感到无所适从。在胡文仲的一项调查中发现英语国家来的教师对于不排队现象反应特别强烈,其中尤以英国人为最。

例 中国人太喜欢热闹、不分彼此?

布罗斯纳安发现,由于各国人口密度的差别和文化传统的不同,人们对于拥挤的态度表现出差异。他认为,中国人更安于拥挤的情况,"对任何吸引人的地方都不是回避而是乐于挤上前去围观。在团团围坐的餐桌边,在大街上围观下棋的人群中,人们毫不畏惧,甚至怡然自得地和别人紧紧靠在一起。中国人'热闹'的概念意味着亲切相处,欢乐聚集"。

他还发现,在拥挤的公共汽车上有的中国人会凑过去看别人的报纸,甚至要求对方等一下翻到下一页,以便他能读完他正在阅读的部分。这对于英语国家的人来说简直是不可思议的。

例 下面的问题中外有别吗?

觉得与人交谈应该看着对方的眼睛吗? 应该看但需要时不时地移开,然后再迅速地正面对视一下、以示尊敬吗?

与认识的人聊天应该坐得近一点? 还是男女有别?

与熟人聊天应该多点手势,显得关系亲热,如轻轻拍肩、拍膝盖、拍后脑? 可以手指对方、模仿对方?

家中客厅的沙发摆放是面对面好还是 L 形好?

例 银行排队与最后的一米等待线

中国的银行总是顾客很多,办事要排长队。但在很长一段时间里,银行里的排队并没有与其他地方的排队区别开来,也就是没有窗口前最后的一米等待线。在很多情况下，顾客必须当着众人的面填写自己的存取款表格，并且与银行服务人员大声地核对姓名、存取款数额、家庭住址、家庭电话等信息。

20世纪80年代改革开放之后，中国的银行也逐渐采用西方银行的设计，指定排队线路，在服务窗口前设定最后的一米等待线，为的是让办事人保有必要的隐私权。这个设计也逐渐推广到其他服务性行业，成为中国人新的空间意识。

目前中国的地铁和公交在上下班时间仍然十分拥挤，但也有许多中国人写文撰稿描述在欧洲和日本经历上下班高峰期乘车时的"空间感受"，也就是在同样拥挤的列车和公交车上，如果人们心中有强烈的"私人空间"意识，则也会表现出尽量不"闯入"他人空间的表情和举止，从而使得拥挤的空间仍是寂静的、有序的，人们的目光不会随便接触，紧密站立的身体之间不会觉得被压抑等。

目前中国许多城市的居民买私家车的一个重要理由就是"乘坐公共交通太缺乏尊严感"，中国每年的春运大潮中记者抓拍下来的排队买票和排队上火车照片，都可见那个时刻中的中国男女老少全都在身体可能承受的极限密度中相互挤压在一起……这个问题不仅是客观条件受限的问题，因为世界上多数大城市都是上下班公共交通比较拥挤的，每种文化在过大节的时候都可能出现"人头攒动"的大场面，而且是有主观原因和文化习惯介入的，人们的空间意识和行为模式也会影响人们的排队习惯和"拥挤"感受。

例 门是开着的，可以进去吗？

德国人的办公室总是关着门的，开着门会被德国人看成是轻率和不守秩序的表示。与之相比，美国人也把门当作是否允许他人进入的信号，如果门是开着的，不管是办公室还是家门，意味着欢迎来访。如果门是关着的，则表示需要一个封闭的空间，里面可能在开会、会客、集中精力工作、睡觉或性生活。所以看美国电影，常会看到主角敲门，门却自然开了，主角随即警觉地悄悄进入，但口中却不断地喊着："有人吗？有人吗？"中国观众看了不免觉得矛盾，既然影片展现的房子主人其实不在，其间已有"坏人闯入"，又何必要发出声音、暴露自己？这不是在找"子弹"（找死）吗？当然这是美国式"任何人不得擅闯民宅"的国家文化所致。

例 开放性公共场所的私人空间

在西方世界，我们会看到当两三个人在公共场所交谈的时候，即使是在一个相对拥挤的场所，比如车站、画廊、酒吧、广场等，他们周围也会自然地出现一条与其他人群分隔开来的看不见的界限,这是人们尊重隐私而特意维护的一种空间距离。

而不同文化背景的人若对此缺乏意识,无意中走入,打破这种空间距离,则这两三人可能会立即有意朝某个方向移动,以暗示"闯入者"不要靠得太近,免得大家都不舒服。中国人若缺乏跨文化意识,就可能对之缺乏敏感性,对他人投来的目光暗示浑然不觉。

例 "资源共享"与"尊重隐私"

这件至今提起仍令人捧腹的故事发生在 1999 年的斯坦福大学校园。男生 Q 是一位来自中国的留学生,他为了跟年轻的美国学生有更多的接触机会,也为了省钱,在选择住处的时候,没有选择有独立单间的学生公寓,而是选择住在了外国的"筒子楼"(最为简朴的学生宿舍,六间宿舍共用一个洗手间,一层楼共用一个厨房)。"筒子楼"里的洗手间有两个淋浴喷头,一天,Q 同学去洗澡,推开门发现已经有一个美国同学在洗,Q 同学见还有一个淋浴喷头可用,就毫不犹豫地走了进去,那个美国同学顶着一头的泡沫惊惧地看着他,很不确定地问他:"Are you going to take a shower here, with me?"(你要进来和我一起洗澡?)Q 同学很理所当然地回答:"Yes."(是的。)那位美国同学更加惊惧了,赶紧冲掉头上的泡沫,裹上浴巾逃出去,一边在楼道里狂奔一边大呼:"That guy wants to take a shower with me..."(那人想要和我一起洗澡……)Q 同学很不理解这位美国同学的大惊小怪,当他向别人转述这事的时候,这样说道:"我们在清华的时候,一个水龙头下站四五个人不是照样洗澡?一人一个水龙头,条件已经太好了!"

探讨:在曾经的一段时期里,中国校园宿舍里同性共浴是一件很平常的事,当然中国人之所以对此习以为常,也跟相对现实生活条件不理想有关,许多普通的家庭住房并不具备在家中沐浴的条件,因此只能众人合用公共浴室,久而久之,也成为一种传统习俗,目前中国许多城市的公共浴室还是很重要的社交场所呢。而在西方国家,洗澡是一件绝对私密的事,只有情人之间才可以共浴,若同性共浴,就只有同性恋人了。

所以改革开放后的中国,目前也受到这种外来信息的影响,比如中国的大学,男生与男生、女生与女生,三三两两亲密无间、手拉手、胳膊搂着肩膀地同进同出,人们都觉得很正常。虽然当下的中国旅馆,双人间也是按照夫妇两人,或者两个同性同住的要求设计,但目前越来越多的西方影视剧以同性恋为主题,中国的同学也开始觉得,有时会有特殊"情况"要予以尊重。

例 怎么住国外旅馆的双人间？

有中国留学生四人，两男两女，一般同学关系，在澳大利亚结伴出游，需要停车住旅馆。结果被告知：仅有两个双人间，而且：异性可以同住，同性则不行。

中国四同学一听，暗笑，并立即想出变通方法：登记与实际入住形式不符。

例 方向辨识和偏好的文化习惯

在辨识方向的时候，美国人总觉得街道应该是垂直的或平行的，街道上总会有些路牌和标志帮助人们辨别方向。因此，美国人到其他国家总觉得那里的道路设计很乱，很难找到自己想去的地方。其实世界上的许多城市都像意大利的威尼斯一样，让新来者感觉像是迷宫。它们是在原有居住区基础上，根据经济发展和自然条件限定而"自发地"形成和壮大的。

因纽特人有着自己独特的空间感，他们生活的地方几乎没有我们常说的辨别物，天地与地面朦胧一片，连地平线都可能看不到。尽管如此，他们却不会迷失方向。可见因纽特人有自己的空间感知。风的方向和气味，以及对脚下的冰和雪的感觉，使因纽特人在漫天飞雪中的百里之外也不会迷失回家的路。因纽特人有许多种对雪的辨认词汇，他们认为时间与空间是一体的，因为他们更多地生活在一个听觉的空间世界，而不是视觉空间里。

巴厘岛上的居民十分重视空间和方向。山象征着神圣，海象征着危险。所以睡觉的时候头必须朝山、脚必须朝海，家里的柜门必须全都朝山的方向，厨房则必须朝海的方向。

中国文化也很重视空间和方向感。源于《易经》的太极、阴阳概念，中国人十分讲究建筑和房子朝向，如对山阴面和山阳面有仔细分析，城市里买房选房最好是选朝南朝东的房子，包括家中各种物体的具体摆放也都有说法，如床最好放成南北向，以便睡觉时可以"头朝南"。这方面说法极多的"风水学"也可谓是中国传统文化的独特一脉。

有这个观念的中国移民或留学生，到了美国后就会发现，美国的房子是不讲究朝向的，因为他们依靠机械化的装置和便宜的电费可以保障四季恒温，多数人觉得已经可以不用考虑这个问题了。建造房子的时候往往一幢朝东、一幢朝西的，或者都朝向马路好停车，马路朝什么方向，房子就朝与马路成直角的方向。但中国同学往往还是会在申请宿舍楼的时候，感到若能分到朝南的房间是一种"运气"，冬天取暖也会更省一点电费的。

例 不同的空间塑造

美国的城市空间是垂直网格，方便人们辨识方向和道路。西方人的房间严格区分不同的功能空间。所有的室内东西都靠墙排放，留出中间地方进行各种活动。

在传统的日本民居中，墙是半固定的。这样一来，房间的中间地带可以灵活利用，使得有限的空间变得感觉宽敞。日本花园设计师很注意营造动感空间和视觉动态感。一方面是学习了中国园林的特色，移步换景，让有限空间在视觉上显得更大；另一方面，日本花园不仅追求视觉享受，而且追求触觉感受。

讨论：中国的各地建筑和园林在空间塑造上有什么特点？

例 中国人的"专区"意识和待客之道

中国的待客之道，一方面是讲宾至如归、宾客盈门，另一方面是将外人当外人。如外教、外宾、外商、外国留学生、外国专家……都享受许多特殊待遇：住指定宾馆、在指定食堂吃饭、在指定教室上课、派专车去旅行、有专人全程陪同等。许多特殊待遇或者是出于自己的面子观，显得过于礼遇、太客气，或者是出于不信任、不放心，显得太谨慎、太强化区别。

从跨文化交流学的角度看，陌生人、外乡人、旅居者、新移民，只有在与普通人的日常生活中更多地接触、频繁地交往，才能更快更好地融入当地社会和文化。同时对当地人来说，也可以借机提高自身的跨文化意识。

例 不相信"老外"会讲自己的语言

早期西方传教士有的能讲流利的汉语，甚至包括一些方言，但中国大街上的人们反而会对一个会讲中文的"老外"感到十分惊奇，因为他们心目中的老外应该都是不懂中文的。

同样，有中国学者在法国乡下旅居时，发现当地人都听不懂他的法语，他以为是自己的法语讲得不够好。但后来在电话里与政府部门交涉问题时，他发现毫无障碍。于是他意识到，是当地法国农民们有定型观念，就是在"自己的地盘"上看到"非我族类"的面孔时，觉得他嘴里说的应该不是法语，这种心理使得他们听不懂中国老外的法语了。

中国一些管理宿舍楼的年纪大一点的工作人员或清洁工在遇到留学生时，也不相信他们会说中国话，于是对他们稍有口音的汉语或不够准确的四声处理完全不反应，或总是笑而不答，结束让留学生误以为自己遭遇了种族歧视，气愤地向管理者投诉、向老师抱怨。

例 关于可否穿睡衣上街的争论

"穿睡衣睡裤不能出门。"这是 2010 年上海世博会召开之前，该市政府对居民的要求。这迅速引起争议。穿睡衣确实不符合国际礼仪，但也有声音认为，如果政府连睡衣都管，社会的自由度就会降低。2009 年 11 月 28 日晚《谁赞成 谁反对》电视栏目中各方观点进行了交锋。绝大部分嘉宾和观众认为穿睡衣上街不得体不文明，但在两点上争议颇大：(1)政府有权力下令禁止穿睡衣上街？(2)是否应该为了外国友人的看法而改变中国民众长久以来的生活习惯？他们的争论主要关于：是有违现代文明，损害城市形象还是体现海派文化余韵，展现上海风情？民生利益高于还是低于公权？应该给国际展现一个真实的上海还是一个"被文明了的"上海？

探讨：为什么这个问题在中国成了问题？从跨文化对比的角度看，西方人的时空观里有公共空间与私人空间、公共领域与私人领域之分，个人主义文化背景让他们视个人的私密空间为不可与外人分享的神圣（也因此神秘）领地。集体主义文化背景下的中国人则反而是在具体的现实空间里习惯于"济济一堂""热热闹闹"这样的共享场所。一方面，讲究的是人际关系上的熟人生人、内人外人、"里外有别"。另一方面，又有"包打听"和"炫富"的习俗，就是对他人的情况很有兴趣，很喜欢"凑个热闹"；对自己的情况被他人关注也不太在意，甚至如林语堂所说："衣锦"若不能"还乡"，就好像穿了新衣服却走在黑暗里。非得让熟人们、众人们都见识了"发迹了"的"我"，或让"我"见识了发迹了的他或她之后，大家才都高兴和都觉得彼此正常。

例 办公室的桌子摆放有讲究

在日本，部门领导的办公桌放在一间大办公室的中间，他的下属的办公桌在他的四周。这样他可以看到他的下属如何工作，可以与他们保持密切的联系，更好地实现他的领导。

在美国，等级高的人的办公室一般都占据高层比较好的位置，外边的景色比较好，周围比较安静，离来访者比较远，而地位低的工作人员的办公室一般在底层，距离来访者比较近，外面的环境不那么好。

例 在中国参加"国际学术会议"

国内某大学举行国际学术研讨会，会议期间采访了几位国内外学者的意见和感受。

A：两位德国教授、一位芬兰教授和数位美国学者都抱怨会议的操作并不按照日程表上的白纸黑字执行,学术发言的顺序总是变动。调查中的中国学者们则说,他们能理解和谅解。

B:外国学者提出中方代表缺席严重。一位美国女士说,参加这样的大型国际会议,在西方只有去世了才会缺席。即便如此,也应派代表宣读论文,否则仍被视为不负责任。

C:有的外国学者认为安排座谈的时间太少,似乎只有学术报告,而中国学者和外国学者有时分开进餐,他们认为这样很不利于交流。更令外国学者愤慨的是,某位市长突然决定邀请所有的外国学者共进晚餐,使他们又错过了轻松活泼的晚餐会和与中国学者交换意见的宝贵机会。一位美籍华人说道,来中国的目的是交流思想,不是参见市长。

探讨:国际学术研讨会上信息的发出者与接受者之间语言、文化背景上的不同,会造成编码、解码上更多的困难,影响信息传播的效果。调查结果 A 中反映的是外方代表与中方会议举办者在时间观上的不一致。北美洲、欧洲多为单向时间观,强调日程、阶段性和准时性;中国则与亚洲大部分国家一样,倾向于多项时间安排,因此,比较容易接受"随机而动",并能够很快适应新变化。这在西方人眼中则被视为不尊重参与者、准备不充分、不讲求实效、不值得信任,因此可能产生不良印象。

调查结果 B 中反映的是西方人的责任观。由于西方人比较重视个性化和个人主义文化,所以他们也更注重个性选择、个人承诺和个人信誉。他们一旦选择参加某次会议,就将其作为将来个人计划中的一个必然要做的事项,自己定要对其负责。而东方人在事情未发生之前,只承认它有可能性,并且它同时还有许多不可测的因素,需要应时调整和因地制宜。尤其是有一定公职和职位的人,往往每一个单位时间里都要照顾到各方面的需求和变化,他们的时间表几乎是不可能事先制定的。所以中国人的责任观更多表现为事后对自己做过的事负责,所谓随机应变、当机立断、"敢做敢当",而不是对事先的承诺一丝不苟地完成,中国人认为那可能是简单和机械的思维。

调查结果 C 中涉及中西方学术观和交际理念的不同。首先,西方人认为学术交流重在交流,即座谈、对话和讨论。西方人有着悠久的对话传统,无论是开朗的美国人还是严谨的德国人,都主张积极地通过对话碰撞出知识的火花,找出合作的契合点。而中国人长期受到儒家思想的影响,主张谨慎言论和为学谦虚,不愿意在大众面前发表自己尖锐的意见,往往大会发言都说一些"不痛不痒"或"小痛小痒"的观点,最多也就是"小骂大帮忙"的观点。开会的目的不是会上的发言和交流,而是会议期间的人际关系互动和相互建立特殊联系。包括得到上级领导的重视和关照，以便以后做事可以相互合作和避免冲突。

另外，从人权意识角度看，西方人很强调人人生而平等自由的人权观。一些中式"礼遇"，譬如说市长请客、校长讲话，反倒会让他们觉得除非内容上确有意义，形式上的隆重和高规格很没有必要。他们认为自己是花了宝贵时间和金钱来参加学术会议的，应拥有的接待就是与中国学者自由交谈、对话和争议的机会，并没有义务接受市长的接见，与市长吃顿饭对学术交流研究也毫无裨益。

应该看到，类似的文化差异正出现在越来越多的国际会议和跨界交流中，大家也都从中看到和体会到了文化之间有诸多不同，它们各有各的历史性习俗与内在道理。承认差异、相互尊重、入乡随俗和美人之美，也是很必要的文明素养。

八、跨文化交流的主要障碍与克服

"不只是杀人才算暴力,刻薄的言辞,排斥他人的姿态,或因为恐惧而不得不低声下气,这些都属于暴力。"①

——[印度]吉杜·克里希那穆提《重新认识你自己》

自我中心论与我族中心主义

跨文化沟通的主要障碍是什么

这方面比较著名的理论分析说法是:我族中心主义、陌生人理论、定型观念、偏见、归因错误、权威人格等。

人类普遍存在的"相互歧视"问题

第二次世界大战期间,德国纳粹分子可以轻而易举地找到很多大学生和专家来为他们工作,如设计毒气室、制订迅速摧毁其他国家的各种计划等。数以千计的大学生和专家之所以会用他们的知识为战争机器服务,就是因为在他们的大脑中,对犹太人和其他非日耳曼民族的歧视是与他们的知识、思想和技巧并存的。所以他们认为这都是对的。

问题的严重性在于,并不是只有纳粹德国才会毫无意识地混淆知识、偏见和无知,这是人类普遍存在的问题,对所有的群体和个人都适用。这并不

---

① 吉杜·克里希那穆提.重新认识你自己[M].北京:群言出版社,2004:74.

是我们有没有偏见和自我欺骗的问题，而是有多少的问题。①

自我中心论

人类非理性行为背后的最大动因是人类的自我中心论，即人类天生倾向于"从自己的角度出发看待一切事物，以自我为中心"。这是形成合理性思维的最大障碍。自我中心论会让人被错觉蒙蔽。自我中心论的具体细节：是因为我相信它，所以它是正确的。我认为我的信仰都是正确的，即使我没有检验过它的根据。因为我一贯相信它，所以它是正确的。因为它符合我的利益，所以它是正确的。

自我中心有两种表现方式：独断专行和逆来顺受

必须注意权利在日常生活中的作用：权利每个人都需要，如果没有，我们就无法满足自己的需求，只能受别人的支配。事实上我们做一切事，都要行使或大或小的权利，所以获得权利对人类生活至关重要。但我们可以用理性或不理性的方式获得权利，也可以运用权利来达到理性或不理性的目的。

以自我为中心思想的两种获取和使用权利的方式：

支配之道（达成自我愿望的直接方式）：恃强凌弱、威胁弱者。

顺从之道（达成自我愿望的间接方式）：卑躬屈膝、臣服强者。

或者两者兼而有之，取决于对上或对下、对内或对外。自我中心思维的最终目标是获得满足感和自我认可，而不是尊重他人的权利和需求。

例 自我中心论导致的日常生活中的争吵

两夫妻看网上花钱下载的电影，男主人总是坚持看自己喜欢的动作片，从不下载妻子喜欢的爱情片。并且他认为它们好看，因为自己选的都是获奖作品，爱情片节奏太慢，没有人喜欢娱乐时还流泪……其实所有理由都掩盖了真正的理由：自己想看，而且极不道德地、缺乏良知地不尊重妻子。

妻子一直忍让，但终于有日爆发。她开始生气、怨恨和报复。或者一起看的时候一脸不快，或者在其他事情上隐性报复。于是夫妻间开始了不开心

① 参见：理查德·保罗，琳达·埃尔德.批判性思维：思维、写作、沟通、应变、解决问题的根本技巧[M].乔苒，徐笑春，译.北京：新星出版社，2006：249.

的历程和长期"战争"。

个人和社会都会出现类似的过程或结果。或者出现自怜、抑郁、自我惩罚，或者出现社会不公、冲突、种族骚乱、战争等灭绝人性的做法。

解救自我中心论的方法：独立思考、理性思维

什么是理性思维？尊重反对方的事实和论据，理解别人的观点，充分考虑自己理论和行为的后果。富于同情心，替别人牺牲，与他人共同解决重大问题，发现自我中心并及时纠正。

理性思维是如何表现的？满足自己的需求和愿望的同时尊重他人的需求和愿望，愿意以理性的方式发展自身，学习并变化；灵活、适应性强；尽量做到思维公正；尽量准确评价信息；尽量收集并研究一切信息；可以控制自己的情绪，做出理性反应，并能积极运用情绪因素。

人类思想的病态方式举例及克服方法

选择性记忆——公开寻找不同的意见、事实与论据，寻找方法也要正确。

目光短浅——尝试用别人的角度看事情。

自以为是——提醒自己其实所知甚少。

虚伪——对别人的判断标准也要用于自身。

过分简化——重视复杂性，并用语言清晰表达出来，作为自己的解决目标。

盲目偏见——没有反感地寻找与自己相反的事实与论据，不要自我蒙蔽。

以偏概全——心胸宽广地看待好与不好的事，不要把自己当前的感受和经历普遍化，以为整个生活就是如此。

谬论——不要忽略产生"荒谬"影响的见解。经常寻找自己想法的含义，以及它对自己行为的影响。

人类团体普遍存在"我族中心主义"

群体中心主义与个体中心主义是相似的：因为我们相信它，所以它是正确的。因为我们愿意相信它，所以它是正确的。因为它符合我们的利益，所以它是正确的。因为我们一贯相信它，所以它是正确的。所以也可以说：每个种族都"夜郎自大"。

1906年，威廉·格雷厄姆·萨姆纳在《社会习俗》中就说：种族主义是一个专用术语，它代表的思想认为，自己的种族是宇宙的中心，其他种族都要以

此为依据进行等级划分……每个种族都夜郎自大，自以为是，寻求本族的造物主，蔑视外族人。每个种族都认为自己的习俗是唯一正确的，对其他种族的社会习俗不屑一顾。他还提出了"ethnocentrism"观念，即人类团体普遍存在"我族中心主义"。①

我族中心主义有两个不同的组成部分：

> 一方面，是自己的文化被看作是"理所当然"的。
>
> 另一方面，是在其他群体、种族、民族和文化面前的那种"优越感"。

应该说我族中心主义就是跨文化交流最主要的障碍。

如果说人类个体间的交流障碍就是个人中心主义，那么人类团体间包括国家间的文化交流，主要障碍就是我族中心主义，就是只以自己族群的是非喜好为标准，自以为是，歧视他人。有不应该有的自我优越感和过度的对异文化的敌意。

我族中心主义也是文化间冲突、文化与文明冲突和人类战争的主要根源。

例 甚至儿童也会表现出我族中心主义思想

瑞士心理学家、发生认识论创始人皮亚杰为联合国教科文组织进行了一项调查，询问儿童对战争起因的看法。结果发现 3 个国家的 7～9 岁的孩子们都已经被灌输了自己国家的文化信仰及意识形态，他们都说不出自己的国家好在哪里，但却对"自己国家比其他国家好"深信不疑。

自由联想中的我族中心主义

彭凯平教授说：我们心理学家经常愿意做的一个简单的心理学实验，就是请大家联想这两个概念：我们和他们。你想"我们"的时候，你想到什么东西？你想"他们"的时候，你想到什么东西？你作为"我们"中的一员，你会想到什么？同学、自己、美好、幸福、快乐，我们对"我们"想的都是特别积极的东西。"他们"，想到什么？我们特别容易想到的是他们跟我们不一样，他们有问题，他们有毛病。

"我们"联想的是好的事情，"他们"联想的是坏的事情，这个本身就是一

---

① SUMMER W G. Folkways：The sociological importance of usages[M]//Manners，customs，mores，and morals. New York：Ginn & Co. ，1906.

个局限,这个局限让我们不能够批评我们自己,而且我们特别容易批评他人,所以有很多的问题,其实需要我们自己认认真真地进行比较、认认真真地进行探索。(彭凯平:"中国人与西方人的思维有什么不同")

例 文字中也有"我族中心主义"

文化人类学家发现:一个部落敌视另一个部落是人类最本能的反应之一。其原因和表现主要有:人性本能和地盘意识(现在演变为领土、圈子、单位意识等),拒绝异文化、异族人随便来访。客观上,地盘是人和人群的生存与发展之本。这也是一种普遍人性,即自私的基因和自我保护的本能。

如中国汉字中有许多自夸的词汇,如华(荣),夏(大),齐(脐)等,也有一些贬低他族的词,如夷(尾)、戎(兵)、狄(犬)、蛮(虫)等。英语也一样充满歧视性词语,如 chinaman 字面上看起来是个合成词,可实际是一个带有挑衅和种族歧视的词语。chinaman's chance 字面意思是"中国人的机会",实际意思是指"机会十分渺茫"。oriental 本意是东方,但是如果用来指人,特别是针对中国人、华人,那就可能是歧视,因为这个词具体是形容无生命的物体,如 oriental carpe(东方地毯)。chinky(中国佬)是根据英文里面中国人(Chinese)改写出来的歧视性专用称呼。banana 指许多亚裔虽然习惯了完全白人的生活,可依然天生黄皮肤,这个词预设了所有东西都是白的最好,且亚洲人永远得不到。yellow monkey 意指那种很瘦弱的亚洲男生。

例 印度也有"教科书问题"

印度民族主义知识分子说:雅利安人最早生活在印度,然后移到世界其他地方。换言之,这些人认为印度是人类文明的唯一摇篮,远早于古希腊、古巴比伦和古代中国,通过移民,印度把文明出口到世界各地。为此,印度也有教科书编写问题,如对内不承认多民族的重要贡献,对外强调自己是源头和中心,甚至编造考古证据。①

人类活动的生物学基础

通过对鸡群和牛群组织规律的十余年轮换观察和记录,学者们发现了一些与人类团体十分相似的组织规律,如等级制以及具体表现方式。"动物间

---

① 爱德华·卢斯. 不顾诸神:现代印度的奇怪崛起[M]. 张淑芬,译. 北京:中信出版社,2007:112.

有相互联系方式:鸡有喙啄等级,马有踢咬等级,狗有狼和豺的两种'终身制'忠诚取向。"①

换言之,在鸡群和马群中,总会有一个团体中的地位"最高者",身处"万人之上",同时也有一个个体,身处万鸡或万马之下。其他绝大多数的鸡或马就在这最高与最低个体之间活动和竞争、生存与发展,而它们的基本行为模式就是欺负比自己等级更低的他者,包括那个"万人之下,一人之上"的"最次一级的低等级"鸡与马,也总是毫无疑问、毫不犹豫地天天欺负那个最末位的个体。

这个现象完全相似于第二次世界大战时期的欧洲,当希特勒纳粹政权自以为高人一等,并且以优质人种的名义,大肆屠杀犹太人的时候,许多欧洲其他国家的政府和民众并没有出面干预和帮助犹太人,而是采取了旁观和漠视的可怕态度。其背后的集体无意识,就是我族中心主义和自私自保的本能。在他们看来,犹太人就是那个最末端的民族,就是任何时候都难以避免的、一个人人可以欺侮他,而他却无法欺凌别人的"他者",一个到了危急时刻就只能让他"与己无关",包括让他先去死的"他者"。

这个"极其可悲的"人类行为的生物学基础,正在成为人们反思两次大战、防止再次出现大规模相互残杀的重要内容。

例 需要思考和讨论的相关问题

针对上述文化人类学家的观察和发现,你可能会有不同意见。

(1)比如你可能说你所属的文化群体很热情"好客",从不拒绝他者的来访,对异族或远方人的来访或偶尔经过的陌生人十分热情地接待,常常拿出家中的珍贵之物,请客人品尝或分享。其实,只有在"外来者"的人数远少于自己部落,以及他们都没有携带武器或开口要与本部落进行战争的情况下,才会出现"热情好客"的情况。人类群体一方面早已意识到跨文化交流的好处和乐趣,在文化中强调热情好客是一种基本美德;另一方面,人类群体的热情好客都是有前提条件的,而且还有许多历史上的惨痛教训。

(2)又比如,你可能觉得自己所属的民族,从历史记录上看,比其他族群更爱和平与和谐。印度人普遍认为他们是世界上最爱和平的民族,而且因为自己民族从没有侵略过他人的地盘,反而总被他人入侵。事实上,如果你不仅能阅读自己国家和民族撰写的历史教科书,而且阅读其他国家和民族的历

---

① 爱德华·霍尔.无声语言[M].侯勇,译.北京:中国对外翻译出版公司,1995:36.

史著作和教科书,就会频频看到完全不同的记录和解释方式。

(3)再比如你可能觉得自己的国家更文明,在你熟悉的新闻中的"外事"方面信息都是友好的出访而不是彼此的对抗,自己的国家领导人也总是受到其他国家的"隆重接待"和"友好接见"。这就是国际政治上的文明进程。在很长的一段时间里,类似欧洲地区的国家间关系就始终充满了公开的冲突和连续的战争,直至发生在20世纪的两次世界大战,人类才首次出现全体意义上的"痛定思痛"和"痛改前非",包括联合国的酝酿和诞生。应该承认,今天的世界各国关系比起第二次世界大战前还是"文明"和"理性"多了。

(4)还比如你已经十分习惯于在国际政治问题上声讨"霸权",尤其是美国作为国家等级排序上的"最高者",对许多国际混乱状态负有不可推卸的责任,并认为这样评论才可能体现应有的公正与公平。当我们用这样的思路讨论国际问题的时候,也就是承认人类社会的等级制,承认是有一些饥饿人口比例很高的、战乱频繁的国家是处于世界各国的"最底层",但我们还要承认的就是:人类毕竟不是动物,不能用动物的行为法则来衡量和解释自己的所作所为。

利弊同在的"我族中心主义"有什么复杂表现?

由此我们需要看到"我族中心主义"与"爱国主义"是有重叠的概念,所以它对国家和人民而言,也是一个利弊同在的复杂现象,简单地归纳一下利弊则有:

正面:

赶超他者——凝聚力、内部团结、国家发展的精神动力;

学习他者——美化他者、刺激自己;

开放自我——为了更好地发展自己,认识和模仿他者的成功经验。

负面:

敌视"陌生人"——排外主义、仇视他者文化;

好的归己,坏的归外来者——妖魔化他者和警惕异文化;

假想敌——视他者的强大是威胁,总是夸大他者的威胁和挑战。

多重文化认同的三特色

(1)心理能够不断调适,有弹性、不僵化。

(2)因随时接触各种人事,自我一直处于持续转变的过程。

（3）随时保持自己的无界限性，以明显的开放姿态，等待和面对改变的降临。①

警惕文化相对主义

与"民族中心主义"相对立的是"文化相对主义"（culture relativism）。这种观念认为各种文化从多方面来看是互相不同的，不应当以评判的态度来对其进行优劣比较。但这种观念的危险有两条：一是个体可能因此失去自己对原有特殊价值观的信念。——文化无所谓好坏，道德虚无主义。二是个体可能因此失去对共享价值观的追求和信念。——你说的可能是对的，但与我无关。

陌生人理论

为什么"不要与陌生人说话?"

1908 年，德国社会学家希姆米尔首先提出了"陌生人"的概念。希姆米尔认为：不同文化群体的人彼此之间是陌生人。就像我们平时会对孩子们说的那样：千万不要与陌生人说话，因为我们不认识他们，所以他们很危险。②

另一位德国学者马勒茨克认为："陌生"可以说是理解跨文化交往的一个中心词。这个词给人一种奇怪的感觉，主要是由于它的不确切性和多义性。如：陌生的即外地的。陌生的即奇怪的。陌生的即尚不知道和不熟悉的。陌生的即最终仍无法辨认的。陌生的是可怕的。

例 陌生的即可怕的?

杭州的许多外来务工人员会遭遇管理者这样的评价：与他讲了也没用，他们是听不进去的。无法与这样的人建立信任，只能用最原始的方法管理他们。反之，许多外来务工人员在异地打拼多年，仍无法被本地人认可，无法被同一单位成员认同和接受，无论是就业、就医、劳保、维权、创业和子女就学、父母养老等，仍是外地人的待遇、临时户口、城市的"陌生"面孔。

---

① 陈国明.跨文化交际学[M].上海：华东师范大学出版社，2009：172.

② SIMMEL G. The stranger[M]. London，New York：Routledge，2008. 323-327.

许多民工每年到了春节,"有钱没钱、回家过年!"他们无论如何,不怕千辛万苦也要回老家过年,原因之一,就在于到了老家,人人都认识,相遇都热情地打招呼、问长问短、送这送那,相互分享重要信息,相互寻求必要的帮助和指点,相互信任和相互依靠,这样的感觉多好呀!这样的感觉在城市里根本找不到!

不仅如此,许多城市市民感觉自己城区的犯罪现象、偷盗现象和脏乱差现象,主要是外来人员造成的,怎么整治都没用,除非把他们送回老家去。

例 已经成为第二代移民了,仍融不进"主流"?

与杭州"陌生"的外来务工人员相似的国际社会情况就是移民、难民和偷渡客问题。一些欧洲国家的非裔、中东和亚洲移民,长期不能被认可,身份一直是"黑户口",怎么努力也永远改变不了。有的则在上一代人终于因为"政治大赦"或解决"老龄化"而被"特批"入籍之后,在学校生活和平时社区的同龄人交往中,仍感到自己是属于陌生人群的,是不被认可的族群。

例 我在自己的家乡成了"陌生人"?

陌生人的问题不仅是外来者的,也是本地人的。许多本地人在外来人口急剧增长的情况下,会觉得自己从小生于此、长于此的城市渐渐变得陌生了、疏离了。自己的根失去了,内心充满焦虑和不安。因为街上的行人和打扮都不再感觉熟悉了,商店里的货品不再是本地产的了,餐馆里的口味不再可口了,新搬来的邻居都不再感觉亲切了,等等。而这种本地人的焦虑和不安又可能成为外地人感到自己遭受歧视和排斥的心理原因。相比之下,中国的学术界和媒体更多地同情外地人的陌生人感受,对本地人的陌生人担忧重视不够。包括讨论到中国投资者到海外发展,遭遇当地人的不认同和排斥,也仅仅认为他们是自我中心主义或傲慢无理。这其实是有失偏颇的。

觉得自己是"陌生人"是很困惑、焦虑、悲伤甚至危险的

许知远写了一本题为《祖国的陌生人》的书,作者说:题目的意思就是强调觉得自己是"陌生人"是很困惑、焦虑和悲伤的事,甚至是危险的事,因为交流的双方或多方都会感到危险。这个书名也提醒我们注意陌生人现象是不分国界和不因国力强大而可以忽视的真实个体感受。

定型观念、偏见与归因错误

定型观念与偏见会影响到群体对外交往的方方面面

定型观念(stereotype,亦译定式观念、刻板印象)是指一个群体成员对另一群体成员的简单化的看法。定型观念代表了一种过于简化的意见,一种具有影响力的态度和一种不加鉴别的判断。我们一般认为"美国人开放""英国人保守""法国人浪漫""德国人严谨"。这些都是我们的定型观念。

美国新闻记者李普曼(Lippmann)首次在交往理论中使用这一术语,并将之定义为人们对另一群体成员所持有的简单化看法。李普曼认为在人们头脑中的图像和现实之间,在认知、思维的过程和外部世界的发展过程中均存在着差异。[①]

定型观念也可分为自定型和他定型。一个群体对自己的观念为自定型,对其他群体的定型观念为他定型。在大多数情况下定型观念一般指的是他定型。

定型观念中有符合事实的部分,也有不符合的部分,不符合事实的部分就可以说是"偏见"。

"歧视"是偏见的行为倾向,对一个群体、文化、民族、种族的消极性偏见的行为倾向就是群体歧视、文化歧视、民族歧视和种族歧视。

定型观念和偏见是一种相当普遍的社会现象。

例 帮助我们讨论集体性格或民族性格的定型观念

不过,不要以为定型观念就一定是简单的贬义词,在人们相互太不了解的时候,定型观念只是我们用来进行初步认知的一种方法。

定型观念的"好处"就是"为人们认识事物提供简便的参考标准"。就像我们与不同文化成员接触时,容易将他们视为群体成员而不是具体的个人。

比如一个美国商人说:"日本人很难对付,他们难以琢磨,从不让你知道他们的真正意图。"这类偏见言谈部分地源自双方不同的价值观念、不同的社会准则,但是更多的是源自对日本商人的定型观念。换言之,"这个"日本人

---

① LIPPMANN W. Stereotypes[J]. psycnet. apa. org. 1922. 也参见:DYER R. The role of stereotypes[J]. Media studies:A reader. 1999(2):1-6.

也许非常直率、非常诚实,但是北美商人视而不见,他所注意的是定型观念而不是具体的个人。

由于人的信息处理能力有限,为了帮助不同文化的人们相互了解,就必须概括文化差异,建立某种定型观念,从这个意义上说,一定程度的定型也是不可避免的;然而这些定型对于差异的"过分概括"或"标签化"又可能人为地制造屏障,妨碍文化间的交流和理解。定型中通常蕴涵着许多准确的文化观察,但是定型很容易以期待文化的形式影响我们对他人文化现象的理解。比如一个国际机构组织了一场关于大象的征文比赛,各国拟定的参赛题目如下:

> 英国——在英属东非猎象
> 法国——在法属赤道非洲象的爱情生活
> 德国——从 1200 年到 1950 年间印度象的起源与发展
> 美国——怎样培育出更大更好的象
> 俄罗斯——如何把大象送上月球
> 瑞典——大象对福利国家的影响
> 西班牙——斗象的技巧
> 印度——铁路时代之前象是一种运输工具
> 芬兰——大象是如何看待芬兰的

一般各国人民都还是很高兴看到这类幽默的文化极简比较,毕竟自己的国家能"上榜"就是"光荣"的事情。

例 民族性格的差异问题

有一家人落水了,你作为儿子、丈夫和父亲,是先救母亲、妻子还是儿子?

请问:对中国人而言,这题的"标准答案"是什么? 谁都知道,是先救母亲。

也有人回答:取决于你是哪国人。比如:有一群各国人士落水了,犹太人背着钱包出水,中国人背着母亲出水,法国人背着情人出水……相似的还有这样一则"趣谈":一所国际公寓闹火灾,里面住有犹太人、法国人、美国人和中国人。犹太人急急忙忙先搬出的是他的保险箱,法国人先拖出的是他的情人,美国人则先抱出他的妻子,而中国人先背出的则是他的老母。

这类趣谈反映了人们相信:不同的民族有着自己区别于其他民族的特殊文化心理素质、思维方式、价值尺度、道德规范和情感趣向等。

例 定型观念也可能是正面的

德国伯尔基金会委托德国埃尔福特大学和杜易斯堡大学联合进行了专项研究"德国媒体 2008 年的对华报道"，2010 年 6 月 14 日在柏林发布了共 300 页的研究报告。他们从 7 家媒体 2008 年的报道中一共收集到近 9000 篇涉及中国的文章，其中约 4000 篇是真正意义上的对华报道。[①]

在大量的程式化、套话性质的对中国的描述中，以经济、环境和国际关系为主要内容。例如，中国是"盗版产品"或者"廉价产品"生产者、"气候罪人"等。

但学者们也发现：存在所谓"正面"的套话，如中国是"具有吸引力的销售市场"，是"有竞争力的产品制造地"等。

报告说：无论正面也好，负面也罢，这种套话的使用是对社会上存在的固有观念的重复与迎合，而没有起到媒体应该起到的作用——对固有观念进行质疑和深入的分析。

报告分析说：因此带来的危险是，简单化的、断章取义式的套话在社会中的影响又通过媒体的传播得到了强化。

例 由正转负的定型观念

定型观念可能是正面的，比如中国人勤劳勇敢；也可能是负面的，如"老外娶的中国女人都是丑女"，"老外在性上相当开放"；也可能是相对中性的，如"老美的性格是比较开放的"等。

定型观念还可能会因为经历和教育而经常转变。

2005 年毕业于浙江师范大学心理学系、2007 年始在美国旧金山大学攻读心理学专业的邬雯骞在《钱江晚报》上撰文介绍自己留学经历时说：我在学校咖啡馆兼职，为客人冲泡咖啡、刷盘子。有一次，店主让我和另一个身高一米九的美国男生去搬 30 箱饮料，结果他搬完自己的 15 箱饮料就走了。原来这就是"男女平等"。当我搬完饮料，刷完盘子，在深夜 12 点下班时，我大哭一场，并且从此理解万事靠自己。

例 为什么在香港生活的外国人广东话不好呢？

一位在香港工作的业余漫画家，英国人，在港生活了超过 20 年。他画

---

① 德调研报告认为德主流媒体涉华报道有失全面[EB/OL].(2010-06-17)[2021-10-23].http://www.scio.gov.cn.

了一幅关于语言问题的漫画,展示外国人在香港没有机会说广东话。因为所有人一看他们的洋面孔,就立即用英语与他们交流。漫画作者认为,外国人不懂广东话的原因,不是他们特别愚蠢,亦不是广东话特别难,而是他们在香港根本就没有机会练习和学习。可见定型观念会影响人们的交际方式。

种族观念和偏见(三个级别)

(1)强烈的种族观念。有这种观念的人会认为自己的民族比较优越,所有或者某个其他民族都比自己的民族低下,价值也低。这种观念同时在行为上也会有所反映。比如卢旺达大屠杀就是胡图族人认为图西族人"该杀"。

(2)象征性的种族观念。布里斯林(Brislin)提出了这个概念。[①] 有这种观念的人认为某个种族没有价值并不是基于遗传劣势,而是认为这个种族群体是造成社会问题的根源,比如破坏文化传统、制造混乱、改变习惯,等等。比如中国留学生在英国被问到的类似"你打算什么时候回去?"的问题时,感到的是被"敬而远之"的歧视和偏见。

(3)人际的偏见。持有这种观念的人也许在与被他设定为"劣势种族"的人进行群体交往的时候会没有障碍,但是在面对面个体交往的时候就会变得非常不自在。比如一些西方"左"派教授在国内对中国的改革大唱赞歌,但真正到了中国境内,却躲在宾馆里几乎不出门、不见人。

从行为的角度,体现文化偏见的行为是多样的:诅咒、规避、歧视、人身攻击、灭族。哪一种都不是健康正常人想遭遇的。

有时候,偏见是不明显的

比如说,俗语"有志者,事竟成"像是在鼓励孩子们和年轻人好好学习,可是它还有别的意思:如果所有成功的人都是有毅力的,那么那些不成功之人是由于他们并没有付出足够的努力。

这个理念导致了对受害者(不成功者)的谴责,并给中产阶层提供了一个道德上的逃脱。毕竟,如果他们的成功是因为努力工作,那么穷人一定是没有努力工作,大概是因为他们懒惰或是没有能力。

---

① BRISLIN R W. Structured approaches to dealing with prejudice and intercultural misunderstanding[J]. International Journal of Group Tensions,1978.

偏见可能是社会化结果或媒体的影响

都德总结了媒体对认知的影响，显然也可用来解释偏见是如何形成和扩散的：制造对事件或观念的兴趣，并提供理解。[①]

> 通过塑造议题来决定阅听人的讨论方向。
>
> 制造推动改变的环境。
>
> 媒体与口传结合，强化影响效果。
>
> 可能引发谣言，塑造不实形象。
>
> 可能执着于某些要点，让阅听人产生不正确印象。
>
> 可能导致阅听人模仿报道内容的情节。

例 按本质分类还是按关系分类？前者更高明？

文化会影响我们的判断和直觉。康德说人类理性判断其实有两种：一种是分析性的判断，也就是寻找事物逻辑的一致性；另一种是综合性的判断，也就是判断事物之间相似的程度。

心理学家研究这个问题的方法是给你看两张图，第一张是牛和鸡，第二张是草。

你认为牛应该是和鸡在一起还是应该和草在一起？我们中国人喜欢第二种分类，而美国人喜欢第一种分类。事实上，第一种分类是分析性的判断，按本质分类，第二种分类是综合性的判断，按关系分类。这个心理调查结果令美国人非常震惊，因为西方人认为根据本质归类是高级归类，根据关系归类是低级归类。（彭凯平："文化与心理：探索及意义"）

相似的选项还有：鸡兔草、猴子香蕉熊猫、香波空调头发、教师医院家庭、胡萝卜兔子茄子等等。文化对归类方式的影响反映在很多方面，例如中国人特别擅长比喻。"天无二日，人无二君"，中国人觉得这句话说理很恰当，而美国人认为这两句话之间不存在关系。中国人以美国人当年杀了很多印第安人的例子指责美国人没有资格批评中国人的人权状况，在美国人看来是没有道理的。这是因为美国人不认同中国人思维中的类比关系。

---

① DODD T H，GUSTAFSON A W. Product，environmental，and service attributes that influence consumer attitudes and purchases at wineries[J]. Journal of Food Products Marketing，1997，4(3)：41-59.

但另一方面,按本质分类并不更高明,按关系分类也有它的合理之处。如救护车、工程车和病人,皮球、铁球与孩子,救护车与病人放在一起、皮球与孩子放在一起难道不是也很合理吗?

例 简单而又错误的归因:"我对他错、我比他好"

这类归因方式是一种现成思路,如:

(1)同一类事情,我做得好,是由于自己好,本来就好,如传统文化、英明领导、精英的奉献精神、民众的奉献精神;反过来,如果他做得好,是他走运了,时机被他掌握了;他本不想这样,无意中这样了。或者:他的本意是阴险的,他以"聪明"而"高明"的手段借某一看上去的"好事",欺骗了大家,完成了他实际上并不光明的最终目的,他其实是坏的,是更坏的。我们已经不会再被欺骗了。

(2)比如某一历史时期,某个国家和民族悲剧性地从强大变得弱小。他们认为自己变得弱小是因为他者和强者的悍然入侵和欺压。现在终于明白:弱小了只能挨打。然而悲剧并没有结束,他们还发现:如果靠自己的力量终于又强大了,就又会被某些无德的大国视为威胁。所以只能更强大,尽早变成最强大的国家之一。某些他国强大了之后往往会欺侮威胁他人,但我族是为了人民安宁和世界和平而强大,为坚决维护和平而强大。

(3)他者对我们永远不安好心,始终是爱恨交加,担心忧虑,遏制没商量。我们双方即使不在真刀真枪的战场,也在看不见硝烟的战场,他们总在抹黑、妖魔化(女性化、兽化、野蛮化)我们,或者在用各种有形无形的"武器"进攻我们的领地和大脑,若是有"美化"我们的时候,那必是别有用心,居心不良,捧杀之术,小心上当! 我们境内有不安定因素? 主要是他们这样的"外敌"在阴谋扶持或暗中资助一些破坏势力,所以我们一定要有忧患意识,同仇敌忾。我们若有闪失,会让他们"正中下怀"的;我们若成了领头羊,他们会如坐针毡的。他们亡我之心长期不死,反复变换花样想陷害和破坏,决不能让其得逞。内政与外交是完全不同的:他国从来如此,"我族"更需如此。

从跨文化交流学的视角看,这样的归因方式是不合适的,但又是普遍存在的。

交流障碍:权威人格

权威人格、独裁人格——严重的权威人格本身就是人格障碍的一种——与偏见和种族主义相伴相生。只有权威人格的人认为世界充满了竞争性争斗,许多人相对弱势和需要依靠他人,他们或者喜欢他人(他们眼中的"弱者")服从自己的权威,或者总是以权威、强者、优等群体自居,对一切外来人群充满强烈偏见。

克服跨文化障碍的基本方法

克服跨文化障碍的一些基本方法

> 强化文化的自信和自觉;
>
> 尽量准确地评价他者;
>
> 区别真假文化冲突;
>
> 立体看世界;
>
> 建立"和而不同"的"第三种文化"。

强化文化自信和自觉、降低文化成见

个人无意识中携带的各种定型观念在跨文化交流和外语学习中都会产生巨大的阻碍作用。留学生们非常有可能把目标语人群的某些特殊行为归纳为整个目标语文化中的普遍行为。因此,美国教师赫辛基尔德提出了让学外语的课堂作为讨论和理解文化定型观念场所的设计。她设计了名叫"事实"(facts)的文化教学方法。[①] 这种教学法利用一系列的课堂活动来"重新认识"学生对文化背景的理解,同时这些活动让学生对比他们自身的文化和目标语文化。

这个方法的第一步就是让学生意识到他们自身的喜好,喜欢什么和不喜欢什么都是由自身文化所决定的。因此,教师首要的任务就是让学生意识到自身美国文化的特点,例如让学生为外国人设计一个关于美国文化的简短介绍。这时候,学生就会开始知道对他们自身来说什么是最重要的。这是加强学生"文化自觉"的一个好方法。

例如,让美国学生写出快餐在美国社会中的地位,然后学生就会开始意识到美国文化中关于方便、高效以及简便的价值观。 相反地,他们也会意识

---

① HEUSINKVELD P R. The foreign language classroom: A forum for understanding cultural stereotypes[J]. Foreign Language Annals. 1985,18(4):321-325.

到中国文化中以家庭为单位,欣赏"慢工出细活",以及对食物需要"慢慢品尝"的价值观。一旦两种文化的价值观被学生所了解,学生就可以发现自身的"定型观念"是由什么原因造成的。

另一美国教师曼特尔-布罗姆利建议外语教师可以使用不同的阅读课程和相关活动增加学生的自我文化理解。如教师可以将一件可以拆散成许多部件的物品放入包里,然后让学生通过散乱的部件猜测包里的这个物件是什么。这样学生就可以明白:只通过非常小部分的事物是很难理解另一种文化的。①

教师也可以让学生阅读与目标语文化相关的文章,学生可以通过阅读,意识到这些内容是否是普遍的看法或者只是一种偏见。最有效地去除文化偏见的阅读文章,可以是使用目标语阅读关于美国社会中的一种现象,因为学生对于他者对自身文化的偏见是最敏感的。

学者们的建议一:培养自我反省习惯

人类通过自己创造的"文化"主要从事三种辛勤的劳动:

> 认识自然(改进物质生活);
>
> 组织自己(完善社会生活);
>
> 认识自己(提升精神生活)——需要通过不断地相互对话、自我反省,才能实现。

文化自我反省的三大好处

文化间相互理解需要各自有反思意识,而这种反思意识,首先,可以将文化的差异感和相互不满从情绪性的宣泄引向理性的思考和认真的相互审视,意识到不同文化间的某些差异,如果得不到应有的解释和说明,如果得不到细致的区分和定性,或者如果得到了不应有的离间和挑拨,就会不断引发流血的政治冲突。

其次,文化的自我反思以及反思成果的交流,可以帮助和促进文化间的谅解和合作。

最后,当代各国间的跨文化对话确实会经常遇到有的文化团体不具有反

---

① MANTLE-BROMLEY C. Preparing students for meaningful culture learning[J]. Foreign Language Annals. 1992,25(2):117-127.

思意识，或能代表某种文化的国家政府、知识界或具体个体不进行反省的情况，甚至会频繁遭遇"单边主义"和"你死我活"式的交流方式，但我们依然要坚持呼吁文化的"自觉"意识和开创不同文化的"反思"可能。因为通过自觉的反思，我们会发现所有现存的文化都有自己的弱点和盲区，都会出现行为模式不同的非理性狂热，谁都不可能单独地引领未来的世界文化主流，并且还需要相互制约和清除"可怕的错误"才能共同继续生存下去。

例 勇敢无畏的文化自我反思

2007 年 3 月的阿拉伯国家联盟（阿盟）会议上，沙特阿拉伯国王阿卜杜拉在演讲中说：问题是，这么多年来，我们又都做了什么来解决巴勒斯坦、伊拉克、黎巴嫩、苏丹和索马里的冲突？我并不想归罪于阿盟，因为它只是反映我们现实细节状况的实体，所以真正应该受到谴责的是我们这些阿拉伯世界的领导人。我们之间永久性的差异以及我们拒绝寻求统一之路，所有这一切都使我们的国家丧失了对我们的信心，对我们现在和未来失去了希望。

埃及驻美大使纳比尔·法米这样评价说：他们是把这一指责当作自我批评的新鲜空气来呼吸的。伊斯兰国家这种缓慢的变化大部分是由年轻人（其中 56% 在 25 岁或更小）用不断开放的媒体来推动的。法米说：我们的媒体比过去开放多了，所有的问题都是掩盖不了的，因为它们会被曝光。阿拉伯世界已经发生变化，而且是巨大的变化。晚了吗？是的。慢了吗？是的。但还是发生了变化，因此我们要更加精心地培育它，我们需要变得更聪明些。①

学者们的建议二：更准确地评价他者文化

当代美国著名的跨文化交流研究学者拉里·A. 萨默瓦（Larry A. Samovar）和理查德·E. 波特（Richard E. Porter）提出："认识多种文化、群体文化以及自身文化的特征是成功迎接跨文化交流所带来的挑战的第一步。"

第二步就是意识到：不管我们如何努力，"客观性"都很难做到。中国文化中有设身处地、将心比心的说法，但跨文化交际学提醒我们：由于我们的心和身都承载着文化的深深烙印，所以简单地移情或换位思考还不够，还要更进一步地意识到文化差异不是短期内就可能轻松跨越的鸿沟，需要长期、耐心和智慧的应对。比如：

一是要承认差异：面对、接受、处理、放下。（圣严法师语）

---

① 马凯硕：中国的选择：中美博弈与战略抉择[M]．北京：中信出版集团．2021：135．

二是要宽容大度：文化的融合方式各有千秋（西化、汉化、梵化、阿拉伯化……现在需要共同找到更好的合作共存方法）。

三是要欣赏多元：多元才能保持活力和创造力。

学者们的建议三：区别真正的冲突与虚假的冲突

精通多国语言、旅居多个国家的英国学者理查德·D. 刘易斯（Richard D. Lewis）在他的《文化的冲突与共融》一书提出，应该区分真正的文化冲突和虚假的文化冲突。"重要的是要密切探究冲突的性质。"

真正的冲突产生于人们根深蒂固的哲学、宗教甚至是政治信仰。这些根本信仰在各自的社会中受到相当有力的支持，因而向其挑战并不明智。因为变化只能从内部产生。

虚假的冲突，也就是说我们由别人的某些行为而受到刺激、感到困惑或被冒犯，从而去进行谴责（强烈或温和的），却并不真正打算从事物的相互关系中去看清楚它。

虚假冲突等同于误解，或对定型观念的过分喜好。如：英国人基本上把拉美人的"未来不确定"心态、瑞士人的卖弄学问和亚洲人的微笑看成是负面的，而不是尝试将这些特性放到一种可以理解的文化行为的框架中去认识，这只是虚假的冲突，是更容易克服的文化障碍。

学者们的建议四：用"立体的观念"取代"简单化思维"

美国语言学家和跨文化专家理查德·D. 刘易斯 1996 年在专著《当文化碰撞时：当好跨文化领导》中提出了著名的"刘易斯模型"。它基于刘易斯访问过的 135 个国家（他在其中 20 多个国家工作过）及跨越 68 个不同国家的超过 15 万份在线问卷收集的数据。刘易斯的基本论点是：基于行为模式（不是基于国籍和宗教）而言，人类可以分为三个明确的类别——linear-active（线性主动式）、multi-active（多维主动式）、reactive（反应式）。虽然三个类别各不相同，但每个类别都具有其他两个类别的行为元素，划分三类只是强调了哪些行为在这一模式中占主导地位。由此可以解释不同的个人为何会对某个特定文化的行为方式特别有共鸣。刘易斯承认，在比较不同国籍、地区、宗教、世代等的文化差异时，如何确定和区别文化类别是很困难的，文化的定义可能有几十个甚至上百个。所以他想提供一个对比看文化的立体视野，用简洁明确的比较来减少混淆和误解。

线性主动式：话不多，一段时间做一件事，有一步步怎么做的计划，礼貌但直接,适当隐藏自身感受,用逻辑对峙,不喜欢丢面子,很少打断对方说话,工作导向,坚持基于事实,求真先于外交辞令,有时缺乏耐心,有限的身体语言,尊重官方,区别社会性与专业性。

多维主动式:话多,同时做几件事,仅仅做大致的计划,情绪化,情感外露,用情感对峙,有很好的借口,经常打断对方说话,人际关系导向,情感先于事实,真相是变化的,缺乏耐心,使用不间断的身体语言,寻找关键人物,结合社会性与专业性。

反应式:主要是聆听者,对伙伴的行为会及时做出反应,查看基本原则,礼貌但不直接,隐藏情绪,避免对峙,不能丢面子,不会打断对方说话,非常强烈的人际关系导向,陈述就是承诺,外交辞令先于求真,有耐心,使用微妙的身体语言,运用特殊关系,联结社会性与专业性。

用两只眼睛看东西会让我们产生立体的视效和对深度的认识。"没有立体观念我们将不能生存——它是我们对陌生人的举止进行判断时的依据。"[①]

比如要理解文化的两面性和(内部)矛盾性。如菲律宾:既是亚洲的纽约,又是绑架之都? 泰国:既是著名佛都,又是世界色情圣地? 如欧洲:西欧、北欧、中欧、南欧、东欧之间也有相互看不起、相互间的文化冲撞,就像杭州又分上城区、西湖区、拱墅区……"皇城根"的人会看不起"郊区"的"乡下人"。

如:瑞典人常常是冷淡而又正式的,但他们羞怯的外表下却隐藏着一种要证明他们的热情和忠诚的渴望。德国人常以唐突、直率的批评使人震惊,而事实上他们相信这对你有益——他们是在改进你的行为。印度人格外推崇团队忠诚、团队荣誉和创造力。当印度"闭关自守"时,他们的技术改良也层出不穷。另一方面,在印度人看来,诚实并不重要,诚实是相对的。偷庄稼与种庄稼同样光荣。

例 两个美国的"阿汤哥":美国的两面

汤姆·克鲁斯:高调、英勇——傲慢;

汤姆·汉克斯:低调、朴实——不被重视。

两只眼睛让我们能立体地观察世界,更准确全面地了解世界。

立体观念(跨文化视野)是我们对陌生人的举止进行判断时的依据。人

---

① 参见 FRADERA X, AUSTEN M A, BADER R F W. The Lewis model and beyond [J]. The Journal of Physical Chemistry A. 1999,103(2):304-314.

的思想倾向于将复杂的感情和态度简单化,包括人们自身在内。为了实现跨文化的理解,我们必须学会正确对待立体观念,即对我们认为是正确的价值进行发挥和赞赏;对于有冲突和负面的价值观,要减小其作用或一笑了之(如果能做到的话)。当文化出现冲突时,自我批评、避免刺激性言行和压力,更准确地评价个人、机智、容忍、适应而又不牺牲自己的正直,深入研究合作者的文化、历史和语言——这些都是我们可吸取的对策。

学者们的建议五:注意冲突处理方式

(1)处理模式:解决问题/维护面子;

(2)处理目标:问题取向/关系取向;

(3)处理节奏:线性计划/没有明显的开始与结束。

例如,中印边境冲突、中法外交冲撞、朝核问题等,明显当事方和参与方有十分不同的处理冲突模式。

文化间冲突常表现为三个重要方面:

(1)目标不一致——冲突产生的核心根源。

(2)互相依存关系不存在——比如两个理念不同的经理必须在一个公司工作的话,他们之间才会发生冲突。

(3)相互交往过程"出错"——往往是"传播"将不一致的感觉变成冲突。

例 如何破除中德之间的一次跨文化冲突?

面对冲突,不同的文化有不同应对方式,这种方式可能成为冲突的又一原因,因为它们可能让已有的冲突雪上加霜、火上浇油。

面对双方关系中出现的问题,德国人习惯于围绕问题,展开讨论和争论;中国人喜欢大事化小、小事化了,对问题心知肚明,但表面上似乎视而不见,不愿意让问题公开化,以免撕破关系。德国人习惯于关注分歧点,认为解决了分歧也就解决了问题;中国人喜欢强调共同点,让当前的问题在长期合作的背景下显得微不足道。在德国人看来,中国人在回避问题,缺乏解决问题的诚意;在中国人看来,德国人咄咄逼人,不珍惜双方的长期合作,随意让关系遭受损害。

过度强调忍让的做法会给德国方面发出错误的信号,德国俗语说:沉默就是同意。德方会认为中国的忍让或不痛不痒的表态是表示同意,或者尚未触及中方底线,然后步步紧逼、得寸进尺。德国《明镜周刊》对中国的片面抹黑已有时日,中方都没有有力的回应,这种不作为、中国特色的沉默,可以用

"跨文化沉默的螺旋"来形容。

沉默的螺旋在传播学中指已有的多数人舆论对少数人的意见形成无形的压力,造成优势的更优势,弱势的意见更弱势,形成一方越大声疾呼,另一方越发沉默的螺旋式过程。所以一定要打破跨文化沉默的螺旋,对境外舆论中的不良苗头及时采取措施。而且应政府、媒体和民众三个层面协调联动,将国家形象的损失控制在较低限度。[①]

学者们的建议六:共建"和而不同"的"第三种文化"

美国学者多德在《跨文化交际动力》中提倡:通过甲、乙文化交流和传播,建立"第三种文化"。用汉语来表达,更简洁有力,就是建立"和而不同"的新文化。

"第三种文化"是一种由甲、乙(也可以是丙、丁等)共创的文化环境。"第三种文化"并不是指甲、乙双方都放弃原来的自我,融合为一种新的更高层面的文化,而是指在交际的环境下,双方共同寻找共同之处,互相建立信任,努力适应一种共创共享的新文化。

"第三种文化"建立的三个主要原则:

(1)交流和传播双方互相都有正面的态度,抱有信心。
(2)承认并理解不同文化之间的价值观、行为规范的差异。
(3)努力使自己的行为融入新的文化环境中。

此三个原则也保证了交流者能够在跨文化情境中,得体且有效地进行交流、沟通和传播。[②]

例 口罩引发的文化差异认识与"第三种文化"的必要性

2020年初,新冠肺炎疫情突然暴发。很多中国家长都在第一时间就提醒留学的儿女一定要重视和认真防范,并迅速寄出了必要的防疫装备,其中最重要的就是口罩。当地时间2021年1月30日13时许,一名中国留学生戴着口罩,在前往英国谢菲尔德大学的路上,遭到了三个路人的谩骂与推搡,他们问她为什么戴着口罩,以及她是否有问题。她当时非常害怕,什么也没说。

---

① 贾文键.德国《明镜》周刊(2006—2007)中的中国形象[M]//孙有中.跨文化视角.北京:高等教育出版社,2009.
② 多德.跨文化交际动力[M].上海:上海外语教育出版社,2006.

后来她也表示不想提出指控,因为她觉得自己被误解是因为对方太不了解相关信息。这位中国女留学生面对文化冲突,保持正面态度,期待逐渐的相互交流沟通能够克服文化歧视与偏见,体现出了良好的跨文化素养。

随着疫情的扩散和防疫情况的不断失控,人们发现在口罩问题上,东西方各国的文化差异是如此之大,简直太影响全球性合作与共同抗疫了!

对于亚洲人,特别是中国人而言,平时感冒或咳嗽时,戴上口罩很正常。遭遇疫情应该尽可能立即都戴上口罩,这更是理所当然!历史悠久的丰富抗疫经验和刚刚过去的"非典"疫情经历,都给了中国人民留下了难忘的记忆和教训。口罩在防疫上即使不是完全有效,起码也可以在数量和程度上快速有效地减少相互传染。不用专家指导,普通人也知道,即使口罩能减少传染性的30%~50%,也是很可观和必要的,对人对己都好,肯定是利大于弊。集体主义文化占主导的东方各国,政府一旦号召动员集体防御,民众就会积极主动响应与配合。口罩一时供应不足也没有关系,家家户户都可以自己动手做几个,先用起来。各类生产商和供应链也群起响应,调配、生产、运送和分销,全力以赴地协作共进。从价值观上讲,中国人认为生命权第一,"人命关天",任何事情都不如保护和维护生命更可贵。

而在多数西方个人主义文化的国家,传统生活方式的相关理解是:佩戴口罩说明你病了,你就不应出门,会传染给大家。所以当你戴着口罩在室外时,一是别人会觉得你为什么病了还要出门,这不礼貌或不够道德,二是也可能有人会上前来询问你:你得新冠了吗?你生病了仍需要出门,说明你需要寻求他人帮助?其他可能戴口罩的原因就是会接触粉尘和扬尘的特殊工作。

其次就是过度相信科学的机械理性思维与东方式灵活感悟思维很不一样。在疫情突发后的很长一段时间里,因为欧美发达国家的口罩生产基地大都已移至发展中国家,所以一时间口罩和其他防疫物资的国内库存都非常有限,甚至连医院的医生都不能满足,所以科学家和政府官员都公开说:还没有充分的证据说明戴口罩能有效地阻止病毒传播,所以不强求,也不建议。甚至有许多接触新冠病人的医院和老人院的护理人员都没有及时地佩戴口罩,因为现有的口罩不是外科口罩,达不到呼吸科的要求。这让中国的网友太不可理解了:"那么戴两个啊,总不至于什么都不戴吧?"果然,医护人员纷纷被感染,医院出现严重的床位不够和医护人员短缺。

等到欧美国家的新闻终于开始天天都报道一点中、日、韩等东方国家的防疫方法和做法后,同时等到口罩的供应开始逐渐好转后,等到科学实验证明这次疫情有大量的"无症状感染者"之后,还再等到感染和死亡的数据不断攀升之后，欧美国家的官方、医学科学界和民众才渐渐相信，口罩是防疫最重要也最方便做到的科学方法，才渐渐自觉自愿地普遍戴上口罩。其中，也有不少口罩是欧美普通人自己在家制作和主动与人分享的。因为个人主义文化的价值观是自由权至上，生命诚可贵，自由价更高。在感染和死亡人数居高不下之际，仍有相当一部分人坚决拒绝口罩和认为自己身体好，扛得住，所以一些地方政府也组织人员上街免费派送口罩和监督密集性场所必须佩戴口罩的政令执行情况。相似的工作在东方国家都不需要。

西方传统生活方式还有一个特点，就是强调面对危险一定要镇定和勇敢，不要恐慌和引起恐慌，所以普遍戴口罩在有些人看来就是一个普遍恐慌景象，会导致社会心态的突然崩溃。所以也有不少人认为强制戴口罩和控制航班和国境线等措施是不必要的，是个人和国家的"胆小如鼠"和"懦夫"行为。令中国网民捧腹的是，新闻报道的西方实景中，有的人在室外无人地段跑步，竟然也一本正经地戴着口罩，真的死板得可怕，有的人则是有意识地在这个时期组织人上街游行抗议，参加密集性聚会活动，来证明自己"勇敢无畏"，真是缺乏起码的常识和良知。

目前，关于口罩的文化差异和交流障碍仍然存在……相关的跨文化对话也仍处"进行时态"。值得庆幸的是，由"口罩"引发的对不同生活方式和社会管理模式的重视和重新认知，已经比疫情最初时期提升了很多。口罩已经让世界各国更多地放下自我优越感和文化上的无知，看到跨文化信息有多么重要，建立超越文化差异的"第三种文化"有多么必要。

当下，为了让口罩更安全、舒适、实用、便携、个性化、美观、满足不同口味的花样和货品源都充足……世界各国的科学家、医学专家、传播工作者、影视工作者、商家、设计师、时装品牌、运动品牌和个体，都看到了自己的参与交流机会，都在努力贡献自己的才华和技艺、关爱与善意。与此类似，所有人的各自贡献和共同努力，一定会让世界"和而不同""美美与共"，让更多人的言行融入未来人类共同体的共建共享新生活。

"文化商"引领未来

美国作家大卫·利弗莫尔在《文化商引领未来》一书中提出了"文化商"这个与情商、智商并列的新概念，因为他发现在很多跨国公司管理案例中，常会看到一个在母国十分优秀但文化商不高的人才到某个东道国后，把公司业务和管理弄得一塌糊涂。因此他把世界文化分成十个区域（强调十个文化区域内部也存在主流文化和不同子文化的较大差异），并建议了一套提高文化商并巧妙应用在不断拓展市场,提高自己和公司竞争力的方略。从下面引用该书表格(见表 8-1 至表 8-10)的重要观点中,不难看到,跨文化交流学的很多研究成果已经与单位或公司发展、个体发展、经济和社会发展的提升方法密切联系起来了。

表 8-1　个人主义与集体主义

个人主义文化		集体主义文化	
强调个人目标和权利		强调集体(团体)目标和人与人之间的关系	
个人主义	居中		集体主义
英语区 日耳曼欧洲文化区 北欧区	东欧 拉丁欧洲文化区		阿拉伯地区 儒家文化区 拉丁美洲 南亚 下撒哈拉非洲区
如何领导个人主义 ○个人利益和目标作为主要动力 ○合作关系基于一到两个人,而不是基于一个团体和其他团体		如何领导集体主义 ○集体目标作为主要动力 ○长期关系非常重要	

表 8-2　权力距离

低权力距离		高权力距离	
强调平等和分享式决策		强调身份地位差异、由上级领导做决定	
低	居中		高
英语区 日耳曼欧洲文化区 北欧区	儒家文化区 东欧 拉丁欧洲文化区 下撒哈拉非洲区		阿拉伯地区 拉丁美洲 南亚
低权力距离文化的领导 ○不重视正式的等级 ○创造条件来让员工质疑、挑战权威		高权力距离文化的领导 ○仔细遵循决策链 ○不要质疑和挑战权威	

表 8-3 不确定性规避

低不确定性规避		高不确定性规避	
强调灵活性和调适性		强调计划和可预见性	
低	居中		高
英语区 东欧 北欧区	阿拉伯地区 儒家文化区 日耳曼欧洲文化区 南亚 下撒哈拉非洲区		拉丁美洲 拉丁欧洲文化区
低不确定性规避文化的领导 ○避免教条式结论 ○邀请员工共同探索未知领域 ○鼓励他们自己做主并随时通知你		高不确定性规避文化的领导 ○给出明确指令 ○制定正式的程序和政策 ○让员工先提建议，并给予反馈和支持	

表 8-4 合作与竞争

合作导向		竞争导向	
强调相互合作和相互关心		强调竞争、果断和成就	
合作	居中		竞争
北欧区 下撒哈拉非洲区	阿拉伯地区 儒家文化区 东欧 拉丁美洲 拉丁欧洲文化区 南亚		英语区 日耳曼欧洲文化区
合作导向员工的领导 ○在完成任务之前，先建立关系 ○通过个人和家庭关系建立信任		竞争导向员工的领导 ○在建立关系前先完成任务 ○通过工作成果来建立信任	

表 8-5　短期和长期导向

短期导向		长期导向	
强调短期回报（现在的成功）		强调长期回报（未来的成功）	
短期	居中		长期
英语区 阿拉伯地区 东欧 北欧区 下撒哈拉非洲区	日耳曼欧洲文化区 拉丁美洲 拉丁欧洲文化区 南亚		儒家文化区
短期导向员工的领导 ○帮助他们"快速成功" ○重视当下		长期导向员工的领导 ○着眼于未来 ○强调长期成功（过去和未来）	

表 8-6　语境：直接与间接

低语境（直接）		高语境（间接）
强调直接交流（通过用词）		强调间接交流（通过语气、语境）
低语境	居中	高语境
英语区 日耳曼欧洲文化区 北欧区	东欧 拉丁美洲 拉丁欧洲文化区	儒家文化区 阿拉伯地区 南亚 下撒哈拉非洲区
低语境（直接）员工的领导 ○通过电子邮件给出指示、沟通进展 ○直截了当："我需要你做如下事情……" ○犯了错误后直接道歉		高语境（间接）员工的领导 ○和他们一起讨论工作指示和进展 ○尽量委婉："我不知道你可不可以……" ○当和谐被打破后道歉

表8-7 "是"与"做"文化导向

"是"导向		"做"导向	
强调生活品质		忙着做事情、实现目标	

"是"导向	居中	"做"导向
阿拉伯地区 拉丁美洲 北欧区 下撒哈拉非洲区	儒家文化区 东欧 拉丁欧洲文化区 南亚	英语区 日耳曼欧洲文化区
"是"导向员工的领导 ○为员工成长创造机会 ○重点强调一个人是"谁" ○管理个人关系		"做"导向员工的领导 ○提供培训和个人发展机会 ○重点强调成就 ○管理工作过程

表8-8 普遍主义与特殊主义

普遍主义		特殊主义	
强调规则和标准应该适用于每个人		强调根据不同的关系采用特殊、具体的标准	

普遍主义导向	居中	特殊主义导向
英语区 日耳曼欧洲文化区 北欧区	东欧 拉丁欧洲文化区	阿拉伯地区 儒家文化区 拉丁美洲 南亚 下撒哈拉非洲区
普遍主义导向员工的领导 ○书面表示承认并努力坚守承诺 ○如果情况发生变化，需要尽可能说明理由并提前通知		特殊主义导向员工的领导 ○尽量灵活 ○投资关系的建立，在决策过程中考虑关系的作用

表 8-9　中性与张扬

中性文化		张扬文化
强调非情绪化交流,隐藏感情		强调生动地表达,公开自己的感受
中性文化	居中	张扬文化
儒家文化区 东欧 日耳曼欧洲文化区 北欧区	英语区 南亚	阿拉伯地区 拉丁美洲 下撒哈拉非洲区 拉丁欧洲文化区
中性文化导向员工的领导 ○管理自己的情绪,规范自己的身体动作 ○在会议和交往中抓住主题		张扬文化导向员工的领导 ○敞开自己,表现出热情和信任 ○可能需要提高自己的表现力

表 8-10　共时性文化与历时性文化

共时性文化		历时性文化
强调时间的线性以及工作与个人生活分开		强调多任务工作方式、工作和个人生活融合
共时性文化	居中	历时性文化
英语区 日耳曼欧洲文化区 北欧区	儒家文化区 东欧 南亚	阿拉伯地区 拉丁美洲 拉丁欧洲文化区 下撒哈拉非洲区
共时性文化导向员工的领导 ○通过反馈及时和高效来建立信任 ○如果不能在最后期限完成任务,需要提出一个新的最后期限		历时性文化导向员工的领导 ○对于不是特别重要的期限尽量灵活 ○如果最后期限前没有完成任务,强调这与你个人的关系

◀◀◀ **升阶篇**

九、说不尽的文化

宇宙万物不会轻易吐露它的奥秘，文化也不例外。文化就是交流。人们相处中遇到的麻烦大都可以归因于交流过程中的种种扭曲现象。

——爱德华·霍尔《无声的语言》

区别文化差异的其他理论假设

从价值观取向看文化差异

美国人类学家克莱德·克拉克洪（Clyde K. M. Kluckhohn）和弗里德·斯多特贝克（Fred Strodtbeck）于1961年提出：不同文化的价值观取向值得比较和区分。价值观取向指的是复杂但确定的模式化原则，与解决普通的人类问题相联系，对人类行为和思想起着指示与导向作用。主要有五个价值取向可以用来比较文化的差异，每个方面有三个维度，简明的图表如表9-1所示。

表 9-1　不同文化的价值观取向（简明）

人性取向	恶 evil	混合 mixed	善 good
人与自然的关系取向	服从 submissive	和谐 harmonious	征服 mastery
时间取向	过去 past	现在 present	将来 future
人类活动取向	存在 being	成为 being-in-becoming	做 doing
关系取向	等级 hierarchical	附属 collateral	个体主义 individualistic

另一种译法和更细的解释如表 9-2 所示。

表 9-2　不同文化的价值观取向（详细）

导向	价值观和行为		
人性的本质	基本为恶	善恶混合体	基本为善
人类与自然的关系	人从属于自然（非洲）	天人合一	人是自然的主人
时间感觉/时间定向	倾向于过去	倾向于现在	倾向于将来
行动的形态	正在发生、本然/无为	正在变化/本然—发生	实践/行动（美国）
社会关系的形态	服从权威/直系/大家族传统/内亲外戚（中、日）	倾向集体/旁系（重视大家族但更重文化）/不如直系重视历史（墨西哥、坦桑尼亚）	个人主义（美国）

这个研究模式的成功应用就是第二次世界大战快要结束之前，美国战争情报处组织了一个 30 人参加的专家队伍，以调查研究不同文化价值观、民心和士气为背景，讨论如何做好"战后重建"的工作。这个研究组的专家之一、哈佛大学教授佛罗伦斯·克拉克洪沿用了她丈夫克莱德·克拉克洪的价值观取向定义，她和其他专家们通过对日本民族的心理和价值分析，向美国政府提出了不要打击和废除日本天皇的建议。

日本的战后重建工作因为尊重了文化和习俗的力量而变得进展顺利和恢复迅速。第二次世界大战结束不久，佛罗伦斯·克拉克洪还获得哈佛大学和洛克菲勒基金会资助，继续在美国得克萨斯州对五个不同的文化社区进行文化差异的调查与研究。

人性取向与人性是否可变？

克莱德·克拉克洪和弗里德·斯多特贝克在讨论人性取向或人类本质的内在特征时提出：一是要考虑人性取向有三大选项——善（good）、恶（evil）、兼有善恶（mixed）。二是要考虑人性是否可变。三是混合又有两种可能——兼有善恶和无恶无善。于是又有八种可能的解决方法：

人性本恶但可变。

人性本恶但不可变。

人性善恶兼之但可变。

人性善恶兼之但不可变。

人性无善无恶但可变。

人性无善无恶但也不可变。

人性善但可变。

人性善但不可变。

探讨：可见我们平时常说的——西方受基督教原罪说影响，所以认为人性恶，中国受儒家思想影响，倾向于认为人性善，其实是不完全准确的说法。比如西方文化其实是认为人性混合、善恶兼有，对每个个体而言，善恶情况差别很大，而且人性在后天的自身努力中是可变的。在基督教原罪认识的基础上，西方文化倾向于认为人在出生之后，可以通过忏悔和行善来洗脱罪孽，如果不具有这样的理性认识，就可能执迷不悟、任由恶的力量控制自己，人只有不断强化理性、在自觉赎罪之后，灵魂才能升入天堂，这样的人多了，人类社会才可能有善战胜恶的美好现实。总之这是一个层次很多、十分复杂的人性理解。

中国儒家学说强调的"性善"是比较绝对的，分析和解释也是相对简单的。如孟子认为人的性善就像水会向下流淌一样，绝无例外，这也是人与动物的最大差别。人的"恶"主要是"后天"的、外在于个体的原因，如父母和家庭的教育、成长环境，或社会的风气、各种天灾人祸和不测意外等。儒家文化也特别重视人的道德意识，但相比西方文化强调的理性意识，更重视的是人的德性、心性、品性，也就是更重视人的自然感性、共通体验和感悟性。儒家文化虽然也十分强调"言行一致"，但与西方文化的自觉"赎罪"观相比，更重视人的社会性，重视人之言行的相互影响性；西方文化更强调人的个体性，强调每个人都是要独自面对人生挑战并承担自身责任的。

不同文化价值观偏好的排序

根据理查德·E.波特和拉里·A.萨默瓦1981年收集的数据，我们可以比较各种文化圈人们的价值观（见表9-3），并发现特定价值观的重要性。许多在一种文化中最重要的价值观，在其他文化中就是另一种排列顺序了。

表 9-3　价值观比较

价值观	第一位	第二位	可忽略	其他
个性	西方	美国黑人	东方	穆斯林
感恩戴德	东方/非洲	穆斯林/美国黑人	西方	
和谐	东方	美国黑人	西方/非洲	穆斯林
谦逊	东方	美国黑人/非洲/穆斯林		西方
守时	西方	美国黑人	穆斯林/东方	非洲
命运	东方			美国黑人/穆斯林/西方/非洲
争先	西方	美国黑人		东方/非洲/穆斯林
侵犯性	西方/美国黑人	穆斯林	非洲/东方	
集体取向	东方/穆斯林/非洲	美国黑人		西方
尊老	东方/穆斯林/非洲	美国黑人		西方
效率	西方	美国黑人	东方	
权威	东方/穆斯林/非洲	西方/美国黑人		
坦率	西方	东方/穆斯林/非洲/美国黑人		

其他各种文化取向的分类比较

帕森斯(Parsons)的文化模式变量。情感与情感中立,普遍性与特殊性,整体性与局部性,归属感与成就感,工具性取向与表达性取向。

康登和优素福(Condon & Yousef)模式。人类社会的六区域为:自我、家庭、社会、人性、自然、超自然。每个区域有 3～5 个普遍性问题,共 25 项。如自我:个人主义与相互依存、年纪、性别、行动。家庭:关系取向、权威性、角色行为、移动性。社会:社交互惠性、团体成员、中介、正式化、财产。人性:理性、善恶、享乐、可变性。自然：人与自然的关系、认识自然的方法、自然的结构、时间概念。超自然：人与超自然的关系、生命的意义、神意、宇宙秩序的知识。

施瓦茨（Schwartz）模式。10项普遍性文化价值：权力、成就、享乐主义、鼓舞、自我引导、普遍主义、仁爱、传统、合模、安全—求同。两种面向：迎变与保守/自我超越与自我加强。

贾玉新《跨文化交际学》六个方面的价值观比较。人与自然：天人合一/天人相分。人际关系：群体取向/个人主义。对变化的态度：求变/求稳。动与静：求动/求静、做事/做人。人之天性：性善/性恶。时间取向：过去/未来、线形/圆形、单向制/多项制。

（荷）冯·特姆彭纳斯、（英）查尔斯·汉普顿-特纳：文化的基本差异主要在人际关系、对时间的态度和对环境的态度三个方面。（这两位学者主要就商务性的跨文化沟通提出：文化是人们解决问题的方式。[①]）

（1）人际关系：五种取向。

普遍主义 universalism/特殊主义 particularism，

个人主义 individualism/集体主义 communitarianism，

情感中立 neutral/情感型 emotional，

专一 specific/扩散 diffuse，

成就 achievement/归属 ascription。

（2）对时间的态度：直线/圆周——顺序安排/同步安排。

（3）对环境的态度：怕影响他人/怕被他人影响——顺应外部环境/从内控制自己

文化差异的外在决定因素

财富、地理和人口决定了文化是个人主义还是集体主义

霍夫斯泰德和他的研究团队就他们区别文化差异的选项进行了相关决定因素的考查。如他们提出：预测个体主义和集体主义指数值的主要因素是

---

① 冯·特姆彭纳斯，查尔斯·汉普顿-特纳.跨越文化浪潮[M].陈文言，译.北京：中国人民大学出版社，2007.

财富(人均GDP)、地理纬度和人口因素。较为富裕国家的文化一般有个体主义倾向,而较为贫困的国家的文化一般有集体主义倾向;经济越发达则个体主义倾向越大,两者的对应关系非常显著。因为贫穷社会的人民更多依赖群体的力量生存,相对富裕的社会的人民能够有较多的余力做自己的事。

此外,**人口因素**也会对文化价值观产生效应,人口多的社会倾向于选择集体主义,人口少的文化倾向于选择个体主义。

相应的社会后果:

个体主义指数值低的社会成员从集体为重的角度处理人际关系,重视集体认同和社会和睦,有情绪化地看待工作和社会制度的倾向,他们崇尚传统、尊重权威,把集体利益置于个人利益之上,较少考虑个人的私隐与权利。个体主义指数值高的文化成员从个人为重的角度进行社会交往,推崇个人自由和社会竞争,他们理性地理解社会体制和人际关系,尊重个性和隐私,强调人的平等、自由和自治。

地理纬度、人口数量和财富影响文化的权势距离

霍夫斯泰德认为,从理论上讲,有三个关键性因素可以帮助我们预测某个文化的权势距离指数值,它们分别是**地理纬度、人口数量和财富**。

地理纬度是最具预测力的因素。处于纬度较高、远离赤道的寒冷地区的文化往往会有较低的权势距离值,而热带或亚热带区域的文化常常会有较高的权势距离值。

地理纬度与权势距离之间的联系是由人类生存的根本需求所决定的。高纬度、气候较寒冷地区的人们为了生存必然要进行技术创造,为了促进人口的繁衍和社会的发展,他们更倾向于采取非传统的、富有进取性的思维方式;这些地区的文化在现代化、普及教育和权力的去中心化方面有更大的动力。相对而言,生活在热带的人们由于生存较为容易,缺乏技术创新的动力,进取心较弱,更倾向于依赖传统。

人口数量是预测权势距离的另一个要素。

人口众多的国家只有在权力较为集中、社会等级较为分明时才能有效地运转,人们更容易接受较大的权势距离;而人口较少的国家由于其社会结构相对简单,人们一般不愿意看到权力高度集中情形,这些国家的权势距离也相对较小。当然,人口与权势距离之间的联系是双向的,人口数量可能是权势距离大小的原因,但同时也可能是它的结果。

财富是预测权势距离的第三个要素。

霍夫斯泰德认为,财富的分布均匀程度而非数量更能说明问题。一个国家的财富分布越不均匀,其文化认可的权势距离就越大;那些现代化、民主化较为发达的国家财富分布比较均衡,权势距离则相对较小。

影响权势距离的另两个变量:历史和宗教的影响

财富、地理纬度和人口等因素并不直接影响不确定性规避倾向,但历史和宗教的影响较为显著。历史上法律观念较强、司法体系较健全的国家大体上属于不确定性规避指数值较高的国家,那些法律观念淡漠、司法制度不完善的国家基本上属于不确定性规避指数值较低的国家。

此外,强有力的宗教组织也会起到降低社会不确定性的作用。从这个角度看,我们或许可以理解为何历史上在罗马帝国统治下的那些国家的不确定性规避指数值往往高,而中国以及汉文化圈里国家的指数值大多数偏低。

不确定性规避倾向左右着人们的社会行为。不确定性指数值低的社会成员比较理性地看待人际关系,不寻求绝对的价值,宽容差异,不排外,接受非传统的思维和不确定性,不强调高度的集体认同,赞同个人的独立和自治。

不确定性指数值较高的社会成员容易情绪化地处理人际交往,注重传统和绝对的价值,不易接受偏差,强调集体忠诚、法治的完备,对个人的力量缺乏信心。

在两者的差异中较令人瞩目的是,指数值较高国家的人希望能够确切地定位生活,有不愿承担风险的倾向,而指数较低国家的人却乐于接受世界的变化,勇于迎接生活的挑战。

例 宜家在德国(不确定性规避)

自 1974 年以来,瑞典的宜家已经在德国多年,但德国员工仍无法接受瑞典式管理。

德国人喜欢遵守章程、按部就班。宜家却强调企业文化核心是"对自己负责",在宜家手册中留有模糊用语,希望员工能在工作中灵活变通。但手册在翻译为德文时,就必须将模糊改为清楚。瑞典人觉得德国人缺乏灵活性。任何一个建议,都变得像是命令。德国人喜欢按部就班,按程序办事,因为那样给他们以安全感。

德国员工则认为瑞典人更看重结果,管理模式松散,开会时竟然随手在香烟盒上记笔记,在行动之前不会对风险进行充分评估,这都是很危险的。

特别影响文化之男性或女性气质的因素是：地理纬度

预测一种文化男性气质指数的因素有经济、人口和地理环境等多种因素，但联系最紧密的是地理纬度。

在较寒冷的地区，为了生存，男女都需要掌握复杂的技术，接受较多的教育，因此两种性别的社会差异相对较小，极端不平等的现象根本难以得到维系。与之形成反差的是，气候较温暖的地区，由于生存比较容易，男女之间的相互依赖性不大，女性较多屈从于男性。在炎热的地区，男女之间的相对地位又与寒冷地区相似，因为炎热的气候迫使男人们把更多的精力放在家里。

文化的男性气质与女性气质倾向规范着人们的行为，影响着人们的价值观。男性气质指数值较低的文化成员不注重社会化过程中的性别差异，给予男女较为平等的机会和待遇，在处理人际矛盾时较愿意达成妥协，不推崇强者优先的原则，他们的宗教观念淡漠，对性的态度比较开明。男性气质指数值较高的文化成员重视社会中男女不同的角色，男性获得更多的关注、机遇与报酬，在解决冲突时不轻易让步，求胜欲较强，他们的宗教观念较为浓厚，对性的态度比较保守。

男性气质倾向与个体主义倾向虽然有联系但具有根本性的区别：男性气质是关于"自我"价值的提高（ego enhancement），与之相对应的女性气质倾向于表达相互关系的发展（relationship enhancement），即个人之间的关系。

个体主义倾向体现个人身份，与之相对应的集体主义倾向是关于集体身份，即个人与集体之间的关系。

例 女性可以帮你管理大额理财项目吗？

莎拉是美国名牌大学毕业生，女性，在国内银行工作业绩突出，工作主要内容是处理美洲安全银行与拉美各银行间的关系。为更快提升，她申请外派到中美或南美工作。于是被派往墨西哥市，她很高兴。但工作一个月后，发现客户们总是设法绕开她，而负责人维塔基总是对之视而不见。她提出大家应该尊重她，但主管说：这不可能。后来当着客户的面，主管竟称她是"我可爱的助手""我们的银行家女士"，莎拉抱怨和要求改变。但主管提醒她这不过是尊重拉丁式传统而玩的一种游戏，这里的客户不能理解一个女人如何能担当这么重要的角色。

主管说：我们不可能在一夜间改变他们的想法。你只需表现得好像正在帮我做事，他们就会很好地与你配合，而且这肯定不会影响你的升迁。但莎拉依然越来越不能接受,又找银行副总裁,但他的回答也很谨慎,说服她理解拉美国家女性地位与美国不一样。最后莎拉彻底失望,对客户的态度也日益强硬,遭到部分客户的拒绝。最后她的业绩被评为"中等"。

探讨:这里的文化差异如墨西哥主管竟称她是"我可爱的助手""我们的银行家女士",在美国,前一句可以算性骚扰,后一句可以起诉性别歧视。那么莎拉应该怎么办呢?尊重差异和学会应对:对墨西哥客户而言,让女性处理他们的银行业务,是对他们的不重视。所以莎拉面对这样的客户,就要清楚自己除了业务能力,还要懂得文化和沟通。

文化的差异是系统性的

文化的系统性差异不影响不同文化中的两个个体文化相似

陈国明教授认为文化有四大特征,即习得性、我族中心主义、整体性和动态性。

文化的习得性比较好理解,文化能教会人们重要的日常生活规则,如礼仪、办事惯例、对待时间的态度、如何穿着、何时到达何时离开等,文化能强化人们的价值观。价值观能决定人们的行为规范、思维方式和世界观。文化能教会人们如何与他人相处。比如如何微笑、选择合适的时间拜访、语言使用的规范程度等。

文化的"我族中心主义"在入门篇已经探讨过,每种文化都有"我族中心主义"。因为文化是一种共享知识,它为一个群体的多数成员所认同,决定了他们思维和行动的基本取向。个人有本能的"自我中心主义",文化群体也有集体的"我族中心"倾向。"我族中心主义"是一种利弊同在的普遍现象。

文化的整体性是指文化包含许多要素:核心部分涉及一个国家的历史,人们的身份、文化信念、价值观、世界观等。核心外层是人们的活动、规章制度、风俗习惯、交际方式的范围。最外层是一个国家制度的范畴,如经济制度、政治制度、家庭结构、医疗卫生体制、教育制度以及宗教体系等。

文化的系统性差异需要在此强调一下:

虽然每一种文化都是独特的,但文化之间往往存在着系统性的异同。学者们讨论文化间的异同主要关注的是这种系统性差异,而不是具体个体的文化差异。比如中美文化有明显的系统性差异,但不影响中美两个团队之间的文化或两位个体之间的文化习惯十分相似。另外，系统性的文化差异并不影响系统性的文化相似，这种相似是一种"重叠共识"。也就是每种文化若有持久的生命力，必定是可思、可学、可处的。每一种文化都为相似或相关的人类大问题提供了如何应对的思路和方法，各种有特征和有差异的文化一方面有其特殊的地理和历史根源，另一方面又必须在更广的范围内共享共存。

例 中西画风是系统性文化异同

当我们用文化异同的眼光来对比中西绘画时，我们强调的画风差异，如西方油画与中国画的差异，是一种文化间的系统差异，非文化个体的个人之间的画风差异。现实生活中，既有中国的著名西方油画名家，也有西方国家的著名中国画鉴赏大师。另外，西方油画与中国画以及其他非洲画、中东画、南美画等的差别再大，也都分享相似相通的普遍艺术规律。

例 中西集体主义和个人主义的系统性差异

当我们用文化差异的理论来讨论西方个人主义文化与中国集体主义文化时，我们讨论的也是系统性的文化异同。如中国式个人与集体关系是费孝通先生所说的类似一石入水引起不断向外扩展涟漪的"同心圆""内外有别"的人际圈子关系，中国人普遍拥有类似"大河里的水满了，小河里才有水"的"先集体，后个人"式理解。在这种生活方式和价值体系中，大家都被鼓励着首先考虑集体利益，然后才可能因此满足个体利益。反之，如果一件事大家都做不到，作为"个人"的"我"也只好或只能做不到。而且多数个人都认为自己是没有责任的。

与之相反，西方文化是像稻束麦束一样的"束把关系"，强调的是：整体是由个体组成的。任何规模的一个整体，哪怕只有一个个体的情况尚未改变，整体的利益和形象就都受到了损害，所以每个人的利益不仅都是重要的，而且是平等重要的。集体的事情不仅人人有责，而且逻辑上不分高低先后，因此要鼓励敢为人先和相互监督。

另一方面，这种集体主义文化与个人主义文化的差异并不影响中西之间拥有一些普遍的共享价值观，西方的核心价值观，如民主、自由、平等、博爱等，东亚的核心价值观，如和谐、仁爱、谦逊、自强不息等，都是世界性共享的文明理念。这种集体主义文化与个人主义文化的系统性差异也不影响中西的个体公民在现实生活中更偏好个人主义或集体主义文化。

例 日本的捕鲸问题——地方和国家文化的特殊性不能讲过头

日本的捕鲸历史可以追溯到 8000 多年前的绳文时代。现在每年 9 月,都有名为"杀鲸节"的传统庆祝和开捕活动。日本坚持捕鲸的"借口"仿佛很正当,比如出于"科研需要",比如这是我们的"历史文化"和"悠久传统"。但更重要的是:这些说法都是"我族中心主义",都是将自己的文化特殊性提到了一个对抗普遍价值和时代潮流的地步。

国际上要求日本政府停止公海捕鲸行为的呼声一直很高。最惊险的一次冲突发生在 2009 年 11 月的日本捕鲸活动中。在"世界海洋保护组织"①的船只受到日本捕鲸船的拒绝和冲撞之后,澳大利亚总理决定要将日本告上国际法庭。最近澳大利亚和新西兰两国政府也准备联手抵制日本的捕鲸行为。可见,如果一味坚持这种地方性、民族性文化特色,则会影响国家形象和国家利益,并进而影响各国关系和世界文化的健康发展。日本政府即使认为不能完全取消这种捕食行为,起码也要削减数量,并且是与各国人民一起进行削减,因为这些捕鲸所获的鱼肉产品会送往世界上许多国家,在捕鲸活动中还有一个营销到各国的产品就是送去可以在海洋公园做表演的年幼鲸鱼。

例 研究文化差异性、相对性的现实意义

第二次世界大战快要结束之前,美国战争情报处组织了一个 30 人参加的专家队伍,以调查研究不同文化价值观、民心和士气为背景,讨论如何做好"战后重建"的工作。这个研究组通过对日本民族的心理和价值分析,向美国政府提出了不要打击和废除日本天皇的建议,并依此建议修改要求日本无条件投降宣言的具体措辞。事后证明,他们的跨文化理解和沟通建议在战后日本的改造和重建实践中是十分有效的。

第二次世界大战结束不久,哈佛大学加强了对文化价值差异研究的力度,并与洛克菲勒基金会一起继续资助部分专家组成员在美国得克萨斯州一片方圆 40 英里的土地上针对五个不同的文化社区展开一项大规模的文化差异研究。之后,人类学者佛罗伦斯·克拉克洪和弗里德·斯多特贝克提出了

---

① 世界海洋保护组织(OCEANA)成立于 2001 年,是最大的海洋保护国际性非营利组织,在全球范围内致力于推动保护海洋生态环境。该组织总部位于华盛顿,在北美洲、南美洲、欧洲设立办公室,并在全世界 150 多个国家和地区开展海洋保护行动,拥有超过 30 万名志愿者。

五种价值取向模式（人性、人与自然、时间、活动、关系取向），并强调三大理论假设：

（1）任何时代的任何民族都必须为某些人类的共同问题提供解决的方法。

（2）这些问题的解决方法不是无限的或任意的，而是在一系列的选择或价值取向中的变化。

（3）每种价值取向都存在于所有的社会和个体中，但每个社会和个体对价值取向的偏好不同。

价值观取向理论和文化模式理论提醒我们：各种文化间的系统性差异与系统性相似并不矛盾。文化的多样性和特殊性并不应该影响人类文化或世界文化的整体性和彼此"可处"性。换言之，文化的多样性并不影响文化间必然存在的普遍价值和共同认可的基本法律和制度（行为规范）。

重视文化独特性和相对性，不等于支持文化相对主义。文化之间应该相互尊重，也就是不要只以"我族中心主义"看问题，还要有超越自身文化、从整体人类利益的高度看问题的人类文化整体意识，否则，随着我们各国交往的密度加大和程度加深，我们这个世界的许多公共问题如贫富差距、资源有限、环境变化、气候异常、流行病传播、武器走私等就都无法有效应对了。

"文化基因说"成立吗？

20世纪50年代美国人类学家克罗伯和克拉克洪已经设想：不同文化里是否有像生物世界里"生物基因"（gene）那样的基本而又齐一的"文化基因"？60年代也有文化学者提出把这些可以交流传递的文化微观单元称为"特征丛"（trait-complex）或"行子"（actone）。1976年英国牛津大学生物学家道金斯（Richard Dawkins）教授出版了他的名著《自私的基因》，他在书中已经将生物世界中生命"基因复制"这一本质现象的分析，应用到对人类文化演进机制的分析之中，并为"文化传播的基本单元"或人类行为"模仿"的"基本单位"起了一个名字，中文译为"拟子"（meme）。文化拟子或思想拟子（idea-meme）在传播中虽然不像生物基因复制那样有较高的复制保真度（copying-fidelity），文化的传承和交流过程会出现许多变化和混合，但生物基因的复制必须通过生物体的遗传关系（如父母与子女）来进行，而文化拟子的传播可以在不同地区、民族和社会中毫无干系的任何人之间进行，而且均会如生物基因一样的丰盛繁衍（fecundity）和忠实地自我复制。文化拟子的复制和传播，使得不同文化模式得以保存、维系和传承，而这些"活动"中的文化拟子决定了我们每个人认知世界、把握世界、观察世界的态度、视角、进路、分类和解码方式。①

文化基因说强调的不是种族性和人类团体的集体宿命,而是文化的存在方式与发展方式的一个特殊规律,即与政治体制和经济结构相比,文化的存在和影响,往往具有更大的隐蔽性和潜移默化的特点,文化的发展轨迹和改变方式也相对更为隐秘和细微。无所不在、有形无形的文化也因此拥有更持久的生命力和生生不息的影响力。

每一种"活着的"文化都有内部的"鱼龙混杂"

文化的功能不能被忽视也不能被高估。文化的含义很丰富,文化与文化很不一样,有的文化是野蛮、愚昧、极端、狭隘和狡诈的,有的等级制文化是滥杀女婴、外族人和异见者的。要注意的是,每一种"活着的"文化都是一个自足体,都有内部自平衡力量和调节机制。但这个文化群体中的人一旦离开了自己的"地盘"或者遭遇"闯入者"时,可能就暂时地只剩一副面孔了。

文化作为一个自足体或自洽的系统,作为一种不断演化却又长期稳定的"准生命",它还有一个重要特征,就是为了自身的活力、稳定性和延续性,每个文化体系内部会允许甚至鼓励存在"鱼龙混杂"的局面,不同的亚文化之间会存在"你死我活"的生存竞争。文化要为所有人留下一条"活路"。

如果缺乏普遍的人的主体反思和探测、精英们的有意识警惕和监督,文化自身的存活机制也可能是自以为是、"稳定压倒一切"。这最终会导致文化失去活力、文化基础解体与文化群体没落。

文化不仅仅是习惯,不像衣服那样可脱可换

爱德华·霍尔说:不同的文化是全然不同的生活方式、思维方式,以及形成有关家庭和国家、经济制度,包括人类自身等根本观念的全然不同的方式。

学习不同的文化不能仅介绍奇闻轶事,而要针对问题,解释一面"看不见的墙"的存在和我们老是会撞在"看不见的墙"上的原因。

不能仅将一文化与另一文化进行比较,这只能描述各自的特点,然后说出差异。人类学家知道,还有一些更深层次的区别。对这些深刻的区别不能视而不见。

---

① 参见:韦森.文化与制序[M].上海:上海人民出版社,2003:46-67.

不能像教语言那样地教文化

爱德华·霍尔说：文化制约人们的行为，其方式深刻而持久，而且有许多都在人们的意识之外，因而不受人们的意识控制。外人不管多么诚实正直，都可能无法理解其真正意义。

文化是一个铸模，我们所有人都由它铸造而成。它以许多意想不到的方式左右着我们的日常生活。不要以为全世界要么都一样，要么就是纯个人的选择。

所以，不能像教语言那样地教文化。《菊与刀》的研究结论说明：只要做到系统化，人类学家的见解就能既有分量，又有实用价值。

文化的动态性与变迁方式

什么是文化的动态性或变迁方式？

关于文化变迁与发展的主要成因，陈国明的著作《跨文化交际学》总结了三条：新的发明、灾难和传播（散布）。

通常情况下，跨文化交流与传播主要有三种模式：一是文化适应模式，二是文化变迁模式，三是共同制定全球文化交流规则。

例 为什么日本人现在不应该大规模捕鲸？

如上述日本捕鲸问题，为何一直延续了 8000 多年，到了今天，这种"传统文化"变成了不可以被普遍接受的"文化特殊性"？ 一个重要原因就是人类近代文明发展以来，借用科学技术开发环境既引发了生活方式和生活理念的变革，也导致了环境变化和气候变化，加上科技和信息时代的媒体影响力具有了前所未有的跨文化交流作用，这都促使人们对类似的行为进行全面反省和重新评估，并且必将促使日本人也参与反思和进行文化与传统的现代变革。

例 人类总要在灾难（错误）中才能学习？

灾难是人类文化变迁和发展的重要原因，这方面的例子还有许多要靠新的考古发现来不断证明。就新近有记录的情况看，20 世纪两次世界大战，让世界各国痛定思痛。回想和反省战争年代的诸多细节，人们发现了太多文化和习俗上的致命祸根，于是也一直以此为认识和共识基础，共同致力于改革国家间关系的处理方式,并逐渐建立和仍在发展建设着让全世界人民进行有效合作的"联合国"。

比如艾滋病在 20 世纪的世界性扩散和迅速蔓延,夺走了数量惊人的生命,威胁了众多人群的人格尊严和生存可能,从而让关爱这个人群的理念和"艾滋病日"成为世界性现代文明的重要组成。比如 2001 年美国纽约市两幢世贸大楼发生的"9·11"事件,因其灾难深重而令整个世界都参与反思和呼吁"改变"。另一个案例就是 2002—2003 年的非典型肺炎病毒和 2020 年的新冠肺炎病毒,都促使人们意识到我们的现代生活方式需要再一次地彻底变革。

例 针对日本捕鲸文化的"外来文化传播"

文化的传播和接收总是文化共同发展和变迁的原因之一。

2010 年 3 月 7 日,第 82 届奥斯卡电影奖将最佳纪录长片奖颁给了谴责日本捕杀海豚的美国纪录片《海豚湾》(导演:路易·西斯豪斯),此举很快引起了日本一部分渔民的强烈抗议。海豚虽属于鲸类,但不在国际捕鲸委员会(IWC)管辖范围。如果不是因为看到《海豚湾》,世界上的大多数人甚至是日本民众,都不会知道每年 9 月到次年 3 月,在日本太地町的海湾口上演着怎样血腥的屠杀。鲜血染红的海水中,海豚的悲鸣划破天际。日本太地町是位于日本南部和歌山省的一个小渔村,这里三面环海,风景宜人,到处可见以海豚为标志的建筑、路标和海豚形状的轮船,让初来乍到的观光客都认为,这是一个热爱海豚的小镇。

2005 年,美国海洋摄影师、"海洋保护协会"创办人路易·西斯豪斯跟随世界海豚音学家、知名的海豚斗士理查德·奥巴瑞,第一次来到这个小镇上。他目睹了海豚——这种被认为最能与人类亲近的、具有高智慧的海洋生命如何被捕被杀。三年后,西斯豪斯和他的团队在克服重重困难后,终于将此事拍摄成纪录片《海豚湾》。

2010 年 3 月,影片首度在日本东京电影节上映,导演西斯豪斯回忆说:"到日本参加东京电影节真是太令人吃惊了,我收到了一些来自日本右翼分子的警告,说我破坏商业活动,未经日本警方允许侵入他人领地进行拍摄。不过,大部分日本人还是喜欢这部影片的,我们增加了夜场,放映时听到有人在哭泣,有人惊呆了,觉得羞耻,认为这样的事情竟然发生在我们国家,我们竟然不知此事。"纪录片中,在太地町围猎行动中,部分聪明的幼小海豚被来自世界各地的训练师率先挑走,而剩下的则被渔民们用猎枪和钢刀杀害。它们被切成一块块,部分被当作鲸鱼肉出售,送上了日本人的餐桌,有的则被一些学校用来制作儿童的午餐。

在纪录片《海豚湾》获得奥斯卡最佳纪录片奖后，导演西斯豪斯在后台接受记者采访时表示，《海豚湾》不是要抨击日本，而是"一封致日本人民的情书"，"我们希望日本人民去观看这部电影，自己决定是不是应该食用海豚或让海豚用于娱乐业"。从这段访谈看，导演西斯豪斯拥有出色的跨文化交流意识和素质。

例 中国文化的以不变应万变

宏观地讲，传统中国文化给了中国社会一个"超稳定结构"，这个社会让中华儿女拥有一个比较安全的生活环境，尽管自然灾害不断，人为灾难也不绝，但这个社会不假外求、自给自足、自视"天下"文化之中心的系统之根本没有改变，而且延续几千年不辍。微观地看，中国人社会交往中的人情关系、面子意识和权力认识也一直体现为长期稳定的社会风俗和习惯。

例 利用文化影响力

1947 年印巴分治之后，印度同样受印度教教徒与穆斯林之间冲突的困扰。自 1965 年第二次印巴战争之后，巴基斯坦就禁止上演印度电影。然而穆沙拉夫总统放松了管制，2006 年有两部宝莱坞电影经过层层筛选在巴基斯坦上演：《泰姬陵》和《莫卧尔大帝》，并获得空前成功，广受巴基斯坦人民欢迎。事实上，宝莱坞本身就是一个允许和鼓励印度教教徒与穆斯林之间和睦相处、共同拍摄，同时吸引印度教教徒与穆斯林的电影工厂。《泰姬陵》主演索尼娅·洁汗，既是宝莱坞明星，也是来自巴基斯坦的明星，她外婆是巴基斯坦人。与此同时，巴基斯坦的音乐和电影、诗歌等文化产品在印度是合法的。[①]

问题讨论：为什么文化认同不影响国家间敌视？

美国学者乔舒亚·库珀·雷默在他 2010 年的新书《不可思议的年代》中引用了俾斯麦的一句话："最为深厚的认同感也无法阻挡军队的步伐。"并写道：俾斯麦本人喜爱巴黎，但是他却带兵血洗了这座城市。在中日战争中，日本将官用汉字在宣纸上写出了一页页作战命令，命令将一座又一座中国城市

---

① 马凯硕.新亚洲半球：势不可当的全球权力东移[M].刘春波，丁兆国，译.北京：当代中国出版社，2010：154.

烧为灰烬。许多"反美"的国家领导人以及他们的孩子们都称自己喜欢美剧或好莱坞的电影。伊斯兰世界的许多什叶派教徒喜欢麦当娜演唱的歌曲。在尼加拉瓜，人们可以一边看美国当红电视剧，一边杀死美国代理部队的士兵。

乔舒亚·库珀·雷默因此说：我们不能对文化"软实力"抱有自欺欺人的非分幻想，不要自以为自己的生活方式中一定有伟大的东西，这种幻觉会导致一系列的灾难性误判。比如不要觉得喜欢休斯敦"火箭队"的人怎么会忍心杀儿童；波斯尼亚士兵脚穿"耐克"鞋，但仍可能屠杀平民。①

例 关于国际交往"黄金律"的世界性争论

如果说"己所不欲，勿施于人"是国际交往的"黄金律"。那么"己所欲，施于人"是不是呢？为什么？杜维明教授一生致力于中国传统智慧的全球传播，他在《面对全球化的儒家人文主义》一文中说：儒学对全球伦理的贡献还从未像今天这样得到广泛的认同。儒学的两个基本原则——"恕"和"仁"——构成了普世伦理的基本点，而全球伦理中的"金规则"只是从消极方面确立原则："己所不欲，勿施于人。"这倒是有利于鼓励不同宗教间的对话，避免将某种特殊的主张宣扬成绝对真理。但是，这种规则的消极性应该再从积极性方面给予补充，使其更具人道意味："己欲立而立人，己欲达而达人。"这两个原则是互为补充的，它们可以构成世界上不同文化和宗教间相互对话、和平共处的基础。

探讨：为何在纪录片《海豚湾》获得奥斯卡最佳纪录片奖后，导演西斯豪斯接受记者采访时表示，《海豚湾》不是要抨击日本，而是"一封致日本人民的情书"，"我们希望日本人民去观看这部电影，自己决定是不是应该食用海豚或让海豚用于娱乐业"？这样的说法是指"勿施于人"，还是同时指要用好方法"施于人"？中国历史上真的只有"己所不欲，勿施于人"，没有"己所欲，施于人"的说法吗？

同化、互补和对抗

从历史传统上讲，中国文化在遇到外国文化"来访"时，曾经采取过三种态度：同化、互补和对抗。所谓"同化"，其实就是本土化努力，让外来的东西

---

① 乔舒亚·库珀·雷默. 不可思议的年代[M]. 何帆，译. 长沙：湖南科技出版社，2010：74.

以我为本、为我所用，最后成为被我消化的属我之物。这种态度强调自我文化模式的优越性和宽容度，而实际被采用的外来东西已经被"我"改造，不再是异己的东西了。

"互补"说采用了中国传统的阴阳互补思想，即在外来文化本土化无法很快实现的情况下，就取人之长、补己之短。这种态度承认自己有一定的缺憾和不足，但只愿取其精华，希望去其糟粕，实际上又往往在辨识和择取其他文化的优劣短长之中空耗时间和精力，最终对于基本认定可取的东西又往往仍充满怀疑和警惕。实际这个方式就留下了不协调声和冲突与对抗的可能。

第三种"对抗"态度主要指应对以霸权面目出现的外来强势文化，往往有拼死抵抗的勇气和决心意志；但也常常表现为现代"冷战"样式，即表现为疑虑主动引进的外来文化会良莠不齐，其中的糟粕久而久之会诱发内部的不良文化后果，从而对之产生不满或敌意。除此之外就是政治学中所说的，为了转移国内矛盾焦点，而将部分国家视为随时可能一战的激烈竞争对手，从而不断地喧嚷有针对性的敌意或不满，为的是凝聚内部力量。

征服、掠夺和交流

意大利学者恩贝托·艾柯总结说：西方文化与异文化相遇时，已经产生过三种方式：征服、掠夺和交流。其中又可细分为不同样式。

第一，征服：A 文化成员认为 B 文化成员为非正常人类，并将其定义为"野蛮人"或低等的人类，随之便产生两种可能的后果。（1）教化：即按照 A 文化模式改造 B 文化。（2）毁灭：这正是欧洲文化曾经对待美洲、非洲文化的方式。

第二，文化掠夺：A 文化成员认为 B 文化成员是某种未知智慧的传人。A 文化有可能在政治、军事上征服 B 文化。但他们又十分尊重这一异文化，力图理解它，并将其基本要素纳入自身肌体。

第三，交流：这是一互相影响和尊重的双向流程，欧洲和中国的最初接触，情况正是如此。

小结：无论是中国式同化、互补和对抗，还是恩贝托·艾柯所说的西方式征服、掠夺和交流，都是一些抽象的模式，事实上，在具体的个案中，这些态度总是融合出现的。古今中外两相比照，今天世界的不同文化互动，都不再允许"毁灭"性地征服他者，也不赞成未经同意的文化产品"窃取"和巧取豪夺，更不能容忍相互刻意对抗甚至血腥灭绝"他者"，而是普遍推崇互相影响和尊重的文化间对话和"交流"。

文化作为准生命

生理学家说：一个正常人体在经历 75 天后，身上的所有细胞构成物质几乎 90％全面更新了一次。人的思想也在学习和不愿学习的进程中发生更新。文化作为准生命，与人类肌体和思想的更新机制十分相似。①

文化演化的四种规律

文化演化的一般规律有四种：相对稳定律、协调演进律、同级异化律、定向适应律。

相对稳定律：不受外力影响时，文化的自身演化是逐步、缓慢和局部的，呈现一种钝性或惯性运动。当一种文化受到外力而不得不有所变化时，这种变化也只会达到不改变其基本结构和特征的程度和效果。② 即使是泰勒在《原始文化》中首先提出的"残留文化"，它们也是活的文化的组成部分，而不是脱离现文化存在的化石，它们是"活的化石"。残留文化往往在进化中被简化、装饰化和礼仪化，承担精神性的礼仪装饰的社会功能。

协调演进律：一个文化特点消失或新生，会引发其他相关文化因子的相应变化。

同级异化律：变化只有为更好地生存而量变，文化不发生质变，而是变得更专门化和节约，但也同时可能更难沟通和协调，文化会出现分化，内部凝聚力变得更弱。

定向适应律：生存环境定向决定了文化的调适方向。③

文化的适应往往会带来意外的惊喜

如清朝初期对鄂伦春族的税赋调整，本意是保证王公贵族的豪华皮毛供应，但因为鄂伦春族的人口少、获取皮毛能力有限，于是清政府帮助其输入马匹、枪药和日用品，用以交换更多的皮毛，最后竟让全国的市场都开始营销皮草，因为鄂伦春族的文化也在外力下出现重构，他们获取猎物的能力和商品交换能力都大为提高了。20 世纪后期美国政府鼓励人类学家教育印第安人

---

① 罗康隆.文化适应与文化制衡[M].北京：民族出版社，2007：176.

② 托马斯·哈定，大卫·卡普兰，马歇尔·D.萨赫林斯，等.文化与进化[M].韩建军，商戈令，译.杭州：浙江人民出版社，1987：44.

③ 罗康隆.文化适应与文化制衡[M].北京：民族出版社，2007：133-134.

掌握杂交玉米的种植技术，玉米的产量果然很快提高 20%。但由于这种杂交玉米十分坚硬，相关的高压烹煮方法没有跟进传播，结果印第安人自身文化的调整机制先起了作用，许多人专事于用这种玉米做酒，结果一时间嗜酒成风，印第安人社区出现秩序混乱。①

文化互动中的族际"涵化"模式

文化互动中的"同化"幻想目前已不再有人敢再声张。事实上，文化间的互动免不了强弱之间的互动现实。一般人们会不假思索地以为文化上的强者必然会逐渐地同化了弱者。但文化自身的特点导致了文化的互动是一种相互的"涵化"过程，也就是相互渗透和影响的关系。

族际涵化模式并不是强国强族必定涵化和同化了小族弱国。弱小民族总会在被迫涵化的同时，也部分地延续自己的传统。同时也能逐渐渗透到强大民族的文化之中。中国汉族在中原的潮起潮落中常常会逃到少数民族地区，滞留多年后被少数民族涵化，但他们不一定会同化。他们的后代虽然仅有模糊记忆，但在记录调查少数民族分布时，他们总是希望单列为一个少数民族。可见文化的强弱对比是可变因素，文化互动中的族际涵化取向也是可变的。文化间的"涵化"制衡可能稳定延续，而不仅仅是同化的过程或先导。②

文化的三个层次与变迁方式

爱德华·霍尔认为：文化分正式、非正式、技术三个层次。它们也决定了人们的三种行为模式。例如谈论时间：几点开会（正式）/过一会儿就来（非正式）/特定技术中的时间讨论方式。

又如寒带生存：所有人必须滑雪（正式）/部分人因为爱好而滑雪（非正式）/技术式训练运动员。

正式层的学习是指所有人都应该认同的、训诫和劝告的、双向的学习。比如教与学的双方均在场的，教学内容是非此即彼，只有这样才是对的。学生不断被提醒要这样不要那样。

非正式层学习是指模仿"榜样"的学习，是有意或无意的。人们会说："你长大就知道了。别问，看看其他人是怎么做的。""说不清楚，做多了你就会了。"这种学习是以学习者为主的，"榜样"通常是不在场的。

① 罗康隆. 文化适应与文化制衡[M]. 北京：民族出版社，2007：146-147.
② 罗康隆. 文化适应与文化制衡[M]. 北京：民族出版社，2007：260-261.

技术层学习是指以教学者为主，由教学者的知识水平和教学能力决定，不一定要求如学习基础或能力的前期准备。

文化意识的三个层次

正式层意识：主流文化主要是正式层人群在认可，他们都特别重视传统，有占主导地位的生活方式。爱德华·霍尔认为：美国人往往强调非正式而牺牲正式层文化。

非正式层意识：隐藏的文化，人们不一定意识到的文化。

技术层意识：可记录和传授的文化。

文化的三个层次与人们对待文化变化的不同态度

正式层文化：具有强固性和连续性，满足了所有社会和个人的深层需要，逐渐进入本能，也是其他文化发展的基础，所以改变非常缓慢。正式层文化往往有一定的调整余地，如迟到5分钟或迟到45分钟，如道歉的合适方式等，虽然要求明确，但也有一定的上限和下限。

非正式层文化：由于彼此不清楚，期待也出于无意识，所以很易导致严重后果。比如当中国游客在意大利威尼斯购物时，他们习惯性地想还价，却发现店主立即被激怒了。

技术层文化：改变外围，可以很容易接受改变。

文化的三个层次会处于不断变化之中

比如婚前贞节观，正式观念仍在，人们仍赞誉这种传统的纯洁理解，非正式层有了变体，人们对其神圣性不再强调，技术层是否仍支持？不一定，避孕药和工具很易得到。语言和技术有密切联系，都是既贮存文化，又可成为打开文化监狱的钥匙。新正式层与技术层会出现新的结合。人们不断地在非正式层改变，逐渐上升到技术层成熟，再上升到新正式层。所以爱德华·霍尔认为：要想了解变化，必须注意非正式层发生了什么。——虽然可能是意识之外或无意识的，但可观察或者说可以"旁观者清"。

十、语言文字差异与文化差异

歌德说：要想懂得你的本国语言，你就需要学习外语。

若不是文化支持的"各种障碍"，每个人的创造力远超现在。

——英国量子物理学家戴维·玻姆《论创造力》

象形文字与拼音文字

人类语言的特征

没有语言就没有文化。使用抽象和象征性的语言进行交际是人之为人的重要标志。

要认识中国文化，我们自己也需要通过跨文化交流来不断重新认识汉字与汉语。

与"文化"一样，"语言"也是一个大词，具有多义性。语言在语言学、心理学、社会学、哲学、人类学、逻辑学和信息学中都有各自不同的意义。

世界上的语言虽然多种多样，但都有一些基本特征，如概括性，语言都起到了将复杂事物进行分类和归纳，将无穷无尽的世界进行排序和描述的作用。语言影响了人的认知和思维。根据这一假定，人只能想到语言所允许他想的。

不少学者认为跨文化交流学必须特别重视语言差异的教学。如胡文仲教授就认为跨文化交流指任何两人间的交流，因为每个人在文化上都独一无二。跨文化交流应该重点研究"语篇系统"，因为语言决定了我们的世界观。

每一种语言都有对客观现实的分类方式

每一个语言群体都会认为自己的各种范畴是最自然的、适用于全人类的。如果发现其他人不这么理解，就可能觉得他们是愚蠢的、缺乏逻辑的或反常的。

某一客观现象在语言中既可以被粗略地分类，又可以被细致地分类，分类的层次主要根据这个客观对象在一种文化中的意义和分量；某一客观现象在一种文化圈中的一般意义越重要，其在语言上的区别就越仔细。

一个织得很密的"概念网"说明这一客体事物对相应文化中人的日常生活、思维和行为是非常重要的。

比如雪地上生活的因纽特人对雪的白颜色有多达十几种的具体区分，有100多个词语用来描绘人与雪和冰打交道时的不同感受，因为这对他们的生存是至关重要的内容。

比如传统的阿拉伯语中有6000多个与骆驼有关的词语，分别表述它们的颜色、体型、性别、行走、状态和装备等。这些丰富的概念和词汇目前有许多已消失了，因为骆驼在阿拉伯民众日常生活中的意义削减了许多。

比如土耳其有三个叔叔称谓词和三个阿姨称谓词，分别表示不同的关系。如父系的、母系的、通过婚姻关系形成的。日本有三个不同水平的礼节，并且要求男性与女性各自以不同的方式说话。学者们发现在印度语和土耳其语中，动词出现的频率更高；在荷兰语中，名词和形容词出现的频率更高。由于在认知上动词比形容词和名词更容易提取，不同语言可能启动不同的思维方式。[1]

比如汉语中有极其细致的亲戚关系概念分类，有特别多的人伦道德概念和词汇，《红楼梦》中的许多复杂的人际关系称谓和热闹交际中必须注意的礼节规范，中国人自己也常常是读得一知半解、模糊不清地就"混过去"的。

比如德国学者认为日本人为了避免说"不"，发明了一系列的词语来表示推却和拒绝。对此，中国同学也不妨想想汉语中表示委婉地拒绝和谨慎否定的词汇是否也更多一点。

---

① 彼得·史密斯,彭迈克,齐丹·库查巴莎.跨文化社会心理学[M].严文华,译.北京:人民邮电出版社,2009:188.

语言的消失与文化多样性的消失

根据联合国教科文组织最新发布的《濒危语言图谱》，全世界有 7000 种语言，其中一半以上的语言将在 21 世纪消亡，80％～90％则在未来的 200 年灭绝。相比之下，动植物的灭绝速度慢得多。中国虽然不在语言濒危的热点地带，但中国目前有 129 种语言，其中一半以上的活力都很低，至少二三十种语言处于濒危状态，比如云南的阿奴语、东北的赫哲语、新疆的塔塔语、甘肃的裕固语、中部的土家语等。

语言的死亡通常有两种方式：第一，说这种语言的人消失了；第二，说这种语言的人放弃了自己的母语，转而使用另一种语言。失去一种语言，也就是失去一种文化。

美国语言学家哈里森教授说："想象一下，如果无缘无故的，鲸要灭绝了，或者金字塔要倒塌了，亚马孙森林被砍伐，人们会非常气愤，并且想尽办法去阻止，因为那些是人类共同的遗产，是肉眼可见的。语言是更加古老、复杂精细的人类财富，每一种语言都是一个结构独特的人类存在方式。每种语言都有无限的表达可能性，无限的搭配可能性，它们的词汇、发音系统和语法，以精妙的结构组合起来，比我们手建的任何建筑都更伟大。"当我们失去一种语言，同时也就失去了这种语言中所包含的若干个世纪以来关于时间、季节、天文、地理、海洋生物、医学、植物、历史、神话、音乐，以及种种日常事务的知识和思考，哈里森教授把这些统称为"人类知识库"。[①]

注意：今天人们通用的语词却有不同的含义

德国学者赫尔德和洪堡都曾强调："语言的区别不仅是发音和文学符号的区分，而且是世界观的区别。"每一种语言都用自己的方式来表述社会现实，这种表述本身又是受表达者所经历的历史与环境所影响的。所以，尽管在今天的信息世界和全球化趋势下，各国人民分享着许多基本概念，如民主、自由、平等、文化、资本主义和利润等等，但是它们在不同的国家、民族和文化中的语义是有差别的。这些差异有时一眼便能看出，有时却隐藏不露。所以跨文化交际中会出现误解和严重的误会，一个重要原因就是人们会以为对方使用的语言概念有着与自己一样的意思。

---

① 陈赛.语言的消失意味着什么？[J].晚报文萃,2009(22).

人类语言的种类

人类语言的四个特征：符号表征性、规则性、意义出自说话者、变化性。每一种语言往往还有自己的许多变异与种类：

（1）方言（地方性、社会性、族裔性），广义的汉语包括普通话和方言。汉语方言包括北方方言、吴、赣、湘、闽、客家和粤方言。

（2）混合语或共同语，如联合国开会有约定的几种"国际语言"。

（3）接触语或边缘语，如中式英语"Let me see see.""People mountain people sea."中式词语"Kungfu"（功夫）和"Shifu"（师父或师傅）都逐渐被英语世界的人理解和接受。

（4）术语，如网络术语：酱紫（这样子），9494（就是就是）。

（5）隐语，常被特殊群体用来内部交流、聚合团队和自卫。如市井隐语"吉屋出租"其实是指"空屋出租"。江湖隐语如："天王盖地虎，宝塔镇河妖！"

象形文字与拼音文字

世界上目前的绝大多数文字都是拼音文字或字母文字，汉字是目前仍在大量使用的仅有的象形文字。目前中国西南地区的纳西族所采用的"东巴文字"和水族的"水书"也是仍在使用的象形文字。

也有学者认为"汉字是目前仍在大量使用的象形文字"的说法不够确切，如南京大学哲学系的方蔚林教授就认为："汉字属于表意文字书写系统的词素章节文字，是一种当今世界上唯一仍被广泛使用的意音（logographic）文字。"世界古代语言文字主要有古苏美尔文字、古阿卡德文字、古埃及文字、古乌加里特文字、古腓尼基文字、古希伯来语、古希腊语。早期文字大都经历了象形文字阶段，玛雅文字中的"头字体"和"几何体"也是象形文字。古苏美尔文字是含象形元素的音节文字，古阿卡德人开创了楔形文字。古阿卡德文字的主要类别可分为音节、象形和限定符三种。

拼音文字"逐渐胜出"有许多原因，如简化文字的客观需要，书写工具的改变，诸多民族在跨文化交流中出现的各自"汲取与改造"，原始语言自身的发音特点决定了拼音化发展方向更合适等。古代的音节文字主要有：苏美尔文字→阿卡德文字。最早的拼音文字主要有：埃及文字→西奈文字和古迦南文字→腓尼基文字。腓尼基文字有两个发展方向：一是希腊文字和拉丁文，二是亚兰文、希伯来文和阿拉伯文。希腊文字又朝两个方向发展：往西是拉丁文，往东是斯拉夫文字、波罗的海文字和俄文。

两种符号表达方式：文本位与言本位

汉字具有一定的**超时空性**。比如现代的英国人、美国人看 600 年前的诗人乔叟的诗，比较困难，就像读外国诗。相反，汉族人读 2000 多年前的《论语》和《庄子》却相对容易得多。"学而时习之，不亦乐乎？"即使没有学过古文的人也容易读懂。汉语语素意义的变化比语音的变化慢，用字的变化比字音的变化慢，所以具有一定超时间性。[①]

同时汉字还具有**超空间性**。汉语方言复杂，除了兄弟民族蒙、藏、回、维，还有各种方言，但是通过汉字的书面语言形式，大家即使听不懂也看得懂。

汉字从其字形到意蕴，都受到汉民族文化的深刻影响，无论其形体还是读音都有其文化功能。从符号学的角度看，汉字和拉丁字母看待语言的方式是不同的，它们代表了两种符号表达方式：文本位的意象性方式和言本位的对象性方式。这种不同也极大地影响了中外的跨文化交流。

虽然华人占世界人口的五分之一，懂汉字讲汉语的人口也数量惊人，但是对拼音文字是母语的外国学生来说，汉字结构的特点，汉字部件的表音、表义规律，汉字形音义之间的关系，都是他们学习的难点，因此，如果不采取专门而又有效的对外汉语教学法，许多将汉语作为第二外语的学生会在短期内丧失学好汉语的勇气。与此同时，我们平时会在现实交往和媒体影视上看到许多西方人懂得多种外语，可以自由地跨界跨语言交流，那也主要是由于他们有共同的文字起源，现代语言文字之间的距离相对要小，学习起来更加容易。也有青少年研究者认为，孩子们从小学习太多不一样的语言文字可能过于加重他们负担，但在这点上，以色列的犹太孩子们也许是大家的榜样，因为他们从小就必须学习四种语言，没有人担忧孩子们是否负担太重的问题。目前在学习汉语的意识上，犹太民族也同样是西方世界里最积极的群体之一，这展示了他们特有的超前意识和探索精神。

语言是不断交流互动的，汉字的发展得益于跨文化交流

18 世纪的英国东方学学者 W. 琼斯爵士提出了"印欧语假说"，认为印度的梵文与希腊语、拉丁语、古英语有系统相似性。唐朝时期，中印交流密切，汉语于是需要记录许多"取经者"不远万里从西天取来的"经文"和新思，

---

① 张庆翔，刘焱.现代汉语概论[M].上海：上海大学出版社，2009:110.

于是梵语对汉语也产生了深刻影响。汉语中有大量词语来自梵语：如：Amita 阿弥陀佛，Ksana 刹那，Buddha 佛陀（觉者、知者）。有梵语来源的汉语世俗词语如：

> 烦恼、妄想、入流、奇特、觉悟、瑜伽、世界、现在、因果、结果、庄严、圆满、一笔勾销、一厢情愿、十八层地狱、念念不忘、头头是道……

可见语言其实是不断交流互动的，印度的语言不仅与欧洲的语言交叉，而且也与汉语互动。如果我们有能力和机会收集各种大小语言的词汇进行对比，一定会发现各种语言之间既有差异，也有交叉和相似。所以语言的相互歧视肯定是出于我们的偏见，而不是因为语言自身的粗略或原始。

公元前 3000 年左右埃及和美索不达米亚使用词的记号，与当时的象形汉字大致相同。公元前 6 世纪和 5 世纪，西方的文字开始以希腊字母文字为主，这使得文字学习和传播起来更容易，自然科学和哲学得以普及。大约在公元 6 世纪，因为佛教译经的缘故，梵文表达出来的很多事物，包括思想和意境，汉文往往不能表达，于是新的音调、多音节字和大量新创的词汇产生。向各种人群"宣讲"佛经也促成了半文半白的语录体。

文字对中国社会的影响

汉字到底难不难？需不需要简化或拼音化？这样的问题也伴随着现代汉语言文字的发展与传播。如果从文化自觉和文化反思的角度讲，汉字在中国的创立、革新和现代变迁也是中华文明史的一个重要侧面。

(1)起初，缺乏拼音的方形汉字很难被大多数底层人民掌握。

(2)掌握了文字，继而拥有一定知识的文人，只有进入体制才能生存。所以，汉语言文化的知识和传播长期依附于政治与权力——"文字狱"现象也说明了这点。

(3)传统文人对政治的依赖和与人民的疏离，也使得中国逐渐朝两极分化的社会模式发展。

(4)新中国的汉字简化工作体现的是实现普及教育、落实全民义务教育的社会进步。

谁都认为自己的方式是对的

德国学者马勒茨克说：逻辑性与前逻辑性、归纳性与演绎性、抽象思维与具体思维、以字母为基础和不以字母为基础而进行思维的人，相聚在一起就会产生误解。每一方都会认为自己的思维方式是正常和正确的,并理所当然地期待所有其他人也如他一样地思考。①

二战中美军对日本的"神风敢死队"百思不得其解。结果有学者出面解释说:日本孩子从小必须记忆太多极难的象形汉字,所以脑力消耗太多,脑残的日本人普遍缺乏理性。

语言是障碍吗?

曾有大学进行过一项调研:同样用英语表示拒绝,一组是美国学生,一组是英语流利的约旦学生。

美国学生表示拒绝或道歉时就会用比较简单的词语。但约旦学生就会像说母语一样地用许多话来表达。依照本民族的传统,他们努力将"可怕的"拒绝变得比较委婉,更多地寻求对方的理解,强调以后还有机会,还有相互帮助的必要等。显然,他们想要把拒绝可能带给对方的消极情绪降到最低点。②对许多中国人而言,向他人说"不",也是一件困难的事情。

可见,即使是使用"外语"交往,多数人都仍用自己的母语文化在思考,仍以自己原有的文化习惯在言行。不仅如此,许多国家内部的"文化战争"告诉我们:许多移民即使学会了新的语言,通过了入籍考试,宣誓入了籍,他们内在的文化根性也仍会有意识或无意识地代代相传、源远流长。所以,"语言不通"的交流障碍是外在的、暂时的、容易解决的,文化不通的障碍才是真正的交流障碍。

同一种语言沟通,也会出问题

一英国学者甘佩兹(Gumperz)调研发现,许多顾客认为在咖啡吧工作的印度或巴基斯坦女服务员态度不好。

通过观察他发现,当地的英国侍者在上完一道菜后会报下一个菜名,而且Gravy(肉汤)念的一般是升调。但印度女侍者用的是降调。英国顾客对此降调的知觉是:她态度粗鲁,没有礼貌。于是Gumperz引导她们改变一些词汇的发声语调,顾客的反应就好了。③

① 马勒茨克.跨文化交流:不同文化的人与人之间的交往[M].潘亚玲,译.北京:北京大学出版社,2001:144.

② 严文华.跨文化沟通心理学[M].上海:上海社会科学院出版社,2008:53.

③ 严文华.跨文化沟通心理学[M].上海:上海社会科学院出版社,2008:57.

例 英国 BBC 接纳"方言英语"

2005 年英国 BBC 开始一项重大变革,那就是正式招聘了一些带有"苏格兰腔"和"威尔士腔"等不同地方不同阶级口音的播音员。大家都知道 BBC 向来标榜字正腔圆的"女皇英语",是英式英语的标准尺度,因此其他国家的人常常通过收听 BBC 节目来学英语。但是 BBC 发现它在维持标准之余却造成了一个很严重的副作用,那就是间接催生不少地域偏见和阶层歧视,不利于社会和谐,也跟不上全球化时代英语发音正在日渐纷繁多样的趋势。所以他们做了一个破天荒的决定,让各色各样的方言口音涌进这个重要的平台。其实只要是在一个可以听懂可以沟通的范围之内,不同的口音和不同的地方俚语不只可以促进宽容与理解,更能够激活和扩张标准语的生命与内容。BBC 这个极有远见的改革应该可以为我们带来一点启示吧。①

中西文字差异与学习方法差异

汉字:目治、形入心通、望文生义。

英文:音治、音入心通。

由于汉语与其他许多拼音文字的明显差异,所以,要让汉语不难学,中国人需要努力创新我们的教学法!如:中国人学英语,需要多听,外国人学汉语,应强调多看,应与中国的书法、武术一起学。

在汉语的留学生教学中,中国老师发现"老外"写字的问题很多。对中国小学生必须教授其正确的拿笔方法和书写姿势,初学者的书写纸采用田字格、米字格、回字格,为的是保证汉字的重心平稳,布白均匀。绝大多数的留学生则写字姿势极为随意,或拱肩、撑腮,或侧身、歪头,作业本也随之歪斜,这样写出来的汉字多数是不方正、不整齐的,而且也说明留学生缺乏汉字式的整体和结构意识,需要强化他们对一个字的视觉形象认知,而不是让他们去死记一个字的笔画和部分组成。

汉字的规律是符合人脑科学的

脑科学家们经过实验发现:象形汉字对人类的右半边大脑开发多,学习汉字的人擅长视觉、直觉、整体、音乐舞蹈、情感、形象、联想、点式逻辑。

---

① 梁文道.方言与口音的政治学[EB/OL].(2007-01-18)[2021-10-23].http://www.sina.com.cn.

相比之下，音素文字对人类的左半边大脑开发多。学习音素文字的人擅长听觉、语义、时间、递进式思维、分析、形式逻辑、数字、数学。

日本一位人士因严重车祸而幸存，不幸的是他的大脑之伤难以痊愈，出院后他产生认知上的"选择性障碍"：对日文中假名认知能力丧失，同时对汉字的识别能力完好无损。因此医生知道：他伤了左大脑，但幸运的是他的右大脑完好无损。

汉字大都左形右声，如：粒、指、扑、济、孩、防、饭。脑科学研究结果发现，左右眼视野与左右脑的活动规律是：大脑两侧分别对身体的另一侧行为负责，所以左脑负责语音功能，右脑专司字形功能。

汉字、西文都符合人体机能发展规律，但初始"软件"设计不同，影响其后来的发展方向。

中西语言观对比

语言上的差异也是宇宙观和认识论上的差异

有过"新东方"教或学体验的人都知道：新东方的教学理念就是强调学习语言也是学习文化，鼓励中国学生明确地意识到，学习外语也是通过异样语言学习为自己增加一种生活方式和思维方式。新东方招聘老师为什么都选幽默风趣、口才惊人之辈？因为这才是英语式的讲话方法。他们为何都再三强调思维方式的转变？因为你不换一种角度理解问题，你就答不出托福的问题，写不好英文的考场论文。

语言观上的差异也是宇宙观、认识论上的差异。

语言文字上的"有"和"无为"

海德格尔说：语言是存在的家园。洪堡说：语言是把人与其他生物区别开来的根本标志。人之作为人，就是因为人会说话。语言研究是一门现代学问，其特点是强调"言语"是一种社会行为。语言学研究发现：古代的中外哲学家、思想家都主要将言语当作一种存在、一种行为。中西古代哲人都认为言语能"生成万物"和"创造万物"。如《圣经·创世纪》：太初有言。意指太初有语言，语言与上帝同在，语言就是上帝。如中国的老子曾说：无名，天地之始。有名，万物之母。

但在古代中西圣哲都承认语言是"存在"和"有"的同时，西方选择了"有"和"有为"，认为"有"和"为"高于"无"和"无为"，中国则选择了"无"和"无为"，主张对言语采取谨慎态度。

正因为选择了"有为"，在西方世界，言语是一种可以"做事"的施为之力。比如古希腊时期，雅典著名的演说家安提丰初到雅典时，生计窘迫。就在市场附近租下一间房，贴出布告说他能用语言治病。病人来访后，他问明病因后就用"话聊"安慰和疏导病人，然后收取费用。而在中国老子的笔下："道可道，但不可名。""言之无益"，"无之道……不言而善应"。中国的老百姓因此常说：言传不如身教。言多必失、祸从口出——由于言多必有得有失，不如尽量少言，同时遇到"言多之人"，中国人也容易对之有点鄙夷。

如果说西方人认为能言善辩本身就表明人对事物的清楚认识和掌握，那么中国人更多地将语言视为一种人际交流工具，虽然说语言和言说也可能是认识"道"的途径，但在中国古人看来，人言是"低级"语言，是根本无法与神圣的大"道"相提并论的。在"道"面前人需要谦卑地请教，应该不断地领悟、参悟或顿悟"道"的真经和大义。人类可能通过语言这一工具与世界沟通，但在世界面前，人类也可通过无语的心灵默契、心灵感悟与世界万物进行"神交"和"意会"，所谓"心领神会""尽在不言中"。从跨文化比较的角度看，两者各有利弊。

当然，在今天的信息时代、传媒时代，受跨文化交流的影响，中国人的风俗习惯也在发生明显变化，今天的中国各类"名嘴"、"名主持"和"大嘴巴"也已经成为各类"明星"，今天的中国大学生也已经成为"辩论赛"的热衷者、演讲课的踊跃报名者。不过与西方国家相比，中国人仍是"偏好"谨慎言论的，对关键时候的"沉默"功能和好处也有文化习俗上的认同。

说话吧！vs 言多必失！

中西都很重视言语，但西方语言学更重视平等的人之间的相互言语作用。语言是劝导说服的工具。亚里士多德说：修辞学是人人应该掌握的学问。霍布斯说：雄辩就是力量。因为雄辩就好比深谋远虑。"说话吧，让我们能认识你的本质！"这句西方古谚说明在个人主义文化背景下，人们喜欢表达自我、好争论、直言不讳。——中国人看西方人的言语方式若发生误解，就可能视他们是"夸夸其谈"的。

中国更重视"名正言顺""圣言不可逆"和普通人的"言多必失"，中国人以"不争"为美德。因为中国式集体主义文化是他人取向，与人交际时讲究"察言观色"，对语境和环境的特殊性和"提示"高度敏感，对说话者和听话者的心理及完整意图重视且进行不断的暗中解读。所以一般人说话都喜用客气话修饰真实意图，有点"模棱两可"，但又希望对方一定能感到、猜到或领悟自己的真正想法，然后双方都不伤和气、都有面子，都体现出礼貌和善解人意。如有人不按这样的习俗做的，则可能成为"话不投机"的陌路人；反之，就是心意相通、心照不宣的密友。——西方人看中国人的言语方式若发生误解的话，就可能觉得"中国式解读"常常是传播学所谓"信息译码被扩大"，是对他人意见的过度解读，甚至觉得中国人缺乏明确表达意图的能力。

中国人需要学善辩，西方人需要学善听

正是由于西方拥有这种能言善辩的传统，所以在今天中国与西方的外交谈判桌上，西方总是先挑起话题、设定议题的一方，中国总是被动应战、拼命解释的一方。有时换过来，中国总是主要释放善意、表示友好的一方，西方总是显得傲慢、斤斤计较的一方。因为中方的善意都是一些比较抽象的概念和意愿，西方的回应总是在回应善意上很简单，随后则要针对一些很确切的问题强调一下尚未实现的目标，于是中方希望的友好氛围就总是"有去无回"。

在双方的唇枪舌剑之中，西方发言者们往往能娴熟地运用修饰技巧，用清楚的概念进行激烈的问题争论和有说服力的问题分析，而中方的反应一般是先寡言少语、察言观色；待对相关形势有充分把握之后再顺应潮流，以不变应万变的传统方式一并回应。这种反应模式在外人看来是很被动的，甚至在中国当代年轻人看来是很软弱无能的。这也是中国外交风格总被一些热血网民讥讽的文化原因。

不过，相信随着英语成为中国众多年轻人的第二语言，中国人用语言争论和说服人的才华也会与日俱增。同时，随着中国的国际地位提升，中国式谨慎言论的习惯也会得到越来越多的认识和尊重。

语言观差异与交流认识差异

中西言语交流的目的差异

在孔子的学说中，人人都可以通过道德伦理、内省与反省，共同建立一个

以等级关系为基础、以相互责任关系为纽带的和谐社会。在这样的社会中，言语交流的目的不是交换信息、彼此沟通、说服他人、影响他人，而主要是实现和维持"关系"——和谐的社会关系。

对比之下，西方人对人际言语的交流要重视得多。西方文化作为"低语境文化"，十分强调每个人要将自己的交际意思表达得尽可能准确和确切，对复杂的事情和人际关系，更需要用精细和周密的言语形式去传达和沟通。

例 中国留学生在外国签合同要确切理解文字意思，不能"想当然"

20 世纪 80 年代，中国一位留美女学生找了份看护一位美国老太太的工作。合同上说明由该老太太提供食宿。中国人一般认为"提供食宿"两词就足够了，结果她去了以后才知道住的房间小得不能再小，吃的更不用说了，有时是老太太从宠物食品店购来的狗吃的东西。

这位留美女学生后来才明白，当时订合同时，就应该明确住房的大概面积和一日三餐的大致内容与价值，甚至可以写明三天主食不重复等极为具体条款等，也就是说一定要将合同的每一条款都写得清清楚楚、看得明明白白，不能想当然。①

中国古代为什么不兴论辩术？

论辩艺术是古希腊最重要的文化遗产，对今天的西方教育重视从小培养孩子们的演讲能力和交往能力有直接的影响。古希腊盛行的论辩、演讲、辩论、辩认，都是为了通过说服别人达到改造社会的目的。为此，还建立了一门专门劝说和说服人的学问——**修辞学**：研究劝导方式的学问。

中国古代也有**"诡辩术"**（一听就是个贬义词，其实功能与西方早期的言说能力探索相似），但仅在现实中运用，仅在密友和亲近中口传，不在文本上记录。为的是防止被太多的人使用，败坏"不争"的和谐社会风气。

中国古代在语言上也喜好"美文"，像庄子的文采一直被众人仰慕。但由于中国传统的谨慎言语态度，所谓信言不美、美言不信，善者不辩、辩者不善，道不可言，言之非也。所以最后"美文"往往成为"门面"和"装饰"，而非西方式修辞学。

---

① 严明.跨文化交际理论研究[M].哈尔滨：黑龙江大学出版社，2009：41.

对抗是动力还是破坏力？

当代中美外交对话中，美国人将对抗和争论当作一种文明得以发展的动力，中国人则易将公开的争论和对抗理解成双方关系不和谐、彼此矛盾、对立。

显然，"对抗"在中国舆论中肯定是个贬义词。中国一直将正心、修身、人格修养和语言高度结合于一体，讲究天人合一、知行合一、言行合一。在人品与言语的关系中，将前者视为实质，后者视为表征，前者决定了后者。不仅听其言还要观其行，而且不言而善行，则境界更高。

中国人以"不争"为美德，有德者必有言，有言者不必有德。善者不言，言者不善。知者不言，言者不知。知之为知，不知为不知。——不知者多看，而不是多问。君子欲讷于言，而敏于行。刚、毅、木、讷，近仁。但是，现代社会、市场经济、职场打拼、体育竞赛、大脑风暴……中国人正越来越习惯于激烈争论，学习公开的对抗和激烈的竞争。

认知心理学上的语言、文化、心理认知的关系

心理认知影响语言的产出和对文化的理解。看一下埃利诺·罗奇斯（Eleanor Rosch）等人的"优先"实验：通过询问某一词语是否属于某一概念来证明这一词语是否是这一概念的最佳代表，如询问"苹果"是否是"水果"。实验结果表明：显然对于美国人或英国人，"苹果"这一词语属于"水果"的可能性大于其他词汇。但对于突尼斯及其他北非国家的人来说，"枣子"更具代表性。[①] 笔者在浙江大学"国际中文教育"研究生班也做过类似的课堂调查，发现绝大多数同学的"第一水果选项"是苹果，因为苹果的保鲜和运输相对容易。但对一些偏远地区的同学来说，则可能是橘子和葡萄，对一些东南亚留学生而言，是香蕉。在"第一蔬菜选项"和"第一运动选项"上，班上同学也呈现了丰富的答卷内容。

这说明文化背景不同对同一概念的认知界定不同，因此语言的产出就发生了差异。

例 语言与抽象的主观事物认知

中美在股市中的色彩指示是刚好相反的，美国人的股票上升指示色是绿

---

① ROSCH E. Principles of categorization[J]. Concepts：core readings. 1999，189：312-322.

色,中国人则是红色。红色对中国人而言是喜庆和吉利,但在一些西方人看来是危险和警告。

可见文化差异也对主观事物的认知产生影响,不同文化背景的人对同一符号或信息的认读存在差异,因此选择不同的语言进行表达。

语言决定论与相对论

语言决定论认为语言不仅反映和传达,更是人类思想、信仰及态度行为的塑造者。从沟通的角度看,因为一个人不可能有足够的能力,有意识地或完全地操控自己的语言,所以语言差异是跨文化沟通易产生障碍的重要原因。

语言相对论则认为:语意差异不应夸大。全球性的交流与人类在生理、心理、社会特征上的相似性,让不同语言具有共通性。

语言文字与文化价值偏好

王力:汉语是人治的,西语是法治的。

如前所述,语言观上的差异也是宇宙观、认识论上的差异。中国的汉字是直观体验和形象思维的,例如"日"与"⊙",理念因此是天人合一和主客统一的,英语中的"sun"与"⊙",则是主观与客观的差距较大、主客二分的。由于上帝的归上帝、恺撒的归恺撒,所以恺撒的世俗世界就必须依照神法、自然法建立一个人为法,以法治国。

中国式主客统一的文字和思维模式也导致中国人更擅长和喜好综合思维和整体思维。如号称的"三大国粹"的京剧、中医和国画就都是综合的。

中国京剧的"唱念做打",若在欧美世界,就必须分别以歌剧、话剧、舞剧、杂技(武术)分门别类。

中国的中医:五脏六腑,内外互动,辨证施治,望、闻、问、切。中医不仅治病疗伤,而且还综合考虑地理山水之风水、天气之节气、季节之变幻、人体之脉搏经络、个人与家族的饮食起居习惯等。中医强调要全面理解自然、生命、养生和健体的内外关系。

中国的国画也是融琴、棋、书、画、诗词、篆刻、笔墨纸砚等为一体的"大学问"。最高境界就是诗情画意。

汉英"以神统形"与"以形统神"的差异

从哲学意识萌动的时候起，中国人就始终将人看作是世界和宇宙的不可分割的部分，而不是中心的部分。中国人很早就看出人与世界的自然关系和人文关系是你中有我、我中有你，无法截然分开的。人与世界的关系绝不是单面的，而是全方位的。体现和维系人与世界的这种多方位关系的语言，因而也非纯粹的符号系统与工具。语言也体现了天道，表现了人性。

与英语相比，汉语具有非形态的人文性。"以神统形"还是"以形统神"，这是汉英两种语言在语言组织、表达、理解上的两种精神迥异的组织方略。英语"以形统神"，所以将句法、语义信息都交代在裸露的、丰满的形态变化上，句子的所有重要词项都必须出现。汉语"以神统形"，则句子的句法、语义信息都是隐藏的，句首连续出现的主题语和句中连续出现的动词都没有结构标志。句子在句法上的限制不清楚，重要的词项又往往可以人详我略。

如果说英语的句子是视点上固定、形态上自足、关系上完整的一句话，那么汉语的句子是视点上流动、形态上松散，内容上完整的一句话，即一件事。比较而言，英语在结构上是一种可以做客观、静止的形式分析的"形而下"语言，汉语则是必须联系交际人的主体意识、语言环境、句子表达功能做动态的意念分析的一种"形而上"的语言。如果说英语的分析途径是说解的话，汉语的分析途径则是发现。①

国画与汉语：都"以神统形"

汉语是偏重心理、略于形式的，所以无法用西方语言学的分析方法来解释。汉族人在哲学上重领悟不重形式论证，在艺术上也同样注重"以神统形"。

启功先生举例说：中国古典绘画常画有一把茶壶和一个茶杯，然后画面上题字："陆羽高风。"如果画的是一把酒壶和一只酒杯，则题"陶潜逸兴"。这就像汉语的句子组织，没有人，人们却可以意会到施事语（主语）；没有画茶或酒倒入杯中的过程，人们却可以意会到运作语（谓语）；杯中不画有色的茶或酒，人们却能意会到宾语。壶口不一定向着杯，甚至壶柄向着杯也不要紧，这又很像语序灵活的汉语句子，词语组合方便，只要语义搭配上、事理上明白，就可以粘连在一起。②

---

① 申小龙.汉语人文精神[M].沈阳:辽宁教育出版社,1990:360-365.

② 启功.古代诗歌、骈文的语法问题[J].北京师范大学学报,1980(1):33-44.

例 直观、感悟的汉字

与拼音和字母文字的英语"抽象思维"相比,汉语是一种强调直观和感悟的"具象思维"。如《说文解字》中说:颠、巅(顶部、头部),人之顶,诸山之顶,山巅、树颠,人处于巅峰状态。天,颠也。……颠者,人之顶也。以为凡高之称。邢福义在《文化语言学》中分析说:(1)古代人从表象和整体上把握反映对象。将人顶、山顶、树顶都看成和谐的统一体。(2)古代人从天人合一的观念出发,把人类与自然看成同类。(3)古代人善于"类比",以共同特征来对事物进行分类,"物以类聚"。①

彭凯平教授说:我们最近也发现中国人在金钱价值判断上受道德判断影响非常大,如果这个东西是一个有道德的人拥有的话,则价值评价偏高,如果是不讲道德的人拥有,则价值评价偏低。在西方人看来,金钱与人是两回事,一笔同样数目的钱,放在"好人"手上是多少,塞在"坏人"的口袋里也是多少,不会因人而异。而中国人之所以会觉得不一样,是因为我们的文字就"天人合一",让我们的潜意识有这种联想习惯,不像西方文字的"物我二分",人头与山顶肯定是两个完全不相干的词。(彭凯平:"文化与心理:探索及意义")

不同语言的美学意蕴

> 青蛙古池塘
> 跳在水中央
> 扑通一声响
> （日）松尾芭蕉(1644—1694)《古池》

在日本文学中,这是一首直觉思考下的千古名诗,中国翻译家、诗评家飞白教授说:《古池》这首俳句的奥秘就在于完全消解了目的性。没有"意义",只是一个意象、一个音,塑造的是此时无声胜有声的安静和禅境。日本学者铃木大拙认为它是一个当下贯穿读者深层意识的佳作。甚至认为池塘就是作者本人,它与作者化为一体,代表一个"绝对的整体性"和"绝对的认同"。这正是所谓佛教的空境和真如。总之是典型的东方智慧和特殊思考形态。对一个西方人而言,如果他或她对东方式人际关系不熟,或因为东方写作中

---

① 邢福义.文化语言学[M].武汉:湖北教育出版社,2000:107-122.

大量省略的细节，可能一下子对松尾芭蕉的这首名诗读得"丈二和尚摸不着头脑"，或者品不出这首小诗的言简意赅和深邃意趣。

汉语言文字与汉文化价值取向

中文的俗语、谚语、谜语及诗词中有许多典型的中华文化价值取向，如：重社会和家庭和谐——和为贵、家和万事兴；祖先崇拜、固守家园——落叶归根、子孙满堂、慎终追远……汉语言也强调了中国的家庭内部层级关系与亲族系统：君臣父子、夫唱妇随、百善孝为先，堂兄表妹、姑丈舅母……

汉语中有丰富的华人价值观：忍辱、耐劳、合作、义气、谦让、乐天知命……

汉语中也有明显的等级观和内外有别意识：汉语中将人际关系按辈分、年龄、性别三个依照顺序进行区分。同时明确内亲外戚，如堂、表、娶、嫁、内人、外子等，在这个明确的区别中，亲亲、尊尊，也就是规定了要与该亲的人亲，尊该尊的人。长幼有序、里外有别。

这些字词的频繁日常运用，已经使得这些价值取向成为我们普遍的潜意识和交往与合作中的潜规则。

汉语中哪类词汇特别少？

汉语中哪类词汇特别多？应该是命名复杂大家族人际关系和表达"聚合离散"之人情世态的词特别多吧。哪类词汇特别少？应该是理性的、抽象的词汇特别少。

不同语言是各有所长、所短的。如拼音文字的抽象思维色彩更强。字母一般说来是没有专门的意义，可以表示非常抽象的一般性关系，如用 X、Y、Z 来表示未知数、未知量。英国量子物理学家戴维·玻姆（1917—1992）在《论创造力》一书中说：形而上（抽象）即"一切皆 X"的缄默表述。汉语相比之下就特别缺少这样理性的、抽象的词汇。比如：中国宋代数学家李治的"天元术"，用"天元"表示未知数。元代数学家朱世元用"四元术"（天、地、人、物）表示四个未知数。于是就很难再提出第五个"元"，象形文字总有专门含义。这也说明西方式假设就是从"没有""无任何可能"开始，而中国的假设是从已有的东西中选择。一些法律学者也提出，目前中国制定法律法规的时候，常常无法用已有的汉语词汇，制定出像西方法律术语那样能精准表述的条款。

汉语和英语词汇的文化意蕴

汉语是先整体,后局部,先名称,后实质

如:树、花、鸟、兽、天、地……树:白桦树、香樟树、桃树、李树……花:桂花、兰花、菜花、杜鹃(花)……中国思维方式擅于综合归纳,西方长于解释分析。"前者横向铺开,注重事物的相互关系和整体把握;后者纵向深入,注重事物的分析解剖和个体研究。"①按照这个规律去看汉语和英语中的名词,不难发现汉语的名词常常有大的类别,英语则各有各的名字。中国人的整体性思维方式也体现在讲名词的类别,如所有用来书写或者画的工具都可以叫作"笔",不同工具根据自己的性质或者用途被命名为铅笔、圆珠笔、蜡笔、毛笔、粉笔、眉笔等。所有有轮子的运输工具都可以叫作"车",自己动的叫"自行车",喝汽油的叫"汽车",大家都可以坐的叫"公共汽车",还有缆车、行李车等等。

对比英语的特点,我们可能会发现汉语缺乏对特殊性的细分和重视。比如汉语的一种说法:香花与毒草、育树与育人。其实有的草也是香的,有的花也是毒的。育树容易育人难,其实有的树也是很难育的。

汉语使得中国人考虑问题的顺序是:从大到小、从他们到自我。中国社会强调群体意识,常常说"我们";西方文化追求个人竞争,注重个人的体验,常常说"我"。中国人在决定自己的行为时,十分注意他人对自己行为的反应,尽量避免社会背景中的惩罚、冲突、拒绝和报复。西方人在决定自己的行为时,更多地考虑自己的标准,把实现自我作为首要目的。

例 汉英"隐形眼镜"的不同意蕴

"隐形眼镜",英文是"eye contacts"(eye 为眼睛,contact 直译为接触),是纯客观的事物描述。西方人注重个体的感知,常常在想"我是怎么看世界的""我看到的世界是怎样的",这个东西与眼睛直接接触,所以英文叫"eye contacts"。

中国人注重群体中自己的位置,注重他人对自己的看法,常常在想"别人

---

① 连淑能.英汉语言文化对比研究[M].北京:高等教育出版社,1993:10.

是怎么看我的"。别人看过来的时候看不见这个东西，是隐形的，而这个东西的作用符合眼镜这个大类别（符合上文关于思维方式和名词大类的论述），因此汉语叫作"隐形眼镜"。

汉语的同类归并

如：风雨、冰雪、禽兽、草木、根基、学习、手脚、头脑、思想、差错、错误。

影响：中国人思考事情喜欢"类比"、简单归纳、捆绑、集体语气，如"我们认为"、阶级兄弟、同门子弟……同乡、同宗、同学……第三世界、发展中国家、以美国为首的……有的归纳是有必要的，有的则不过是"我族中心主义"的话语方式。

对比：**不能归类的强大个体**

尼采在致斯特林堡的一封信中谈道：个性是一个人成为人的标志，没有个性的人等于零。

尼采和斯特林堡的朋友、评论家勃兰兑斯更进一步地说：无数个没有个性的人加在一起还是等于零。

中国学者的评论：这种天才论以大众为死敌，毫无沟通的可能。

汉语的对立统一

汉语中的多少、迟早、彼此、是非、高低、上下、阴阳、对错、东西、南北、左右、乾坤，太容易忽视对立、矛盾、冲突，也太容易统一。如：物极必反、相反相成、以顺待逆、以逸待劳、以卑待骄、以退为进。

对比：**瑞典戏剧家斯特林堡说：正与负是永远矛盾的**

瑞典戏剧斯特林堡在 1984 年出版的短篇小说集《结婚集》的前言中说："两性之间会产生友谊吗？友谊能持续下去吗？只能说维持在表面，因为两性间天生彼此为敌；'＋'和'－'永远是矛盾的，正电和负电是敌对的，但又要凑在一起，互相弥补。只有在兴趣大体相同和看法大体一致的人之间才能产生友谊。"

斯特林堡晚年得了癌症，很快进入晚期。他在医院给他 10 岁的小女儿的信里说："我亲爱的小女儿！谢谢你给我捎来的红花！但是不要来看我。这里有很多药瓶子、医生和让人讨厌的事，没有什么好玩的。你正年轻，和年轻人一起寻找欢乐吧，不要为一个只想赶快死的老头子伤心。"

汉语的虚实相应

如：嘴巴、泥巴、桌子椅子、木头石头、甜头苦头……

留学生学汉语常见错误：妻子/夫子？儿子/女子？

对比：中国外交常用的虚实相间表达法——我们原则上同意××，但仍根据××，保留××的权利。

汉语的声韵协调

如：人高马大、土里土气、糊里糊涂、可口可乐……魂断蓝桥、鸳梦重温、碧海蓝天、廊桥遗梦……有大量的外国电影、外国产品、外国品牌被翻译成中文时用四个字的题目，因为这样我们才能记住和喜欢。

留学生学汉语常见错误：假日写成休日，堂堂正正写成正正堂堂，衰老写成老衰。留学生会问：它们的结合和次序有规律吗？规律就是要感觉对、听上去好，因为你们已经习惯了这样？

汉语表达的等级和尊卑观

一个与一位有差别：好几位犯罪嫌疑犯？是一个好领导？你的汉语水平太差了！一匹、一头、一条、一只……你总是出错。男女、公母、雌雄、父子、夫妻、男女、长幼、老少……雅俗、荣辱、生死、治乱、安危……好的总在前面？

留学生的问题：为什么汉语只能是中美、中日、中英、中法，但法美或美法，印美或美印都可？

例 中英翻译中常常找不到相应的词

有的英文在翻译成中文的过程中会因为相关词汇太多而难以把握。如depressed一般译成沮丧，pleasure一般译成愉悦；但depressed也可以译成情绪低落、心情恶劣、心情很坏、泄气、丧气……同样，中文的"很高兴""快乐""喜悦""欢欣"也可能译成pleasure、happiness、enjoyment、merriment、delight、gladness等。

另一种情况就是根本无法翻译。如中国的孝的内涵有15种之多。①

敬爱双亲/顺从双亲/谏规以理/事亲以礼

---

① 杨国枢.中国人孝道的概念分析[M]//杨国枢.中国人的心理.台北：桂冠图书公司，1988：39-74.

继承志业/显扬亲名/思慕亲情/娱亲以道
使亲无忧/随侍在侧/奉养双亲/爱护自己
为亲留后/葬之以礼/祀之以礼

简言之：filial piety（孝顺）是译不出这么多意思来的！

最难译的汉语词汇不妨采用汉语拼音?

最难译的汉语意思除复杂的"孝"之外还有：阴阳、关系、面子、人情、客气、风水、气、仁、义、礼。中国人的厚道、王道、霸道、悲秋、怀古、知遇、落魄，都根本译不出来，用一个英语单词是解释不清楚的。学者们建议在需要外译时用拼音。

非语言的表达与交流

非语言与语言交流的异同

如前所述，人类交际的主要特征包括：动态性、不可逆转性、符号性。

制造符号是人特有的能力，符号可以是语言的，也可以是非语言的，可以是任何一个代表意义的语词、行为或物体等。非语言的信息不仅包含人之言行和产物，也涵盖建筑、山水、花木等外界环境所可能产生的意义和讯息。相比之下：(1)语言可控，非语言如眨眼、喜怒等就更可能是情不自禁的。(2)语言表达是一次一字句，非语言则可能同时释放很多信息，如一个轻轻的点头，往往还包括面部和肢体的其他示意。(3)语言可能因为地域和国家有别，无法沟通，非语言更加无国界和超越文化差异。(4)人类使用非语言比学会一种语言更早，人出生时的大哭声就开始尽情表达了。(5)非语言更多地表达了人类的情感。

霍尔: 东方人更多地借助非言语的表达方式

爱德华·霍尔认为，东西方文化各有其长处和缺点：西方以个体为定位和线性逻辑思维为主要特征，注重效率，擅长分析，但有武断和片面的倾向；东方以集体为定位和整体性思维为主要特征，侧重人性化的社会关系，利于整合，但有较大的惰性和非理性的成分。两种文化成员在交际中选择不同的语言策略，西方人更多地使用语言媒介，东方人更多地借助非言语的表达方式。

很多人觉得，语言无疑是跨文化交际最重要的工具，较多地使用语言必然导致更好的交际效果。然而,事实并非如此。"文化的悖论就在于语言这个最常见的、描述文化的系统在本质上不能胜任其职。"语言既是交流的桥梁,也是障碍。

沉默寡言:非语言交流与文化差异

如果在保龄球馆打球,中国人可以做到在朋友打球时,安静地坐在一边看他打,然后等待轮到自己上场。这样做是对朋友的尊重。

如果是欧美文化圈的人,一般情况下,一个人在击球时,其他人会在一边热烈地聊天。若让他们几个人仅仅坐着看、连续几秒钟每个人都一言不发,可能是无法忍受的。

所以,仅仅看到一个人大声说话,说话时肢体运作幅度大,就以为他好斗尚武,而一个人比较沉默和说话含蓄,就以为他内向或温和,这都可能是文化之习惯成自然的表象。

例 微笑作为表达的理解差异

尽管一般说来笑表示心情愉快,这是人类共同的。美国人认为笑总是表示高兴、情绪高昂或者认为某件事很滑稽。但日本妇女因为慌乱或尴尬而微笑,美国人就感到不理解。

目前我们对非洲的了解很有限。我们常常在纪录片中看到:很多非洲的孩子追着本地罕见的外国人或蒙着一层厚厚沙漠尘土的新款汽车,一路奔跑,一路欢笑。许多去欠发达国家或地区当志愿者,或者是去救灾、建立诊所,或者是去教授语言课参加其他援助项目的人们,他们回来也总会说:"那里的人什么都没有,但他们很快乐!""非洲的孩子们非常可爱,非常阳光!"那么这些"外来者"为什么会这样说呢,因为他们看到了很多笑脸,因为他们觉得当地人或者微笑,或者大笑,还特别的"热情好客",愿意把自己唯一的食物送给远方来的客人吃。

美国密歇根州东兰辛市"文化商研究中心"主席大卫·利弗莫尔在他的《文化商引领未来》中提出:首先,如果你不懂对方的语言,第一次和一个人见面,我们往往在说了几个词句之后,就是大笑。那种尴尬的大笑,可能是表达幸福,也可能是表示紧张和尴尬的反应而已。许多文化中的这种初次见面的笑,都表示尴尬和紧张,而不是快乐和幸福。另外,我们也要知道,在泰国,人们用23种微笑来表达不同的意思。若是谈到中国人的笑,意思也非常多。中国人在无意撞到了他人身体时,在不想表示自己真实意图时,在突然看到他人滑稽地摔倒时，都可能先微笑，甚至大笑，然后才根据对方的反应或特定的情景来决定如何行动。这都提醒我们：要真正认识他者文化，简单地看外表和简单理解他者的行为是不够的。很多时候，孩子们只是在简单地模仿大人或他人的习惯性动作或做法，他们的内心世界并没有真正地呈现在脸上。

例 手势语：竖起大拇指是什么意思？

在澳大利亚是粗鲁的谩骂行为。

在伊朗、伊拉克及许多中东国家都是挑衅行为。

在美国和欧洲部分地区是表示想搭车。

在日本是表示男人。

对莫里斯和科利特的 40 个地区调查结果表示：

738 人认为竖起大拇指与 OK 有相同意思，表示很棒、干得好、非常好。

40 人表示竖起大拇指代表 1。

36 人认为竖起大拇指有侮辱之意。

30 人认为竖起大拇指代表想搭车。

14 人认为竖起大拇指是指方向。

另有 24 人给出了其他答案。

如：一对美国夫妇在澳大利亚旅行，因违反交规而接受交警处罚。交警看到是两个善良的外国人，情节也比较轻，准备教育一下算了。两美国人非常感谢，向他竖起大拇指表示赞许。结果却触怒了他，给他们开了一张很重的罚单。

例 赫鲁晓夫在非语言表达上出错

苏联总理赫鲁晓夫 1959 年访问美国时，一走下飞机就把双手举过头顶并紧紧握在一起，在空中前后摇晃，向到机场欢迎的群众致意。

他想表示的是问候和友谊，但这一举动却激怒了一些美国人，因为这在美国文化中象征着美国人被击败了。拳击运动中，赢的一方常用这一动作表示胜利。

非语言表达与文化差异

一个美国人不小心摔倒，东亚人会忍不住在一旁微笑。美国人可能认为这是在耻笑他，其实东亚人不过是想说：没关系的，别当回事，我们也常出这样的错。

肯尼迪总统遇刺后,夫人杰奎琳出现在公众面前时,一直保持冷静、沉着和刚毅,没有流露出内心的极度悲痛,美国人因此对她无比尊敬和赞美。对另一些国家而言,这可能是让人难以理解的。甚至有记者表示:只有美国人才会这样。

非语言沟通与文化

特征:无所不在/关系性/文化制约性

非语言的功能:

(1)支援口语:重复、取代、辅助、规范、矛盾。

(2)表示亲近性:点头或挥手。邀请谈话:注视、移位等。加上感官刺激信息:抚摸、瞪眼等。表示个人的热心或亲近:眨眼、浅笑。①

非语言交际的五个特点与作用

(1)语言交际遵循语法规则,具有严谨的结构,而非语言交际却没有正式的规则和模式,没有固定的结构,因此要正确理解非语言交际行为,往往需要综合分析周围的情况。

(2)语言交际使用特定的符号,而非语言交际却没有一套具有明确意义的符号。

(3)语言交际在讲话的时候进行,在停止讲话的时候中断。讲话一般总是时断时续的,因此,语言交际是非连续性的。非语言交际与此不同,它是连续不断的。一个人走进一个房间,不论他(她)是否自觉,都在不断地进行非语言交际。他(她)的衣着、举止、表情都在不断地传达某种信息。

(4)语言是后天习得的,而不是生而知之。非语言交际的手段一部分是人类的本能,例如,哭笑以及一部分表情,有的手段则是后天天习得的,如一些手势、姿势、副语言手段、服饰以及时间和空间的利用等。

(5)从神经生理学的角度看,在从事语言与非语言交际时使用的大脑"半球"不同。目前的研究成果大致可以证明,在从事语言交际时大脑的左半球在进行工作,负责处理语言刺激,做信息分析和推理。而非语言刺激如空间的、画面的和完形的信息则是由大脑的右半球处理。②

---

① 陈国明.跨文化交际学[M].上海:华东师范大学出版社,2009:112-118.

② 胡文仲.跨文化交际学概论[M].北京:外语教学与研究出版社,1999:94.

十一、旅行、留学和旅居的跨文化体验与适应

> 文明不能遗赠，它必须经由每一代人重新学习。如果传播的过程被打断一个世纪以上，文明就会死亡，我们又会重新变成野蛮人。我们现在能够传承的文化遗产，要远比过去丰富。……进步就是遗产的不断丰富、保存、传播和利用。
>
> ——［美］杜兰特《历史的教训》

人生要行千万里路

外面的世界很大，我想去看看

中国古人说：人生要行千里路、读万卷书。对绝大多数的当代中国年轻人而言，出门旅游、环游世界、出国留学、海外实习，用各种方式去未知领域探险等，都具有挡不住的魅力和吸引力，不可预测的"探险"结果让人期待和梦想，不可复制的域外经历值得一生珍惜和与人分享。

如前所述，走出相对封闭的出生地和熟悉人群，让自己自由地"生活在路上"，不断地尝试跨界生存或出国学习，对一个人的成长和努力实现自我有很多好处，对国家和人民也能做更多的贡献。在各种"出去看看"的经历中，人们会暂时告别过去的辉煌或失落，暂时放下原有的情感或责任"重担"；与许多不相识的人相遇相识、相交相助，相互尊重和相互促进，获得全新的灵感和创新的动力，也收获更多的激励和更明确努力的方向；与许多未曾见过的大自然风光和社会风俗相识相依，让不同的文化能相得益彰。

这就如同大家站在同一起跑线上开始新人生的奔跑。多数人会感觉这

是在一个初始、人造的空间，基本上"众生平等"，看不见起跑线、吹哨人和监管人等，应该能体现客观的"公正"与"公平"，有胆识和能量的人一定会很快地脱颖而出，能力相对弱或行动相对慢的人也会因此更好地认识自己的性格特点，认识自身才能的独特价值和发展方向，实现与其他天性的人们之间的互补和互动。

你看别人还是别人看你？

有一笑话说：一位中国新移民，中年男性，刚移民到澳大利亚时，听说悉尼有一段世界著名的裸泳海滩，不收费，进入的条件就是每个人都必须勇于裸露自己的身体。他想到自己反正远离家乡、举目无亲，只身一人、看谁都不认识，就想"冒险"去见识一下传说中的满目都是金发美女诱人身材的海滩。

结果这天他终于下定决心，裸体走向那片海滩时，却发现自己想看的景观根本不存在，而那海滩上的裸露者们都饶有兴趣地望着自己。原来那天的海滩上躺着的主要是八九十岁的澳洲老人。

有时这就是跨国、跨文化旅行和生存的特点，你在自己原来的文化环境中是个抬不起头来的"胖子""差生""落伍之人""人生暮年"，一旦出了国，换了一个环境和心境，面对更多的对比和可比对象：却发现自己体型完全正常，到处都能买到又便宜又美丽的新装；却发现自己的资历虽然有限，但周围的人群中也都是一无所有或白手起家的人；却发现自己头脑灵活、办事机灵，与任何新朋友相识都能让大家愉快；却发现自己的年龄一点都不大，比自己大多了的人都还在生龙活虎地谋生；却发现自己原有的身体的毛病，都不再是跨不过去的大问题，异国他乡还有许多好药方、好医生。

文化休克的四种情况

短期旅行——文化休克或震荡可能不明显。

留学生——文化休克明显，克服也容易。

外派工作人员——文化休克持续反复。

旅居者——文化休克是无法逃避的过程。

由此，"出门"看世界获取跨文化意识的四个层次是：

(1)旅游者心态——新奇感、模式化。

(2)文化休克——不适应、不安或抵触、感情用事。

(3)理性分析和愿意适应。

(4)主动了解新环境、自觉适应。

例"ABC"、"Banana"和"Egg"

一些文章写道：中国的孩子在美国长大，或者作为第二代移民，就成了"ABC"（美国出生的中国人）或"Banana"（香蕉）。这两种说法都强调所谓的"黄皮白心"现象，也就是看上去外貌仍是华人，但一开口、一对话、一看其做人做事的方法，则发现有典型的美国风格。这正说明文化不是指"种族性"和"生理特征"，而是后天习得的。许多在中国出生和成长的"地道"中国人，在移民美欧国家多年后，逐渐融入当地文化，人们也称他们是"鸡蛋"（"Egg"or"Eggs"），也就是"白皮黄心"现象。

同是中国年轻人，由于出生和成长在不同的省区市，一旦相会在大学里，在最初相识的一段时间里，也会发生一系列的跨文化交流和冲撞现象。大学四年中或四年后，有些同学回到家乡，在与高中、初中同学相聚时，会发现自己越来越不适应或谈不来，因为异乡的文化和异校的文化已经分别重新塑造了他们。

在中国 20 世纪 80 年代的改革开放之前，去远方"当兵"，也是一种年轻人走出原有文化圈，到新的部队大学里锻炼和学习的幸运机会。很多中国青年都是在那段"当兵的日子"里，得到脱胎换骨的历练和成长，从而成为国家和地方上的领军人物。

有意思的是，如果不通过跨界和跨文化交流，人们往往并不能自觉意识到自己的言行特点和文化特征，也不会意识到其实人们之间的价值观和行为规范差异是广泛存在的。即使不在全球化时代，即使不出国、不与外国人交往，即使在没有那么多出国出门旅行机会的年代，我们每个人其实也经常不断地进行着文化内部的跨越亚文化交流，并热爱那样"重新塑造"自身的难忘记忆和丰富经历。

旅行者的惊喜与意外

旅行的意义

英国作家德波顿在他的《旅行的艺术》中说：旅行能催人思索。宏阔的思考常常需要有壮阔的景观，而新的观点也往往产生于陌生的所在。如果生活的要义在于追求幸福，那么，除却旅行，很少有别的行为能呈现这一追求过程中的热情和矛盾。我们从旅行中获取的乐趣或许更多地取决于我们旅行时的心境而不是我们旅行的目的地本身。世界之大,远超过我们的眼界可以容纳的范围,不管人们走得多慢。走得快他们也不会看到更多。真正珍贵的东西是所思和所见,不是速度。

中国"字节跳动"公司的原CEO张一鸣在一次旅行途中发朋友圈说:旅行的部分意义在于时空切换,更容易把主体当作客体,审视自己和生活本身。之后,他于2021年5月20日宣布自己卸任CEO,放下日常管理,为的是突破业务惯性,聚焦远景战略,为公司创造更多可能。他在给公司员工的信中说:希望大家把创业的过程当作同行去欣赏风景的旅行。希望大家支持我在这旅行中的"旅行"。

外国的孩子都是洋娃娃吗?

许多外国客人和旅行团成员,都对中国人的一个习惯很反感,就是中国人喜欢盯着他们金发碧眼的孩子们看,觉得他们个个都像洋娃娃般可爱,在外国旅客去得相对不多的城市,中国的行人常常会在看到外国孩子时,立即停下来、围上来,有的啧啧称赞,有的大声评议,有的爱慕到追着看、跟着走,还有的喜欢到没得到对方家人同意就自说自话地上前狂按快门……

其实,在外国旅客看来,中国的孩子同样楚楚动人、生动活泼、机灵可爱、美丽异常。只不过他们更多地将这种喜欢控制在内心,为了不引起反感,匆匆忙忙看一眼就赶紧将目光移开。

同时,由于手机的流行和网络的传播方式,现在出门旅行的很多人都是摄影爱好者和短视频制作者,所以,对于随便被人拍照和拍摄,人们也已经比以前更加敏感和拥有维权意识。所以值得提醒注意的是,一定要注意文化差异,尤其是在个人主义文化圈国家和进入特殊文化生活团体地域的时候,对人和人造的私人家园地产,千万不要盯着看和随便拍。

例 澳洲人对中国人是什么态度?

对旅行者来说,对他国的不了解会让我们产生"文化休克",比如一位浙大对外汉语专业研究生班的同学在记录旅行收获的作业中说:2007年5月,我跟着旅行团在澳大利亚黄金海岸逗留了一天一夜,吃完晚饭我独自一人去黄金海岸的中心商业区闲逛。晚上9点,在街心的一个小广场上,我停下来看露天的小提琴表演,整个商业区我没见到一个华人。我正好奇地盯着表演者欣赏表演,一个身材健壮、穿黑色T恤的"老外"从我面前走过,突然飞起一脚,把扫地工手上的畚箕朝我踢来,畚箕很轻软,撞到我腿上倒不疼,但灰尘纸屑扑得满裤子都是。那老外踢完后面对一身灰尘的我，就跟没事的人一样，往前大步流星地走去，我又惊又怒地问扫地的"小印度"："刚才看清楚没？是怎么回事？""小印度"一个劲地说："对不起！"还说他也不知道那人怎么会这样。我拔腿就追，追过几条街后也没见到刚才向我这个华人旅行者"施暴"的那个黑衣老外。在沮丧地走回酒店的路上，我依然没见到中国人，穿马路时一辆 holden 在快开到我面前时突然加速，只听副驾驶座上的一个老外不怀好意地对我狂叫："HEY! Chinese!"当时我正走神，猛地被这辆突然加速的快车吓了一大跳，若不是年轻和反应及时，还不知道会发生什么事呢！国人都认为"西方人"相对友好、文明、讲礼数，其实在澳大利亚这样一个多为囚犯、农民后裔的国家，从他们最爱的运动（橄榄球、冲浪），就可以见识到他们骨子里的"野蛮"与躁动。奉劝国内的旅行者不要想当然，以为去了澳大利亚旅行就是去了发达国家旅行，其实那地方不文明的事、歧视华人的事是随时都可能发生的。

探讨：中国人在海外多年形成的形象其实是十分复杂多元的。尤其是在改革开放 40 年后，中国国力迅速提升，在世界经济体系中的地位跃升明显，再加上"中国制造"的全球地位和影响力规模最大，中国向海外移民的数量激增，中国商人在海外运作事务的能量也大得惊人，这都使得诸多西方国家的从业者和管理者感受到"威胁"或压力，因此，产生了许多"民间"的敌意。

应该说，很多敌意是盲目的，也是被一些媒体舆论煽动的，而且相关信息往往在国内的新闻报道中是有限的，所以中国旅客可能会心理准备不足、应对经验缺乏、安全意识薄弱。作为短暂性停留的游客，尚且可以体会大街上公然的"排斥"言行，更遑论长期定居在外国的华人，他们经常要面对各种在异国他乡不被尊重的事情或不友好的邻人。

在很多"老外"的文化产品里，如电影电视和报纸杂志中，"华人"比其他少数族裔，如非裔美国人、印度人、南美人等更"狡猾世故""不守法纪"，在他们看来，"华人"也比其他少数族裔更没有社会地位，更不用说与主流人群相比较了。这种普通民众中间没来由的、根深蒂固的对华人的不信任，其实在暂时一个时期中是有"普遍性"的。这也就是跨文化交流中所讲的广泛存在、人皆可得的"我族中心主义"毛病的具体表现。它不会随着中国国力的提升而自动清除，只会转变花样和更替歧视与不信任方式；它只有随着中国人民与各国人民越来越多的交流和沟通、越来越多的有成效有结果的合作与互惠，才可能逐渐减轻和舒缓。

全球化浪潮和信息世界的便利，让更多的各国政府和上层人士之间建立起稳定的交流机制和沟通渠道,这也是我们为何在新闻联播中更多地看到"亲切接见"和"友好访问",看到各国的"金领""白领"及中上层人士能同步分享"公开课""美剧"和"大片",应该说人皆可得的"我族中心主义"毛病在许多官方和正式的跨文化接触当中是轻易看不出来的。虽然我们常说:政府与人民要分开,集体与个体要区别,但事实上,我们每个人都可能随时遭遇被"他者"化(妖魔化或美化)的现实。

另一方面,这位经历文化休克的中国旅客在想到其实澳大利亚是"一个多为囚犯、农民后裔的国家"时,也脱口说出了自己的定型观念与偏见。如果翻阅一下澳大利亚文化的自我介绍和历史教材等,就会发现澳大利亚今天的成就在很大程度上正是依靠了对自身多元文化的不断反思和改造,以及与英国"母国文化"的数次断裂和重返,借助了当代外交与各国文化的多元合作关系,才取得了惊人的物质和精神文明成果。那个在大街上公然挑衅华人的黑衣老外应该只代表他自己,不能代表澳大利亚民众的基本水平,他趁这位旅客单独一人时挑衅也说明了他内心的虚弱。不过中国旅客在随后的狂奔追赶中也应该是选错了应对文化休克和文化冲击的方式。一般而言,外国旅行者在一个陌生国家都不宜单独行动,若确实必要,也应该有相应准备,尤其是遇到不测后应该在第一时间请当地力量帮助解决问题。

例 棉毛裤或秋裤问题

有个去过许多国家的旅游爱好者发现,中国人所说的棉毛裤在不同国家有很不一样的理解:棉毛裤,在日本叫作秋裤,问题是那应该是日本欧巴桑(老人)穿的,在韩国也应该是老人穿的,到英国则被认为是"窝囊废"才会要穿的,到法国更成了 20 世纪 50 年代的农民才会穿的可笑的衣服。

探讨:地理环境不同、生活物质条件不同、从小而成的生活方式不同,都会导致人们的文化习惯有差异。有些生活在热带的旅行者,去遥远的北极,就是为了体会穿冬装的感觉。不过旅行者无论穿什么,做什么,都要根据自己的实际情况,比如在中国香港地区,气温降到 10℃ 的时候,就会出现"有人冻死"的新闻,而这在冬天是天寒地冻的东北或常年积雪的一些北欧国家,就无法想象是怎么回事了。

例 出国旅行怎么穿、怎么做比较合适

这是一个需要认真对待的问题,但确实没有标准答案。出门最好不要说走就走,还是应该做点文化差异认识上的预习和功课。

在一段时间里，许多中国旅客走在外国的马路上会被一眼看出来，甚至因此成为当地小偷的抢劫对象。也就是说他们的着装有点奇怪，往往是几位男性，一人一身笔挺的西装，成群结队、东张西望、大声嚷嚷。在许多国家，工作时间与休闲时间是明显区分的，在作为"旅行者"时，往往意味着正处在休闲时光，着装正式就显得奇怪了。旅行者新到一陌生地不认识路是很正常的，但许多西方国家的习惯是做事要有计划，要做"功课"。换言之，在一些国家人看来，旅行者应该在出门之前就决定好线路和乘车计划，而不是随机漫步、东张西望。若有问题和疑惑时，可以向本地人询问，而不是自己一群人对着地图大声嚷嚷，因为那样会干扰到他人。

一般在个人主义文化生活圈，公共场所的群体交谈应该注意不要影响他人，注意他人的感受，与最近的他者保持一米以上的空间距离；而且如果一群人只大声讲母语、旁若无人，在一旁的他者也不知如何主动上前帮助指路，内在感受便是"遭遇外星人"。

由于中国文化也是多项时间文化，也就是习惯于同一时间做多项事情，中国游客常常称自己的旅行是"考察"，商务考察或公务考察等，或者称自己是在"短期访问"，既参加一些课堂学习，也四处实地考察等，所以在着装和活动方式上是正式与非正式不分、严肃与放松共济，既随便走走，也认真看看，但西方文化圈的人们会对这样的行为模式特别敏感，深感迷惑，不清楚对方的意图是什么。

换个地域比较，南美文化是特别注重欢快生活理念的文化，他们对中国旅客"一本正经"和"自顾自"的方式也可能不习惯。

从这个角度讲，目前世界范围内流行的"牛仔裤""休闲装""户外服"也是打破跨文化交流屏障的共享观念和物质产品，这些服装设计本身也在提醒我们：现在是休闲时间，是交流时间，大家都请走出自己文化的"山洞"或"井底"，到更宽广的世界文化中去旅行，与各种陌生人交流，分享各国共同的文化财富，与各国人民共享共建普遍友好的未来。

留学生的跨文化适应

多元文化人格和文化智力

留学并不适合所有人，这点对目前的中国人来说已有共识。有学者认为出国留学、做外派劳务工作和旅居（移民）他乡，需要有"多元文化人格"，否则就还是在自己熟悉的国家或地区生活和学习更妥。"多元文化人格"应该是：文化共感性、思维开放性、情绪稳定性、社交主动性和灵活性。也有学者认为要有"文化智力"，具体指：认知（知识为基础）、动机（自我效能感为核心）、行为（对给定情境的得体反应）。①

留学生的文化休克情况比其他外派工作者会好许多

比起以其他身份客居第二文化的人来说，留学生所遭受的文化休克程度较轻。中国留学生一般去的是更发达国家和地区，生活条件更加优越，交通也十分便利，师生关系更加平等，当地人的素质也比较高。

汉语留学生到中国以后，也基本上被安排住在指定的留学生宿舍，吃留学生食堂，周围交往的人群中有同班同学和本国的高年级同学，生活日程基本上是按照规定的课表上课下课。由于都是年轻人、同兴趣人群，都渴望有大学生活的特殊乐趣，所以大都能在短时间里建立起自己的小型社交圈，开始异乡稳定而有规律的生活。即使某些留学生会对东道国大学的宿舍、食物和学校管理及规章有各种抱怨，但是班集体的心理环境影响、学生会、同乡会时不时安排组织的有趣活动，都会投射到这些学生身上。即使遭遇一定的文化休克，他们也往往会扪心自问：那么多留学生都住在一样的宿舍里，吃一样的食物，上一样的学校，他们学习着，并且快乐着，我为什么就不可以呢？就是这样的特殊氛围，大大地缓解了留学生遭遇文化休克的不良影响。

然而，一个外派到中国工作的"老外"，或者一个中国公司的驻外代表，可能会对公司安排的公寓有诸多不满，每天为了去哪儿吃什么而大费脑筋，工作中又会在与异国同事的交流中觉得障碍重重，彼此很难合作；对当地的治安情况和民间风俗了解很少，也没有什么前人的经验可资借鉴……

这些生活上和心理上的不稳定因素，都会促使文化休克现象不能被有效治愈，甚至导致文化休克在不经意间突然爆发。随着旅居时间的推移，双方因为矛盾和困惑，相互回避和隔绝，或者越来越不能相互信任和沟通，最终人与人之间只剩下简单的利益关系和利害关系，没有能建立起跨文化交流的相互了解和沟通关系。

---

① 严文华.跨文化沟通心理学[M].上海：上海社会科学院出版社，2008：148-149.

留学生文化休克的正负影响

留学生经历文化休克是很正常的事，也应该是预料中、期待中、计划中的冒险，所以其影响也是两面的。

正面：创造了变迁和学习的机会，一旦有进展则更具有个人成就感；富于挑战的刺激、适当的高压更激起学习的冲动或愿望，对以后的生活和学习都有贡献；经历了尝试—错误—尝试的烦恼过程，更促进当事人的成长；通过比较和新方法的不断探索，强化了自己的学习能力和创新精神。

负面：情感起伏不定，影响感觉和认知（可能长期或终身对异地文化产生错误认识），导致行为不稳定，可能影响身体。

求学英国的留学生最难适应的问题

即使留学生的情况可能比其他身份的旅居者要好，但也不证明留学生就能自然适应跨文化生存和求学。1982年，弗纳姆和博奇那（Furnham & Bochner）调查公布了"英国求学留学生"最难适应的情况如下：与目的国同龄人交朋友，对待那些粗鲁不讲理的人，主动向人示好，以建立友谊关系；出现在众人面前，与他人深交，了解笑话或幽默的讽刺性表达；对待那些双眼直视着你的人们，主动开口并持续对谈；和不太认识的人在一起，公开抱怨或处理不满意的服务。

异国求学十大适应问题

1989年，托马斯和特恩（Thomas 和 Althen）也发表了他们总结的留学生异国求学十大适应问题：学业系统差异所导致的压力和困扰，处理与导师、室友和房东等目的国的人际关系，身居一个比自己国家自由得多的国家，居留身份和其他因移民局所带来的焦虑与不安，生活上各种原有期待的落空，经济来源短缺的忧愁，自己族裔内部的冲突，国内政治经济发展所带来的冲击，国内亲人病故自己却无法赶回所形成的苦痛，文化震荡所造成的波浪般起伏不定的心理波动。

留学生遭遇文化休克的症状（症候群）

过度关心饮水与食物的品质，过度依赖来自同文化的人，动不动就洗手，惧怕与目的国的人们碰触，心不在焉，无故失神，无助感，容易为小事动怒，拒绝学习目的国语言，敌视当地人，过度强调自己的文化认同，乡愁，常感寂寞和闷闷不乐,萎缩与沮丧,失去信心,失去耐心,偏执狂,精神分裂。

留学生文化休克的种类

语言交流障碍:许多中国留学生英语考试成绩好,但到了国外的真实语境,一时间也会觉得自己其实只"会一点点",英语"very poor"。陈国明的专著举例说:一西方国家路边年轻女子对路过的中国留学男生问:"Do you have time?"(你有时间吗?)中国男生可能以为她是不正经的女人,其实她只是想问一下时间。一外国男生对刚认识不久的中国留学男生兴冲冲地说:"What's up?"中国男生以为他问的是:"天上有什么?"其实他只是友好地打个招呼。

生活方式差异:许多中国留学生到了国外,对新的饮食不适应,如觉得天天西餐让人反胃;有的中国留学生对西方"自顾自"的个人主义文化习惯不适应,如觉得作业做不出时没有同学可以讨论,许多西方人都习惯完全自己解决问题;有的中国留学生对西方人口相对少的生活环境不适应,如觉得生活"过于冷清"了,无聊孤单极了,同时对人家热衷的话题和活动也一下子"融"不进去。

角色转换:许多中国留学生在国内是"天之骄子",是班上的"学霸",但是到了国外,却发现自己的成绩出现了难看的等级,于是原来的一个性格开朗之青少年,逐渐就变成了一个总是躲避他人的"闷罐子"。相反,有的在国内很内向的大学生,到国外发现完全脱离了原有的评估体系,于是完全释放了自己的能量,很快变成了一个"新人"。其他例子如有的中国留学生为了适应美国式的个人主义文化,结果让父母看不到自己原来精心培养的"孝子"了;又比如有的中国的教授到美国后变成了"打工仔",有的中国留学生在读完博士后却突然决定不再做学问,转行开公司或餐馆了。

教育体系不适应:留学生因为准备不足、适应力差而退学、转学、辍学的情况时常出现,甚至还出现中国留学生在美国读完博士,因为就业推荐问题而枪杀导师的特殊情况。中国留学生常见的学习困难有:

(1)阅读量或作业量太大,来不及完成。

(2)上课必须积极发言,但语言能力或思维能力一时跟不上。

(3)有困难无法课上或课下集体讨论,甚至中国同学之间的友好互助会被"举报"。

(4)担心成绩不好影响奖学金,担心得要命!

(5)老师的问题:竟然坐在桌子上或翘起双腿对着自己?老师的幽默听

不懂。老师们太不一样了？

政治和社会体制不适应：中国的体制有什么好？集中力量办大事。这类说法对一个中国人，或者对一个东亚人而言，比较好理解，集体主义文化的好处和弊端，我们都清楚，也知道如何应对和调节。但对一个生长在个人主义文化中的年轻人而言，许多外国的政治和社会情况就变得不仅匪夷所思，而且完全无法接受和适应了。

回归角色转换：出过国、留过学的回国后，发现自己又"out"了，反而对自己的母国生活方式也不能适应了。

例 用姓来打招呼是不礼貌的？

留学生要重新学习的东西很多，校园和社会是两个"大学"。哪怕是初次见面打招呼，也是有学问的。

在一项对于英语国家在华任教的教师的调查中发现，有的中国学生用姓作为对于一位女教师的称谓，让她很不高兴。她的全名是 Marcia Vale，学生应称她为 Dr. Vale 或 Marcia，但有的学生直呼她的姓，叫她 Vale，这引起了这位英国教师极大的不快。

在汉语中"老张""小李""司徒""欧阳"作为称谓都是可接受的，但是在英语国家用姓作称谓，只限于：在小学里教师对于学生，教练对于球员，监狱看守对于囚犯，等。

例 工科老师坦诚：英文原文教材翻译成汉语后学生反而看不懂了？

最初的一段时间，留学生都免不了在两种语言之间纠结，对照一下阅读仿佛更能理解。很多留学生还让家人买了中文版的同类教材寄给他，方便他阅读理解。这就涉及中英阅读和翻译的"调适"问题：英语形合与汉语意合——翻译时必须转换。树型结构与线型结构——英译汉要做"分散"，汉译英要做"聚合"。英语的句界、音韵、遣词造句——译成汉语时都要调整。否则诚如一位浙大工科老师所说，不如直接看英文原文教材，思维直接转为英文式，理解本身会是顺畅的，而翻译得不好的工科汉语教材，学生看着更吃力。

对比表 11-1 提醒我们：用英文写作，需要尽快改变思维和表述习惯。

表 11-1　中西篇章结构差异

西方论文	中国论文
直线式	圆环式、迂回式
逆潮式	逐步达到高潮式
路标式连接手段	时空顺序
重过程、重原因	重结果、重内容
解决问题式	现象罗列式

例 中文表达：最重要的话在最后一句

美国人问：营养学研究所怎样决定研究什么题目呢？你们怎样决定在什么题目上做研究工作呢？

中国人答：因为，现在，时代变化了。现在和过去不同。过去，我们强调怎样解决实际问题。营养学必须知道怎样解决某些营养缺乏症。在我们国家，我们有一些营养缺乏方面的疾病，例如甲、乙、丙、丁……但是，现在做基础研究是重要的。所以，我们必须考虑根本性的问题。我们必须集中我们的研究于某些根本性的问题。——最重要的话在最后一句。

学者杨威玲发现：香港商人和北京教授的说理方法惊人的一致，先把材料摆出来，作为铺垫，最后才讲出重要的结论性的意见。为了验证此点，她设计了一项试验，让 5 个英文好的中国人假想自己是在出席一个讨论预算的会议，预算中尚有 58 万镑余额可供使用。5 个人中，一人作主席，其余逐一用英文发言。她发现他们的说理方法与香港商人和北京教授的方法惊人的一致，都是先摆事实，最后建议钱如何使用。出席会议的 5 人全部用英语发言，彼此之间的交流也毫无困难。也就是说与会人对于这一中国式说理方法完全习惯，这并不是某个人的特殊说理方法。

然而当录音放给英美人听时，他们却觉得理解上有困难，主要论点淹没在一大堆材料之中。他们认为应该先把主要论点简明扼要地摆出来，这样讲话才生动有力。他们甚至怀疑中国人是否在那里绕圈子，回避主要问题。美国人认为先把自己的观点鲜明地摆出来具有说服力，而中国人认为先与听众建立一种和谐的关系，把材料一点一点地讲出来，最后画龙点睛才具有说服力。

那么中国人为什么总是先陈述材料，最后才提出结论性的看法？因为如果一开头就拿出自己的意见显得不谦虚、没有礼貌,对听众欠考虑,而且如果先讲了主要观点,后面的话别人也不必再听。中国人希望先给听众提供材料,让听众判断他讲的话是否有道理,然后有可能与他一起得出结论。这个结论本身就可能是谈话者商议出来的共同结论。

例 文化影响交谈模式

文化对人们的交流方式如交谈模式和交流风格有明显影响,不了解这点,就无法成功地进行跨文化交流。留学生群体是经常需要与外国人交往的人群,所以也更需要知道:

(1)何时讲话。有的文化中人喜欢有机会就与人闲聊,包括与陌生人交谈。他们觉得如果大家都在一起等车或等人,都在同一辆列车上乘坐,已经被组合成一个团队进行旅行,那就借助聊天来认识彼此和共度出门在外的好时光吧。英国人一般不与陌生人讲话,当他们在等公交车或在其他公共场所时,他们一般不通过与陌生人聊天来打发时间。如果遇到陌生人主动问话,他们也会尽量简单地回答,如"是"或"不是"。类似文化习惯的人群会在公共场所看书、看报或若有所思地眼望空旷的前方,为的是不与他人随便进行目光接触,也可以避免交谈。喜欢聊天的文化中人会认为英国人很傲慢,看不起人,对新来者冷淡和漠不关心;英国人则可能认为喜欢随意搭讪的人讲话太多,不可信任。

(2)话题的选择。中国人相互交谈时,喜欢谈论熟人圈诸位的家庭背景、教育情况、工作和升迁情况等,但对西方文化中人而言,这样的话题是不合适的,尤其是在人后谈论或大家都还没有熟悉到成为"密友"的情况下,这样的谈话可能侵犯他人隐私。他们更愿意谈论一些客观信息,相互交换自己的专业知识,分享从不同角度看问题的方法。虽然讲故事和历史典故愉悦他人,是所有文化中都比较欢迎的话题,但这样的谈话中也要注意不同宗教和文化中的一些禁忌话题。

(3)话轮转换。话轮转换是指谈话中说话人与受话人往往要不断交换角色。有人形容美国人之间的交际就像打乒乓,你来我去,来回往复。除了说的话之外,两人或多人还会用丰富的非语言如手势、眼神等来暗示话轮转换,受话者还可能直接打断对方说话来表达自己的想法。而日本人之间的交谈就像打保龄球,人们一般不会打断别人的讲话,谈话中经常会出现停顿和沉默,答话的人常常会耐心地等待自己说话的机会,受话者也总是保持沉默和让自己思考。西方学者Sacks则特别指出了话轮转换的分配技巧应该是:1—

2—3—1。如果当前说话人选定了下一个说话人，所选人就有权继续话题，其他人就无此权利。如果当前说话人没有选定下一个说话人，会话人可以自选，但并非必须自选。如果已经自选，则第一位自选人就可以接续话题。如果当前说话人没有选定下一个说话人，会话参与者也都没有自选，那么当前说话人可以继续话题。[①]

例 文化影响交流风格

（1）直接交流与间接交流。类似东亚各国的"高语境文化"背景中人就是间接交流风格，他们会使用一些含蓄、模糊的语言进行交流，会不依赖"言传"，而更依赖场所和语境的丰富暗示，来让对方"意会"和"领悟"。比如在表示拒绝时，中国人常常会说："看情况吧。""到时候看吧。"在表示不接受时常常会说："还可以吧。""这件衣服挺好的，不过我想再看看其他店的东西。"类似美国这样的低语境文化中人就更重视个人的独立看法，更重视语言本身的准确性和确切含义，说话时也更多地使用"当然了！""没有问题！""毫无疑问！""只能是这样的！"等。在中国人看来，他们的用词比较"绝对"，毫无余地，因为他们更愿意"坚定"地、明确直接地表达自己的观点或立场。

（2）个人交流与语境交流。个人交流风格指在交流中强调交流者个人的身份。如在英语中只有一个第二人称代词"you"，无论是与朋友、生人还是与总统交谈，都可以使用"you"来指对方。对自己的指称也就是"I"。但汉语中就有一般所指的"你"和尊称的"您"，指自己的话，也有一般的"我"和"卑称"的"鄙人""卑下""在下"。虽然这些"卑称"目前仅在电影电视剧中出现，代表中国古人的讲话方式，但今天的中国人在写文章表达自己的观点时，仍习惯于用"我们认为""由此我们提出"的非个人化自称，或者"请参考拙著……"等，前者并非指自己没有观点，后者也不是说自己的作品是差作品。不过换个不懂中国文化的老外读了，也许会觉得奇怪。语境交流是指交流中人们强调社会角色和地位。社会语境决定了人们的词汇选择，比如泰国人在选择代词时要考虑对方的地位和与自己的熟悉程度，否则就是言行不礼貌。泰国人在向不同身份的人打招呼时也有复杂的等级性的手势差异，如果用错了也会被视为缺乏礼貌和教育、人品欠佳。与日本人交流的时候也要十分注意选择敬辞，要根据自己的地位和对方的地位选择最恰当的敬语形式。

① SILVERMAN D. Harvey sacks：Social science and conversation analysis[M]. New York：Oxford University Press on Demand，1998.

中国传统文化中过春节的拜祖宗仪式和年初一大家相见的拜年礼仪等也是十分复杂和严格的。

例 学习各国社交习惯差异

在社会交往中，人们难免遇到对位高权重的确认、对礼尚往来的期待以及对关系建立时间的长短、面子意识、社交成规等问题的处理，我们对这些问题的认识和对类似行为模式的心理感受是深受我们所属文化的影响的。

对位高权重的确认：东亚文化强调层级观念，无论是见面打招呼、吃饭排座位、开会安排讲话顺序和讲话时间等，都不能大意马虎，否则就可能无意中"得罪"相关人。但在美国、加拿大、新西兰、奥地利、以色列等国，层级观念就相对很淡，人人平等的意识更强。

对礼尚往来的期待：东亚儒家文化讲究人情世故、有来有往、知恩图报、投桃报李，西方个人主义文化会觉得"投桃报李"的儒家文化是个人缺乏自主的表现。

关系建立的时间长短：东方人喜欢花许多时间建立复杂的社会关系，然后若遭遇不同群体或个人间的利益冲突时，首先要认识和区别是关系内部的矛盾还是关系圈外的纠纷。关系内部的问题就在关系圈中大事化小，小事化无，避免冲突；与关系圈外部的人或人群发生冲突就可能"一致对外"，以避免自己单打独斗、势单力薄。西方人则喜欢不论熟人、生人，关系归关系、事情归事情。遇事喜欢视具体事情之性质而决定处理方法，直截了当，该怎样就怎样，包括亲人之间的关系，也视具体情况变化而随时调整。中国人则以"子不嫌母丑、儿不嫌家贫"来强调：无论发生了什么变化，孝道不变，孝道至上，是为德。所以西方人的母亲病了，儿子有空就自己去看望，没空就请熟人去看望，若熟人和朋友都请不到就花钱请专业公司派生人手持鲜花去医院探望。而对中国儿女而言，后两种就都可能是"大逆不道"了。也许我们需要讨论中国人讲"道不变"，是不是孝道亦应不变？这与西方人强调信仰不能随便更改，有差别吗？相比较之下，西方人称之为"至上"的东西大都是抽象的、概念的、形而上之"理念世界"的东西，而具体事物和具体人情就根据"理性原则"视具体情况具体处理。中国的"道"是有抽象意思的，但具体到孝道、师道时，就是具体的制度和礼仪规定了。比如孝道中主要讲敬养，敬养的意思包括敬亲、奉养、侍疾、立身、谏净、善终。这些概念还会具体到社会风俗习惯，比如母亲生病时孩子一定要尽可能赶到身边亲自侍疾。

面子意识：东方人很看重的面子意识，常常是在发生冲突时不明说自己的愤慨，仅委婉表达部分意思，在事情没有发展到最坏的时候保持某种隐忍和"沉默",为的是给对方面子,自己也因此有面子。这种行为模式或处理冲突的方式让一些西方公司的管理者觉得是懦弱和不会发声的"怪物"。

社交成规:类似如何面对长者、面对上级,以及集体开会时如何组织等,在中国文化里有一些千年不变的"成规"。即使后人觉得其中有可修正的地方,但也不一定总在修正,即使经过了一些历史重大事件或制度变迁,有些成规旧俗,仿佛已经被推翻或改造,随后也仍会"死灰复燃""重整旗鼓",因为维护传统与维持成规有时是不可分的。相比之下,中国文化更推崇"稳定",美国文化更喜欢变化,这种求稳与求变的差异也常导致双方的交流出现障碍。

例 微波炉爆玉米可以当礼品送吗?

一个美国朋友访问一位中国教授以后,将一包可用微波炉爆的玉米豆送给教授,并且认真讲解如何将玉米豆爆成玉米花。中国教授虽然嘴上一再感谢,但是心里却不明白一包玉米豆怎么能作为礼物来送。

而美国人认为可用微波炉爆的玉米豆是刚刚上市的新产品,东西新奇,作为礼物送人十分合适。美国人与中国人对于微波炉爆玉米豆的不同看法在于他们对送礼持有两样的理解。

例 中国人送的礼品

中国人送礼,讲究"拿得出手",但这样的礼物,有时外国朋友觉得是负担。北京外国语大学的一位英国专家在各地讲学时常常收到各种瓷瓶和唐三彩之类的礼品,体积很大,带起来很费力,他常常认为是个负担,有时甚至不得不把礼品留在当地的旅馆里。

问题:中国留学生第一次见外国导师时,应该送礼吗? 送什么比较好? 反过来,外国留学生一般会送中国老师礼品吗? 送礼最有讲究的是日本人吗?

在所有文化中,都需要在某些场合给亲戚、朋友或同事送礼,但是送礼规则却大为不同。日本人在礼物上花费甚多,礼物必须在特定的礼品商店里购买,这样才能确定它的价值,以便回一份价值相当的礼物。礼物在送礼人面前不能打开,在接礼之后立即回送一个小的象征性的礼物。与此相关的一个问题是:你们家收到礼物时父母是如何做的? 胡文仲教授说:在我国传统中受礼时往往需要一再推辞,送礼人一再坚持,在两三个回合以后,受礼人接受了礼物,但是与日本人一样,在客人面前不打开礼物观看。有时甚至是送礼人自己把礼物放在屋子的一个角落。待客人走后,主人才打开礼物。这与西方大相径庭,在西方国家受礼人一般不推辞,在接受礼物以后,立即在客人面前打开,并且说些赞美的话。

所以,笔者认为,中国的留学生第一次见导师,是可以带一份礼物的,一般你们的父母也会觉得需要带上,以表示感谢的心意。但你的西方文化背景的导师应该会更愿意在有其他人在场的时候公开地接受你的礼物,并且立即当众打开它,表示自己的喜欢和感谢。所以礼物最好是价格不贵但有个性或地方特色的东西。

课堂讨论:请客和受托之道

一对中国父母,盛情邀请一位刚认识的美国老师到家里做客,他们准备了一桌丰盛的晚餐。主客双方在餐桌上都显得非常高兴。在送美国老师回去的时候,中国父母向他提出了一个要求:请他为自己的孩子做一个到美国留学的经济担保,并再三强调这只是一个"形式",他们绝不会真正让美国老师在经济上有任何支出的。

问题来了:你认为这位美国老师会有什么反应?

例 跨文化冲突(含跨文化不适应)的五种解决方法

(1)我是他非、自我中心(同化他者);

(2)我非他是、入乡随俗(被他者同化);

(3)彼此妥协、不能两全(相互忍让);

(4)逃避现实、鸵鸟政策(权当不存在,拖着不管不顾);

(5)第三种文化,共进、双赢(理想境界)。

出门和求学在外,不妨多对照一下这五种状况,尽量不要让自己陷入第四种最糟的情况。那可能让自身处于无意识的文化休克,严重起来就可能影响的不只是学业,更是身心健康。遇到不适应的情况时:第一,有意识比无意识好;第二,选择不再困难,适应会更容易;第三,度过艰难期,会越来越好。

课堂讨论:在国外发现中国同学压力大、心理出了状况,怎么办?

有一位也是来自浙大的中国同学与你在同一所美国大学留学。由于学习压力太大或你不清楚的原因,他/她最近的情绪很不稳定,而且逐渐出现一系列反常的言行举止,已经引起一些中国留学生圈内的"议论纷纷"。

问题:你觉得有必要"干涉"一下吗?如何做比较好?让他/她自己应对?找他/她随便聊聊?想办法转告一下他/她的父母?向美国大学的留学生办公室反映一下情况?

旅居者的跨文化生存

旅居者(外派工作者或移民)跨文化适应的有效性因素

(1)东道国语言能力:旅居者应该以积极的态度,了解和学习东道国的语言和文化,并努力创造条件参与社会性交流。研究和调查表明:并不是语言能力本身,而更多的是人们对使用东道国语言进行交流的信心或语言效能感,决定了人们在东道国的沟通能力。

(2)出国动机、预期和准备:态度积极、准备充分,包括语言学习、文化知识了解和参加跨文化能力培训等。

(3)人格和个体差异:为选择外派最佳人选,学者们提出了"大五人格"与跨文化情境的适应性关系研究。"大五人格"之外向型、开放型、宜人型、责任心、神经质都是跨文化沟通是否有效的预测因素。研究和调查表明:外向、宜人、情绪稳定与外派者的离职率呈负相关,与责任感和工作绩效正相关。外向型与神经质,则可能影响社会文化适应。

(4)应激和应对策略:积极应对是改变环境,消极应对是改变自我。——东道国如有足够的开放性,允许旅居者和移民进行改变活动,积极策略就有效。东道国如有足够的耐心,愿意等待旅居者和移民自己的改变,消极策略就有效。

(5)出国经验和跨文化接触:一种假设是可将一种跨国经验移植到另一国,经验越丰富,适应力越强。

(6)与东道国互动:涉及与当地人的互动、社会支持度、可知觉到的偏见、对当地大众媒体的使用等。

(7)注意文化距离:距离越大,困难越多。

(8)家庭和配偶适应:旅居时间较长的应该带家属。个人主义文化圈国家一般认为配偶分开两地工作最长不超过三个月;集体主义文化圈国家则可能更长一些。

从原属文化走向多元文化

对"主流"的解释,大小词典大致都是指一种"普遍接受的思想或行为方式"。不管喜欢与否、早与晚,旅居者入乡随俗、融入新的东道国主流文化应该是值得尝试的。谈到文化融入，不可避免的一个过程，就是从原属文化进入新的二元甚至多元文化的共存空间。在这一过程中，需要摒弃许多我们熟悉的"符号""参照物"和思维模式，同时需要接收新的"主流"社会的思维、言行和制度特点。东道国语言对许多人来说最初是个难关。但语言（对多数人而言）只是一个交往工具、一个沟通桥梁。学习语言不是一个孤立行为，运用语言交流还需要纳入社会的交流系统，而交流系统最直接的载体，则是传媒。

旅居者或新移民如何面对媒体、解读媒体、利用媒体？

各国的媒体都主要是为主流群体和主流文化服务的，包括美国的好莱坞电影，在经常质疑美国政府机构和人员的工作质量和廉洁自律的同时，也总是在大力宣扬"爱美国主义"。所以旅居者往往很难在异乡媒体上看到自己群体的消息和对自己族裔文化的认可。这就容易造成一些信息接收上的明显缺失。不仅如此，异乡媒体还极可能将一些犯罪、违法和乱纪的行为，点名报道成是少数族裔或外来者的群体所为，就像中国国内的一些地方电视台也会在报道中专门指明"外地人"作案的地域背景，有意无意地偏袒了本地市民；从而旅居者往往会更晚接收到许多与己相关的负面新闻和信息。

信息缺失和负面信息的累积，也会导致旅居者对他乡媒体不感兴趣，不愿意关心，下班在家也总是寻找自己母国的电视连续剧消磨时光，从而不懂得利用媒体，即使偶有机会"被"接触了媒体，也会因为缺乏经验和准备，而反被媒体利用。所以旅居者或新移民应该经常反思自己是如何在异乡面对媒体、解读媒体、利用媒体的。

文化融入是一种重新组合

无论是分析"文化休克"还是透过媒体认知和理解一个新社会的全貌，促使自己尽快融入新的文化，其目的都是通过一般的证明或个别的检验，找到一条通往大社区（wider communities）的路径。这样才能把自己这个个体纳入群体中，让自己作为外来的少数族裔能融入主流族群，将单一文化变成二元或多元文化。当然，融入不代表丧失自我、将自己归零，而是为了在格式化（formatting）后将自己重新组合。重组后的"新我"，因"故我"而丰富，这是旅居者和新移民立于不败之地的要诀。当然，旅居者的文化融入是一个长周期的过程，第一代的努力之后还会派生新的一轮问题，包括旅居者的下一代的母语教育问题以及哪种语言应该是他们的母语，等等。

"文化休克"与旅居者的爱国心

亨廷顿在《我们是谁?》中曾悲叹:美国与墨西哥在美国境内进行足球比赛,结果全场观众为墨西哥队加油,因为他们大都是墨西哥的合法和非法移民。不仅足球或其他球赛是这样,即使是到了政治大选的紧张时期,众多美国人也是在关心和讨论他们母国的选举和改革,而对美国的政治危机却漠不关心。作为一生高度忠诚于"祖国"的政治学专业学者亨廷顿,并没有意识到许多墨西哥裔美国人或其他少数族群对美国的"不忠诚",并不仅仅是政治问题,同时还是一个社会认同问题和跨文化适应问题。比如欧伯格就发现患有"文化休克"病症的人最容易"盲目爱国"。他们会发现自己的国家一切都十分美好。这种盲目热爱可能导致盲目缅怀,"患者"神经质地反复推演和求证过去是多么美好,自己的习惯定式是多么正确。

在这种心态下,患有"文化休克"病症的人不单对"宗主国"(the host country)无端批评、处处挑刺,而且还会和自己的同胞整天扎堆,寻求一种心理安慰和虚拟的故国社区感。问题是这样的敌意是很容易被他人察觉的。所谓"你对镜子笑,镜子也对你笑;你对镜子哭,镜子也对你哭"。"东道主"对你的敌意也会或快或慢地流露出来。处于这一阶段中的旅居者不是被"文化休克"所击垮,变得越来越离群索居,就是渐渐地主动调整自己,重新定位,找到自己在异国的生存空间。

例 惊人的旅居者犯罪可能是因为严重"文化休克"

2009 年 11 月 20 日,美国托管地塞班岛发生一起中国移民的枪击案,造成 4 死 9 伤。案件起因是他所工作过的射击场老板拖欠其工资。其实这位华人可能经历了严重的"文化休克"。

探讨:从跨文化生存与适应的角度看,人们应该警惕自己在新文化环境中的"暂时性的社会隔离"问题。面对异文化对自身心理、价值观的冲击,要了解"文化距离"理论,了解"文化休克"的时间和程度是受到母文化与异文化之间的差异度影响的,比如中西文化之间的差距肯定要比中国与东南亚国家之间的文化距离更大,相比之下更难在短期内适应。

另外,每个人的个人心理特点、交际能力、对目的国情况的知识准备、对跨文化交际的期望等都是影响的因素。就跨国留学和生存中的"暂时性的社会隔离"而言,很多"新来者"会在一段努力但效果不好的情况下,敏感到自己是被"疏忽"的或被"疏远"的。这种感觉也表现为新来者会更多地注意到负面的信息，并将之理解成敌意和排斥异己，进而激化成公开的矛盾对立和冲突。

其实一个人的"文化身份"是传播双方共同商定的，是在传播者与他人发生交往的过程中显现出来的，也就是说其显示在新来者与异文化的关系之中。人们在自我身份的认定过程中越觉得安全就越乐意进行跨文化行为，越觉得脆弱就越容易在跨文化传播中感到焦虑不安。换言之，新来者感觉与居住国文化"疏远"，这其中并不一定是因为他者的敌意、矛盾或者冲突，而很可能是因为交流有障碍，信息有缺失，传播有疏忽。新来者无法实现自己的目标，被排除在他国的社会文化之外，这主要是因为缺乏有效的交流和沟通。

另一方面，中国文化是一种"高语境文化"，西方文化大都是"低语境文化"，这种差异也极可能在海外华人与他者交往时形成了一道妨碍交流的"文化屏障"。高语境文化的人在与人交往时，会情不自禁地将大部分最重要的信息"暗示"出来，或者暗示于语境情境之中，或者内化在个人的非语言行为之中，极少传达在被编码的、清晰传达的讯息中。比如这位塞班岛华人移民平时在与人交往时，可能希望少说多做，用行动体现自己是一个勤奋朴实的人；在与他的老板交涉时，他也可能期待老板从他的心情和处境中"领悟"他是一个新移民，没有工资的话可能家庭生活会出现严重状况，如果老板能"主动"考虑自己的特殊情况，就不会逼他这么一而再、再而三地来讨工钱等。但这些言行模式都可能是不被理解的。

高语境文化的人群也往往是集体主义文化的人群，也就是更倾向于将人区分为"我们"和"他们"、这一类事与那一类事，而不是我与他、这事与那事。这位华人的气愤和行凶时的冲动，也很可能是由于他觉得老板的行为不是针对他的，而是所有塞班岛人针对所有华人移民的，或者说他会觉得自己需要代表大家抗议一下，或者说他会觉得自己的失败不仅让自己作为个体在他人眼里很没面子，而且会让他的全家，甚至所有移民来这里的华人都很没面子，在这种"集体"思维和"面子"思维中，一个弱者也可能会突然变得不顾一切、极为狂暴。文化习惯总会影响人们在交往中选择什么方式，以及忽视什么方式。

相比之下，低语境文化背景的人，在人际交流中倾向于将大量的信息蕴藏在清晰的编码之中，比如这个美属塞班岛的老板在中国移民的第一次讨薪时，向他解释了自己拖欠的原因，这个"清楚解释"了的"具体"原因就可能让他觉得自己已经说清楚了，然后就不必再重复解释了。只要这个具体原因没有得到解决，他的工资就不可能发放。而中国文化背景的华人移民则可能认为他说的都是"托词"，真实的原因他是不肯"说"出来的。低语境文化往往也是个人主义文化,倾向于认为社会交往就是个体与个体之间的交流,是就具体事务进行的具体问题思维的交流,他可能很难理解高语境文化的人会认为的"话中有话""话外音",一个人的言行可能不是针对一个人的,而是"杀鸡给猴看"的等等,他的思维是更技术性和问题导向的。

再加上如果这个老板完全没有跨文化的素养和常识的话,他就不可能敏感到自己与一个异文化背景的下属之间的不愉快,如果不及时调整和沟通的话,是会导致极其严重的后果的。

从孤独的旅居者转当"参与性观察员",让自己走出"文化休克"

欧伯格认为,当一个人慢慢地从反弹、与新环境格格不入,变得开始尝试新环境、新语言,甚至对自己新的生活节奏中的"踉跄"开始自嘲了,便是走出阴影、融入社会的一个征兆。欧伯格给出的第一个锦囊就是让当事人把自己变成一个"参与性观察员"(a participant observer),观察是为了参与,这样才能扮演一个入戏的角色(a role playing),进入社会的行为交换体系。欧伯格也提醒要纠正人们的习惯力量,因为对环境的格格不入或融不进去,多半问题出在不了解别人的文化上,也就是说怪不得别人。

今天的华人更需要跨国生存和发展"指南"

自 19 世纪上半叶开始,许多华人随着"淘金热"而漂洋过海,客死他乡,他们身上发生的许多跨文化生存的辛酸故事和精彩瞬间大都未能记录下来。但他们的许多后代如今也已经成为全球华人的骄傲。今天的华人更是随着中国的强大崛起而开始现代意义上的开放和人口自由流动,即使在世界范围内,今天的华人人口也有大规模地流动——无论是留学、外派工作、出国办企业、建分支机构、当销售代理,还是当投资移民和技术移民——在 40 多年中国改革开放期间呈现了惊人的增长幅度。所以人们也期待:应该会随之出现比较有系统的,针对华人移民、留学或外派人员而写的研究专著,出现专门帮助华人渡过"跨国生存"难关的"锦囊"或指南手册。

例 冷静观察为的是主动参与,抓住机会就要大胆发声!

据《美东侨报》"瞧纽约"微信公众号 2021 年 5 月 17 日报道:自 2020 年初美国新冠肺炎疫情暴发以来,封锁社会活动的禁令让很多商家业主都面临生存压力,这种艰难时世往往也是种族歧视的集中爆发时期,美国媒体也报道全美各地频繁发生令人震惊的种族主义事件和仇恨犯罪事件。在这样的时刻,华裔新移民、44 岁的中餐厨师、真人秀明星张晴月(Shirley Chung)的遭遇和行为令人瞩目和敬佩。

出生于北京的她 17 岁时移民来美,现与丈夫在加州卡尔弗城(Culver City)共同经营餐厅 Ms Chi Café,因参加真人秀节目"顶级大厨"(Top Chef)而走到聚光灯下。随着反亚裔仇恨情绪的蔓延,她经营的餐厅也成为受害者之一——尽管服务员当面消毒餐桌,但仍有食客质疑餐馆的清洁程度。张晴月餐馆的后门还遭到涂鸦破坏。为此,张晴月增加了额外的清洁服务,并安装了安全摄像头,以帮助她的顾客和员工有安全的就餐和工作环境。最近一次,甚至有人偷走了柜台上的外卖订单,还威胁她的丈夫吉米·李(Jimmy Lee,音译),并大喊种族主义言论。张晴月说:"这些遭遇实际上令我更加想要发声,我希望分享我的经历。"

尽管张晴月夫妇的父母希望他们保持沉默,以保障自己的安全,但张晴月表示,勇敢发声能引起人们对亚太裔群体所面临困境的关注。"我们不想再保持沉默了。"她说,"我们想以身作则,让我们的父母知道这么做没问题。现在我们的机会来了。"

疫情暴发初期,张晴月便迅速调整餐馆业务,以对冲经济封锁带来的损失。她说:"那是唯一的生存方法。"当她重新开业时,她将速冻饺子运到美食送餐公司 Goldbelly 分销。改变销路的第一周,张晴月的订单增加了两倍。随后,她增加了菜品种类,并开始进行线上烹饪教学。在自救的同时,她还与其他领域的厨师交流想法。张晴月表示:"通过这些对话,我意识到许多亚太裔餐馆老板和厨师都无法获得'主流'餐馆享有的资源,不论是政府拨款、最新优惠政策,还是社交媒体平台的推送。"2021 年 3 月,张晴月参加了洛杉矶食品集团(LA Food Gang fundraiser)的筹款活动"让我们一起吃喝"(Let's Eat Together),该项目为陷入困境的亚洲餐馆筹集了近 6 万美元。

关于未来发展,她表示,"自己经营的餐馆在疫情期间做出了一些数字业务方面的创新"。通过互联网进行的现场烹饪教学未来还将继续存在。除个人业务转型外,新冠疫情还令她所在的社区更加紧密地联系在一起。因此,她希望亚裔能够脱下"隐形衣",更多地涉足政治,更多地被主流媒体关注,更加积极地塑造当地的流行文化。[①]

---

① "烹饪顶流"张晴月成反亚裔仇恨代言人:我为华裔移民身份自豪[EB/OL]. (2021-05-16)[2021-10-18]. http://www.uschinapress.com/static/content/DX/2021-05-16/843482697 690259 456.html

十二、跨文化交流能力及培训

"文明,不过是一件百衲衣。埃及、巴比伦、希腊、罗马、印度、阿拉伯,什么地方的布条子都有。"

——人类学家罗伯特·路威

成功交流,即缩小误解

成功交流,即有效交流,即缩小误解

由于人类无法像天使那样交流,所以人际交流不存在完全的成功,所谓的成功交流就是有效且误解较少的交流。

(1)有效的交流,即成功的交流。有效的交流就是听者在任何情况下都能听懂说话者的意图的交流。

(2)当然,百分之百的成功交流是不可能的,误解难免会有。所以,有效的交流也就是将误解缩小。缩小误解(minimized misunderstandings)是有效交流的同义词。

深刻理解语言与文化差异

成功交流能力包括三方面:语言能力、社会语言能力、策划能力。

语言和语言能力是人类特有的。蛙眼只能看见移动的对象,而看不见静止对象,哪怕蛙饿极了,人把弄死了的昆虫放在它面前,蛙眼也视而不见。

羊群在遭遇大风暴、大冰雹时,哪怕周围极近的地方就有一个可以躲避的山洞或有一棵大树可以掩盖一下,羊群也不会自动涌现出一只英雄而又聪慧的领头羊,带领大家去避难。它们只会就地没头没脑地聚拢、聚拢,相互挤

压,任由大雨浇在它们身上,大冰雹砸在它们身上,甚至大风将它们中的几只直接吹落悬崖或者它们的相互挤撞让其掉下山崖。

人的眼睛,若看见蛙和羊的可怕盲区,一定会想自己绝不至于"愚蠢"到那个模样。但是人的眼睛真的是什么都看得见吗? 人的眼睛真的是天生就会仰望星空吗?

语言是人的创世行为,同时也是人的自我意识的发生过程。

因为人类创造了语言,因为语言可以"命名"和"解释"世界万物,人类看到了更多侧面的世界,也看到自己的更多侧面和内在精神力量,从而克服了许多自然生存的限制和自身的类似蛙和羊的固有盲区。

有效交流七要素

鲁本(Ruben)提出的有效交流七要素

(1)向对方表示尊敬和对其持积极态度的能力(用言语和非言语表示)。

(2)采用描述性、非评价性和非判断性态度(保持客观性、中立性)。

(3)最大限度了解对方个性的能力(西方思维特点:具体、个体、特殊性)。

(4)移情能力(区别于同情心)。

(5)应对不同情境的灵活机动能力。

(6)轮流交谈的相互交往能力。

(7)能容忍新的和含混不清的情景,并从容不迫对之做出反应的能力。[①]下面我们来逐一理解。

(1)向对方表示尊敬和对其持积极态度的能力(用言语和非言语表示)

例 精明的美国人?

梁实秋的散文集《清华八年》说:据老罗斯福总统的回忆,美国用庚子赔款的一半来兴办清华大学,目的是要造就一代亲美的中国政治和文化领导人。梁实秋分析说:美国人的中国战略,用心良苦,影响深远。

---

① RUBEN B D. Guidelines for cross-cultural communication effectiveness[J]. Group & Organization Studies 1977,2(4):470-479.

例 用非言语表达尊敬和积极态度

如挂国旗、运用共享符号：如奥巴马见日本天皇时学习用鞠躬的方式致意，运动员赛后交换球衣，来访者集体向烈士陵园敬献花圈，等等。

（2）采用描述性、非评价性和非判断性态度（保持客观性、中立性）

例 两种观察习惯都有道理

心理学家用一张图里的三样东西让你分类：鸡、牛、草。中国人选择牛与草放一起，因为牛才吃草。美国人选择鸡和牛放一起，因为鸡和牛都是动物，草是植物。中国人普遍的选择方式和结果令美国人非常震惊，因为他们认为根据本质归类是高级归类，根据关系归类是低级归类。

那么，如果选题是：婴儿车、妈妈、小轿车。你说谁应该归在一起？当然是妈妈和婴儿车，你不能把婴儿车和小轿车归在一起，虽然它们都是交通工具。这就说明某些时候，根据中国式"关系"的归类更有道理。（彭凯平："中国人与西方人的思维有什么不同"）

美国人喜欢准确，中国人喜欢灵活

浙大的一位美国留学生在作业中写道：学校办公室的墙上明明写着"不准吸烟"（不过应该是"请勿吸烟"吧？），可奇怪的是有人吸烟的时候却没有人报警。

商店里挂着漂亮的中国旗袍，但是我提出想试试的时候，营业员却说"没有你的尺寸。"她那是歧视，这是不可能的。这不公平！

我陪一个脚扭伤了的女留学生去学校看病，看到门边备有一把轮椅，就想让她坐上去，但是医院的工作人员不肯，说轮椅是留给伤得更重的病人用的。我认为这很不公平！

我的一个吃素的同学在你们的食堂打不到菜，这也不公平！

上课的时候，中国老师总是问：明白了吗？这是把我们当小孩子，太奇怪也太不应该了。

中国人总说：有空过来玩。他们是真邀请还是假客气？

我请他们下周过来帮忙搬东西，他们说"再说吧"，他们是同意还是不同意？不同意为什么不说"我没空"或者"我不愿意"？

例 尽量客观评价不同文化

现代社会新闻报道的一大特色，就是记者主要负责客观报道，让读者从事实描述中自己去得出结论或评价。虽然新闻中的"事实"已经经过记者的筛选或剪辑，但记者起码应该"假装客观"，以留出思考和讨论的余地，尊重和激励普通老百姓的判断和评述能力，这种评述和判断其实也是公民参政能力和参与社会建设的一种体现。

面对异文化的传统或言行也是如此，一般交往中应该尽量先描述、先交换信息和了解差异，请对方自行下判断，再进行反馈式解释和意见交换，而不是直接进入"以己度人"的评价和判断。比如美国上了年纪的女性极少穿裤装，中国上了年纪的妇女极少穿裙装。对这个现象不能简单评判西方女性更开放，中国女性较保守。美国上了年纪的女性极少穿裤装，甚至擦洗地板和打扫卫生间时都穿着裙子和高跟鞋，是因为她们认为做家务时穿裤装，会将女性的曲线暴露无遗。相反，中国上了年纪的女性却从来不穿裙子，是因为她们认为裙子太招摇轻佻、不够庄重。从这个差异中可见西方妇女相对体态丰满的居多，穿紧身裤装行动起来会显得线条毕露，并不美观；而中国女性相对体型瘦削，加上传统文化中不提倡裸露肌肤，所以穿裤子更合适。中西对女性的着装与性感有不同的理解。

与之相关，英语里有句谚语叫"穿裤子"，意为"一家之主"。之所以这么说，是因为只有在外工作的男性才穿裤子，裤子是男性的象征。而拿主意的都是穿裤子的男性。这里面有西方传统的性别政治观念。与此不同，以前在家"工作"的西方女性一般都穿裙子，由此形成的传统认识，就是认为穿裙子才能很好地体现女性气质。于是，一些西方小说中的"穿裤子的女人"意指不像女人的女人，也指不正经的女人。

但在今天的西方，现代女性穿裤装是开放和平等意识的一种体现。今天的中国，老年妇女的着装也不再有那么多框框和限制，完全可以自己做主。为了强调女性的解放和勇敢，设计师手下的裙装和裤装都既可能典雅，也可能"性感"，如超短裙和热裤。

另一方面，今天东方和西方许多国家的公共卫生间门上都仍有用"裙子"和"裤子"图案来区分男女，它们已经抽象为一种通用的符号，也鲜有人会总是提及它们曾经的性别政治含义了。

东亚的"清醒"禅境不是西方的迷狂（酒神精神）

中西方的诗有两种不同的灵感模式：禅境/迷狂。禅境的特征是顿悟、融通和澄明。迷狂的特征是本能骚动、非理性和神秘主义。

中国诗人写狂，并不是真迷狂了，而是写清醒。是狂直、狂放、特立独行、不满现实,不尊礼数、不惧权威,敢于表达与众不同的意见,还有壮志难酬的感慨。中国诗人即便狂醉,也不是沉浸于西式酒神精神,而是保持着不变的理性。即使焦虑,怀抱的也是忧国忧民的政治性焦虑。这种狂与禅境中的静是一种平衡,否则禅境就易导向生命力的消解和寂灭。①

中西诗歌中的人、自然、社会、宗教

孤独的主题是中外诗歌中最常见的。中国诗人的孤独大都有忧国忧民的色彩,具有伦理和社会的性质。当一个优秀的人不能实现自己的政治抱负时,即使退隐山林独善其身,也仍然心怀社稷。所以中国的孤独诗,是群体本位的,抒发的是怀才不遇的孤独。

西方的孤独诗则是个体本位的,虽然也会忧国忧民,但更多的如拜伦式英雄,是独特、高傲、忧郁、叛逆、愤世嫉俗的,经常情感爆发的,他们的思想基点不是社稷、伦理和国家,而是个人的存在,是存在的孤独和存在的困境。他们的思考是形而上的,关心的是个人存在与巨大时空的矛盾,关心的是个人与其他人的不能沟通,是信仰危机后的孤独感和无精神家园感,是失去信仰后的荒谬感和绝望感。

由于在基督的怀抱中就不会孤独,所以他们的孤独诗中还往往有救赎的主题。当社会理想或宗教理想破灭时,自然往往就成为替代。

中国诗人用自然替代社会理想,这些自然就具有了人伦色彩。西方诗人用自然替代宗教,自然于是具有泛神论色彩。②

(3)最大限度了解对方个性的能力

例 西方从小到大和中国的从大到小习惯

比较之下,西方思维的特点是从具体、个体、特殊性出发讨论问题,首先看中个体与个体、个性与个性的交往,所以会出现一个时期美国总统小布什与英国首相布莱尔之间的"两布"情投意合现象,但在中国领导人之间或中国领导人与外国领导人之间,是不太可能建立所谓特殊"交情"的,也绝不可能公开表示一种个人间的欣赏态度的。

中国或东亚是习惯从集体、关系、背景出发讨论问题的。一般中国人遇

---

① 飞白.诗海游踪:中西诗比较讲稿[M].杭州:浙江工商大学出版社,2011:287.
② 飞白.诗海游踪:中西诗比较讲稿[M].杭州:浙江工商大学出版社,2011:149.

到一个外国人：首先想知道的是他的国籍，判断一下两国的关系如何；其次是他的职业，判断一下与自己的职业是否相近相关；再次是他的家庭，判断一下他的社会"关系"和知识背景；最后才是他自己的个性。如果前面几项都"恰当"和层次高，则无论什么个性都可以接受和宽容。同样，一般中国公民想到外国领导人也更多地考虑他代表的国家与自己国家的关系如何，不会去考虑他的个性或他与自己的领导人的个人交情问题。

今天的美国人需要学习东方人的思维方式

美国作者乔舒亚·库珀·雷默在《不可思议的世界》(湖南科学技术出版社 2010 年版)中提出，为了适应当今的世界，美国人需要学习东方人的思维方式。具体来说需要实现三种转变：从简单决定论转向整体意识，从"遏制"对手转为关注群体"复苏"，从直接控制权转为间接控制和学会赋权。

2004 年，实验心理学家理查德·尼斯贝特在密歇根大学招募了一组学生观看电脑屏幕上的图片，一半学生是美国人，另一半是亚洲人。电脑屏幕上的图片每隔三秒就更新一幅。所有图片都是一个复杂背景中的一个大型物体，如森林中的一只虎或花丛中的一匹马。实验结果表明，美国学生更清楚地记住了图片中的动物，亚洲学生则更关注复杂的背景。尼斯贝特的结论是，美国人天生倾向于把自己放在首位，认为我们生活在一个简单决定论的世界，而亚洲人更倾向于认为自己要适应一个不断变化的复杂世界。乔舒亚·库珀·雷默在书中引证了这一实验并评论说："美国人经常认识不到，我们面对的问题或危险是一个复杂体系的一部分。美国人的世界观仍是西方思想中最古老的观念，即为了理解某个复杂问题，首先要把它分解成更小的部分。这种方式也许不再适合今天的世界了。"

世界的复杂性是大部分人无法掌握理解的，不应该仅关注一个物体而不注意同一情境中的其他事物。首先应该意识到当整个体系(如金融体系)陷入麻烦之时，我们无法单一地控制某个危机(如"次贷危机")。其次是要放弃旧的遏制的观念，糟糕的事情总是会降临，如果不能阻止袭击，就应该不断增强复苏能力和免疫系统。最后是要从强力把持权力转为尽可能地分权和授权。现代科技如电脑和互联网，都是在分配权力而不是简单控权。要接受东方人的整体观念和间接意识，而不是西式直接面对的模式，要把各种新的社会威胁看成一个体系而不是不同的个人。

例 少数民族爱美国吗？

美国著名政治学者亨廷顿在《我们是谁？》一书中曾悲叹：美国队与墨西哥队在美国境内进行足球比赛，结果全场观众都在为墨西哥队加油，因为他们大都是来自墨西哥的合法和非法移民。不仅足球或其他球赛是这样，即使是到了政治大选的紧张时期，众多"美国人"也是在关心和讨论他们母国的选举和改革，而对美国的政治危机和政治选举却漠不关心。对此他感到十分担忧，哀叹："我们是谁？"

探讨：要理解亨廷顿的观念需要了解他"这个人"。作为一生高度忠诚于"祖国"的政治学家亨廷顿，有一突出特点就是充满传统知识分子的独立精神和忧患意识。他的每一部专著都具有惊人的前瞻性和对现成思路的冲击性。

同时，他并没有意识到许多墨西哥裔美国人或其他少数族群对美国的这种"不忠诚"，并不仅仅是政治认同问题，同时还是一个跨文化适应问题。美国与墨西哥虽是邻国，文化上的差异却不小，许多墨西哥裔移民及其后代在试图融入美国主流社会的过程中，遭遇文化差异的很大阻力，迟迟未能如愿。而这种不融入后的"异常"和"独处"现象也常常带来一些本地居民的不满情绪和敌视行为，进而影响政治选举和法律修改进程。

（4）移情能力

移情不同于"同情"。两者都有设身处地为他人着想之义。后者指对别人充分理解，进而同情。但仍是以我和我的文化为主，以自己的标准解释和评价别人。遵循的是圣经中的金科玉律（Golden Rule）：己所欲、施于人。意为："欲人施于己者，己必施之于人。"（Do unto others as you would have them do unto you.）

前者（即移情者）则不以自己的经验和文化准则作为解释和评价他人行为的标准，遵循的是白金科玉律（Platinum Rule）：己所不欲，勿施于人。（What you do not want done to yourself, do not do to others.）试图**忘我地**进入他者文化和新的交流情景，以别人的文化准则为标准来解释和评价别人。

例 出人意料的对比结果

香港有位社会学专业的研究生，跟着志愿者团队去给街头的流浪人员"送温暖"。当他们带着食物和半新旧衣物去送给流浪人员时，他发现这些流浪者都不过是"客气"地收下或赶紧食用,并不显得真正高兴。于是他开始单独行动,花时间分别采访这些街头流浪者。最后他得到的采访结果是:这些流浪者最需要的不是食物和住处,因为这些已经有政府机构在长期提供,他们最需要的是人们能与他们真诚交流,听他们说出自己的遭遇、心中的想法和对相关社会问题的看法。

在笔者所在的浙江大学,每年的职称评定都是让人心焦的事。但一位中年副教授同事却一直特别淡定。笔者借一次聚会聆听了她对职称的个人想法。她说:由于女儿在德国读了本科后又读研,所以有机会多次前去探望。有次与女儿在一酒吧小饮,突然有人高声介绍:"今天我们这里非常荣幸地有一位X大学的教授在座,大家有什么问题不妨可以请教一下。"于是大家都突然安静下来,转头去认识这位"高朋"并等待他说出"高见"。这次经历让她印象深刻。她体会到在欧洲的许多名校,当教授意味着你对社会而言,确实有突出才华或贡献,否则名不符实,反而是承受不了的压力。她笑着说:"我觉得若向欧洲学者介绍自己是中国来的副教授,已经足够了。"

例 矛盾现象与辩证思维

现实中有很多矛盾的现象,例如从数学的模型来讲有一种蝴蝶效应,就是一只蝴蝶在北京扇动一下翅膀,可以影响到全球各地气温的变化。关于这件事情,数学上是可以证明的,但是在现实中不可以证明。

辩证思维是对矛盾现象的一种处理方式。我们发现具有辩证思维倾向和没有辩证思维倾向的人对问题的反应不一样。给美国人看两个矛盾信息,如果把这两个矛盾信息单独呈现,对某个信息的偏好实际上较小。但是如果把这两个矛盾信息一起呈现,对这个信息的偏好会增大。即,如果美国人相信一个东西,看到反面信息后反而会更相信。

可是中国人不同,中国人喜欢折中,原来相信的信息,看到反面信息之后会减弱相信的程度。这就是辩证思维对我们判断的一些影响。这两种思维方式其实都存在问题。美国人经常犯的一个错误,就是即使有不利证据存在,他也会贬低这个证据,这就有可能排除一些真实信息,而中国人则可能人为地夸大一些负面信息的真实程度,也就是说对一些假的东西的容忍程度太高了。(彭凯平:"文化与心理:探索及意义")

(5)应对不同情境的灵活机动能力

这个能力涉及角色行为能力,即任务角色、关系角色、个人角色。成功的交流者应该能成功地担任任何一种单独角色或同时担任和灵活更换不同角色。

例 怎么翻译比较好？

1950 年，毛泽东到莫斯科同斯大林谈判。一次会餐时他对斯大林说："我们订条约，不仅要好看，还要好吃。"中国老翻译家、毛泽东的俄文翻译李越然当时认为，在重大外交场合，作为翻译的他不好擅自对原话进行解释，可是他将这 14 个字翻成俄语后，斯大林愕然，不知其所指。

其实，毛泽东是想说条约不仅要体现中苏平等互利的原则，苏方还应给中国人民提供切实的援助。毛泽东的说法通俗而又委婉，还带点幽默，然而由于中俄思维和表达方式的差异，斯大林无法理解，双方交流出现障碍。

讨论：如果进行事后的工作检查，你如何分析这次交流中的任务角色、关系角色和个人角色？如果翻译换成是你，你如何实现应对不同情境的灵活机动能力？

（6）轮流交谈的相互交往能力（理解对方言行、灵活应对话题或成功转换话题）

例 你挣多少钱？9 个参考答案

涉外接待的饭桌上突然有人问陪同外宾来华访问的华裔翻译：你挣多少钱一个月？

①外交辞令："这个问题你千万别问外国人，外交无小事，免得影响了两国关系。"

②实话实说："不够花的。"

③相对理论："在美国和在中国，五千一月各是什么概念？"

④无可奈何："虽然还行，但还是比你想的要少。"

⑤合同规定："公司规定不可以讲的。否则犯法。"

⑥绝对隐私："我已经是西方习惯了。"

⑦反戈一击："你们别以为我怎样怎样，实际上我比你们任何一位挣得都少。"

⑧故作深沉："我哪有他们那么多！"在国外定居后见到同胞仍称定居国的"他们"是外国人，称自己是中国人。

⑨社会地位："不管我的钱多少，与你们的社会地位都不可比。"

评议：关键是要能理解对方言行和意图，灵活应对话题或成功转换话题。

(7)能容忍新的和含混不清的情景，并从容不迫对之做出反应的能力

例 如何回答难答的问题？

有浙大留学生问外汉教师：中国曾经的计划生育政策是怎么实施的？ 如果一家生了双胞胎，政府是不是要杀死其中的一个孩子？

有浙大留学生问外汉教师：为什么你们都知道某某人是下届系主任？ 你们真的认同他吗？ 万一他不称职怎么办？

对于这类问题一定要有客观信息的详细说明，回答要让对方能够听懂，同时也要清晰地表明自己作为个体的看法、态度和立场。

例 通过讨论回答浙大留学生的困难问题：中国人为什么不喜欢黑皮肤？

中方（浙大同学）：①审美传统是以白为美，与白相反的黑为脏或下层（指工作方式和社会地位）。②过去我们真正与黑肤人群交际的机会很少。③西方文化的不良影响（文化殖民主义、先入为主、传播强势）。④因新闻报道形成了"刻板印象"。⑤人性本能：趋向于先服从强者。⑥客观存在事实：非洲目前的情况不理想。——讨论可以展现问题的多面性，对大家都有启发。

例 通过讨论回答浙大留学生的困难问题：浙江大学的学生为何首选与欧美同学交往？

中方（浙大同学）：因为他们更愿意与你交往，起码在受到邀请的时候，是礼貌地回答提问，或者是礼貌地回绝，从而让我们也可能多少交往一下。

我们也觉得奇怪：东南亚同学如泰国或韩国同学，反而更不愿意"搭理"我们。

也许是因为语言吧？ 不过好像欧美的同学即使语言不见得更好，他们也愿意尝试。

韩国同学：我们也很想在中国留学时能交到好朋友，但往往交往一年之后就"淡"了。你们能告诉我为什么吗？ ——讨论可以让大家共同探讨相关问题。

除此七点外，其他学者想补充的能力还有：
自我展示能力；
自我意识（自我监督）理论；
社会放松理论；

行为变通理论；

交往介入理论等。

跨文化交流能力

什么是跨文化交流能力？

鲁本（Ruben）提出：跨文化交流能力是指具备一种与某一环境中的个体为了实现其性格、目标与期望所应具备的同样独特活动方式的能力，一种可以达到人的基本要求、满足其性格、实现其目标及期望的相对的能力。[①]

有美国学者提出跨文化交流能力主要由三个方面组成：动机、知识、技能。[②] 如图 12-1 所示。

动机：
安全的需要、预测的需要
成为圈内人的需要
避免过多焦虑感的需要
分享一个世界的需要
物质满足的需要
维持自我观念的需要

知识：
关于如何收集信息的知识
群体差异的知识
个人相似性的知识
多种解读的知识

技能：
留意的能力
容忍模糊的能力
处理焦虑感的能力
移情能力
准确预测和解释的能力
调节自身行为的能力

图 12-1　跨文化交流能力的三个组成方面

---

① RUBEN B D. Assessing Communication Competency for Intercultural Adaptation [J]. Group & Organization Management，1976，1(3)：334-354.

② 转引自：胡超. 跨文化交流：E 时代的范式与能力构建[M]. 北京：中国社会科学出版社，2005：159.

理解跨文化交流的动机很重要

跨文化交流的三种交流动机：

（1）适应新的生活圈（移民、难民、灾民等）；

（2）留学、外派工作或旅行；

（3）"结合动机"。

例 学汉语的"老外"之学习动机

发达国家的"冒险者"：进取。

发展中国家的"强者"：安全。

商人：发财。

年轻人：发展。

老年人：人生观。

旅游者：好奇、寻趣。

注意：不要夸大"中国通"的相对能力

跨文化交流能力是一种相对能力，任何人都不可能完全掌握"他者""他族"的文化。

"中国通""美国通""资深外交家"的跨文化交流能力也是相对的，不可盲目依赖，不可人为夸大。

自夸、被夸、他夸……都要警惕、不能迷信，自己应有自知之明，他人应妥善对待。

值得一提的是：外语好的人并不一定具有跨文化素养，经常与外国人打交道的人不一定因此而尊重不同的文化，有的反而会因此拥有更多对异文化的偏见，有的会因此更具"话语霸权"的危险，有的会因此更凶狠地对待自己的同胞。来过中国的外国人也一样，不一定回国后就变得对中国更亲近或友好了。有的外国人在中国住长了、融入了，不一定就是跨文化交流的专才，很可能他或她也已经"只缘身在此山中"，也"不识庐山真面目"了。

语言通不等于文化通

有些外语能力强的人会嘲笑看翻译作品的人，认为自己看的是原文原著，所以只有自己看得懂。有些经常有机会出国的人会嘲笑没有机会出去的人，认为自己亲眼看到了许多事实或现象，别人看不到所以就不明白。其实即使看过原文,看过不一样的世界,因此具有的"跨文化交流能力"也不过是一种相对能力。反之,由于人类的思维、情感、技艺等文化成果是完全相通互利的,是不断传播传承和共享共建的,所以看翻译作品绝不等于看文字说明,其中的精神和大意是不受语言束缚,而能让各国人民都"心领神会"的。正由于人的生命是有限的,世界的文明成果是无限的,所以我们需要借助现代分工、借助专业的翻译人员和传媒机构,来分享跨文化交流的乐趣和益处。

诺贝尔文学奖评委的汉语水平怎么样?

2000 年,旅法中国作家高行键获得了诺贝尔文学奖。一些中国评论表示不屑,除指出该奖"被用于政治目的"外,还有人质疑相关评委"人选不当"和"水平不够"。有文章说:作为评委中唯一懂中文的评委马悦然,"在西方人面前充当中文权威可能还行,要在华人面前讲他懂汉语就班门弄斧了。若写几段汉语文章发表,够到中国人的高中水平就相当不错了"①

同样,我们对自己的外国语言专家也应该有这样的清醒认识。语言专家、翻译家绝不能简单地等同于跨文化交流的成功者或必须尊重的专家。许多外语流利的专家,在丰富多彩的多元文化面前,也会"文化修养欠缺",也可能发生低级的交流误解,甚至比从没有去过国外的普通人还理直气壮地说一些有碍跨文化交流的昏话。虽然中国人会说"无知者无畏",但是中国也常说:"淹死的都是会游泳的。"

在海外的华人移民的英语水平也一样,很少有人敢说自己是高水平的,哪怕你在中国大学里学的就是英语,一旦踏入新的国土和文化,与当地人交流、听当地的"新闻联播"、看第二故乡的影视作品和各种表演,也难充分理解和应对自如。即使是资深的翻译家,一般也只是在某个语言的某个类型文本上更熟悉和水平更好些。

英国诗人艾略特说:"我认为没有人能用两种语言写出好诗。也不晓得历史上有谁能用两种语言写出好诗来。我认为只能用一种语言来写诗,因此必须放弃另一种语言。"我国著名翻译家飞白先生也说:两种语言就好比是两岸,翻译家是人桥,通过翻译,人们可以从此岸去彼岸。但这个比喻也说明,中英文翻译者必须或者更忠实于英文,或者只能更尊重中文的习惯,不可能

---

① 刘传.诺贝尔奖冲击波[M].香港:中国文化出版社,2000:231-232.

完美无缺地翻译中英文，否则就像飞白先生所说，翻译者非得脚跨两岸的话，自己就可能掉到河里去了。

所以说，跨文化交流能力是一种相对能力，千万不要高估自己和他人的这种能力，与人对话和交流始终应保持相互尊重和经常反省的习惯。

对话方式与有效的跨文化交流模式

有四种基本的对话交流模式：我族中心式、控制式、辩证式、双翼式。

（1）我族中心式对话交流：以自己文化为参照，对待他者——把他者当作自己的影子。他者的独特性和文化完全被忽视。

（2）控制式对话交流：操纵和控制他者——将他者当物品，他者的文化和个性不被承认。

（3）辩证式对话交流：有三种可能结果。

（4）双翼式对话交流：更值得提倡。

辩证式对话交流存在三种潜在交流结果：

①双方都放弃自己，差异消失，成为新的一体。

②一方失去自己个性，盲目信任和依赖对方，或者无私奉献给对方。

③一方操纵或强迫对方，迫使其完全改变，成为自己的一部分。

提倡：双翼式对话交流模式

用两个圆表示的双元性结构：彼此独立又相互依存，异同都被承认和尊重，你中有我，我中有你。这种相互性、整体性和结合都是动态的（见图 12-2）。与前三种有本质不同。

这种对话交流模式与我们之前探讨过的"和而不同""美人之美、各美其美、美美与共"也是相通的。

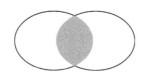

图 12-2　双翼式对话交流模式

跨文化交流能力的具体表现

第一，温特（Wendt）认为具体表现为：认知能力、情感能力、行为能力、语用能力和情节能力。①

第二,系统说:基本交流能力系统、情感和关系能力系统、情节能力系统、交流方略能力系统。

跨文化认知能力

描写(description)、解释(interpretation)与评价(evaluation)是跨文化认知的三个重要的阶段。

例 你觉得这位老师怎么样?

请观察一个外国老师,进行描写、解释和评价。

你的观察和描写:这是一个穿破牛仔裤、坐在讲桌上讲课的美国老师。

你们的不同解释——这位穿破牛仔裤、坐在讲桌上讲课的美国老师——喜欢随便一点,或者不注重仪表,或者他的行为与角色不符,或者他显然对任何事都毫不讲究等,导致他人对这位老师的评价,有喜欢、不喜欢、讨厌等不同的结果。

正如德国哲学家威廉·狄尔泰所说:对"自然我们"进行解释,而对"精神我们"进行理解。

跨文化情感能力:移情的六个步骤

萨莫弗(Samover):实现移情的六个步骤。②

(1)承认个人和文化间的差异是普遍存在的,世界是多元的。

(2)充分认识自我。

(3)悬置自我(suspending self),消除自我与环境的分离状况。想象自我是任意的界域,认识到已有的多元文化和其他界域都是人为划定的。

(4)设想自己处于别人的位置,深入别人的心扉。

(5)做好移情准备,经验移情,想象中的移情。

(6)重建自我,即使因享受了别人经验而产生激情与欢悦,也必须能够恢

---

① WENDT M. Context, Culture and Construction: Research Implications of Theory Formation in Foreign Language Methodology [M]//Context and Culture in Language Teaching and Learning. Multilingual Matters,2003:92-105.

② SAMOVAR L A, PORTER R E, JAIN N C. Understanding intercultural communication[M]. San Francisco:Wadsworth Publishing Company,1981:209.

复自己原来的精神状况，再次看到自己的文化常态。

通过这六个步骤，我们可以克服自我文化中心主义，对他者的文化需求、价值观念和行为目的有更敏锐的感觉。

讨论：中国式"善解人意"——他人取向，集体取向——更有耐心和更能容忍吗？以个人主义取向为特征的西方人更缺乏耐心和能容忍吗？——中西的移情特征有较大差别吗？

翻译得当，才能被他者真正接受和理解

自称老张的网友写道：为了提高国民的节约用水意识，国内到处可以看到这样的标语：节约用水，人人有责。而且人们一般把它翻译为：It is everybody's responsibility to save water. 在国人看来，这句话翻译得很工整，也很准确，一看就明白。然而，请不要忘记，任何用英语表达的东西，说到底都是为以英语为母语的人服务的。如果译文不符合他们的思维方式和文化背景，只能起到事与愿违的效果。在西方人看来，这句英语充满浓厚的政治色彩、严肃性和职责性。在美国也可看到实质上同样意思的表达，我最喜欢的是：A drop saved is a drop gained. 显然，后者注重实际，晓之以理，动之以情，说服力较强。

方便面的确方便了不少人，不少外国人也颇为喜爱。然而，有一次看到方便面包装上的一则英语说明，真令人啼笑皆非。"Open it and eat it immediately."好像不赶快打开吃，就要爆炸了似的！去北戴河的路上，看到"加油站"被译为"Add Oil Station"，又令人啼笑皆非。大家也许还记得 2008 年奥运期间曾有的一条最重要、出现频率最高、出现地点最多的标语："为奥运喝彩，与世界共享"吗？它的英译是：Where the world comes to share. 我真是不敢恭维这种说明不了任何问题的译文。当然，不仅仅是这一条，不少奥运标语的英语译文中都存在这样或那样的问题。

跨文化的关系能力

(1)双方都能独立自主又亲密交往。
(2)因能不断产生共识而相互吸引，进一步交往。
(3)以适应对方代替我族中心主义。

如何以适应对方代替我族中心主义？

(1)实现言语和非言语的相互关注。
(2)齐心协力、反应及时。

（3）有效地自我展示，以让对方真正了解自己，容忍差异。

（4）处理各种危机和冲突的能力。

（5）创造性、灵活性、应变性。

跨文化的情节能力系统

这是社会语言学和交流学者的新研究成果，情节能力（episodic competence）：是指解决多义现象的能力。

情节是指一整套完整的交流惯例，可重复，可预测。

情节是一种可辨认开始与结束的序列。

跨文化的情节能力具体体现为四方面：

（1）了解情节中行为之"脚本"（借用电影术语）。了解建立于人们常识之上的行为的期望。能依据"脚本"说话和行为的能力。

（2）实现心中的交流目的的能力。

（3）遵循特定情景中的交往规则的能力。如何开始和结束、如何按程序谈话、如何做出反应等。

（4）话题和交流场景。

实践：按照跨文化情节能力四个方面，试组合一个主题兴趣小组，策划一次校园跨文化联谊活动。

遵守规则和超越规则的能力

交往规则不仅有礼貌和程序，更重要的是有意义和行为之逻辑——遵守规则和超越规则的能力。

超越规则的能力：

（1）结束某一交流事件的能力（总结的水平）。

（2）解释能力。

（3）事后解释或请谅解的能力。

（4）重新建立交流环境的能力。

（5）向对方展示自己已经提升的交流方式的能力。

（6）实现对方期望，提高对方对自身行为的评价。

策略能力系统

因语言和语用能力缺陷而采用的补救方略：

（1）成功进行语码转换。

（2）发现近似语。

（3）找出可能的合作方式。

（4）成功运用非语言。

例 关于中国文化的"水"比喻：精彩！

李小龙在去世前接受最后一个采访时，美国记者让他描述一下中国人的基本元素。他说中国人就像水。水无形无状，如果放在杯子里就是杯子的形状，放在瓶子里就是瓶子的形状。水可以到处流，但水同时也可以冲破一切。美国人听了这个描述后，一头雾水。西方人不明白中国人谈的小我、无我、非我是什么东西。实际上中国人谈的是一个辩证自我的概念。李小龙讲的就是一种辩证的自我，即存在矛盾和多样性的自我。中国人的自我是由时间和空间界定的一个整体性的自我。（彭凯平："文化与心理：探索及意义"）

探讨：笔者认为西方人虽然可能一头雾水，但又应该仿佛明白了。毕竟水是谁都知道的事物。上善若水、从善如登、从恶如流，中国文化喜用水的比喻，但李小龙发现对方不能立即理解，于是就需要找到"补救方略"，接着他讲了水的变形和滴水穿石的特殊力量方式，这都是形象思维和感性的表达，虽然与西方式抽象概念和理性分析不同，但应该更能体现中国式的话语方式和思维方式。

水的比喻是中国文化的核心比喻之一，通过这个通用的比喻，中国人才能继续讲解我们的武术、书法、国画、中医，以及政治、社会、文化。

跨文化沟通培训

跨文化交流能力培训

培训对象：个人或团体。不仅适用于出国人员。如前所述，跨文化交流存在于各种国际和国内的亚文化团体之间，也存在于各种跨国跨地区的旅行、学术和商务交流，以及越来越多的跨国交友和婚姻之中，所以，跨文化培训或辅导也应该是未来的一个可能的职业或工作领域。

培训的基本目的：提高人们的文化敏感性和共感性，增加对其他文化的了解和理解，能够尽可能不带偏见地理解其他文化行为。

美国夏威夷大学心理学教授理查德·W.布里斯林（Eichard W Brislin）

的九种培训方法模式如表 12-1 所示。[①]

表 12-1　九种跨文化交流能力培训模式

受训者的参与程度	培训目标认知	培训目标情感	培训目标行为
低	讲演、阅读	讲演、欣赏电影与表演	示范正确行为
中	归因训练、对情境的批判性分析	自我意识；小组讨论，指导性跨文化接触体验	认知/行为训练旅行与观察
高	从行为科学和社会科学角度提供综合概念	角色扮演、真实场景模拟，如不同文化背景后的谈判	扩展性体验、对新习得行为进行指导训练

受训者参与度"低"的层次

讲演（专业培训师、跨文化资深人员）：注意吸引力、新颖性和适量。

阅读和欣赏：合适的电影和材料，积极和正向的信息，引导积极的情感。

正确行为示范：初次见面、自我介绍、相互招呼问候、如何发言等。注意演示者的标准和难度（不要让受训者觉得太繁、太难、太怪等）。

例 利用电影进行跨文化沟通培训

《饮食男女》《喜宴》：中式集体主义文化特点。

《推手》《刮痧》：集体主义文化个体进入个人主义文化。

《迷失东京》《黑雨》：西方个人主义文化个体进入东亚集体主义文化。

《我的盛大的希腊婚礼》》：西方主流文化（个人主义）个体进入西方亚文化（希腊集体主义文化）。

例 从电影《迷失东京》看个人主义文化中人来到集体主义文化环境[②]

男主人公 Bob Harris 是个过气的美国演员，应邀到日本拍啤酒广告。那天晚上，飞机到站后有人专门来接他，他不意外。但到宾馆后，还有一排人站

---

①　BRISLIN R W，Yoshida T，eds. Improving intercultural interactions：Modules for cross-cultural training programs[M]. Los Angeles：Sage Publications，1993.

②　严文华.跨文化沟通心理学[M].上海：上海社会科学院出版社，2008：40-43.

队迎接他，他有点意外。这些人向他鞠躬，向他递名片，向他赠送礼物。他既没有名片，也没有准备礼物。当他走进宾馆，服务人员会恭敬地称他 Harris 先生，并且停下来向他鞠躬，他再一次不知所措。

美国人更重工作而非人际关系。来客总是安排在工作场所见面，不会集体专门迎接，不会第一次见面就送礼。名片上更强调我是谁，而不是我是什么单位的、有什么头衔。

语言的缩水：Bob Harris 要在日本开始工作了，但他很快发现：日籍翻译不知为什么把导演讲得很长的日语翻成了短短的英语，他也不清楚导演为什么富有情感地说了一大通话，还凑到他跟前向他挤眉弄眼，他想说什么？

分析：日本导演觉得是第一次合作，在认真工作的同时，必须尽快建立良好的人际关系。所以他想让自己的非语言也就是表情能传递热情和友好，但显然让 Bob Harris 一下子不知所措。

该日籍翻译非常了解美国文化，认为美国个体只关注具体性指令，对很抽象、纯感性、不明确的"拉关系"话不能理解，所以就只选择性地翻译了导演话语中指令明确的那一部分。结果是她让导演的语言"缩了水"。

日本文化强调要替他人着想，不要让他人难堪，而且这种替人着想的做法是不用说出来的，直接做好就行。所以翻译就直接做了，并没有任何解释，觉得不必要解释和"卖功"。但这反而让美国演员产生了不信任感、不被尊重感和文化困惑。

总之，语言的缩水、渗水，是因为观念差异而不是语言不通。

模仿与创新：美国演员 Bob Harris 遇到的第二个日本导演会说简单的英语，不需要翻译了。

但这位会英语的导演不断地用简单英语让 Bob Harris 模仿另一些知名的美国演员的典型动作。

他不知道美国文化是个人主义文化，最不喜欢模仿，喜欢的是标新立异、张扬自我。

这位日本导演启动的是美国演员的"负面"情绪，所以随后 Bob Harris 做动作时，脸上充满了嘲讽和无奈的表情，让日本导演内心也不很满意。可见沟通失败会直接导致合作失败。

日程安排的铁定与随机应变：Bob Harris 来之前，所有的日程都已经相互敲定，包括来回机票和每天的行程和工作安排等。由于有一个日本当红的电视主持人想采访他，但想约的时间会影响他回国的日程，所以他没有立即答应。但日本拍摄组的成员兴高采烈地来告诉他，口气中满是理所当然应该多留一天接受名主持采访的意思。

但 Bob Harris 的第一反应是要问一下自己的经纪人确定时间安排是否有冲突。几个回合的商议下来,Bob Harris 才决定留下来。

探讨:日本的时间观认为人决定时间,只要有足够的理由就可以改变原来的时间安排,不遵守原定计划也是可以理解的。

美国人的时间观认为一旦定下来的时间应该尽量不要去改变,事情决定时间,信守时间也是信守承诺、信守合同,反之则是不讲信用。所以人不可以随心所欲地改变约定时间和原定计划,否则以后别人很难继续信任你并与你合作。即使是名人或贵人,也一样应该尊重事先早已商量好的日程安排。只能请求和根据具体情况看是否有增加计划或安排的可能。

如果 Bob Harris 最终因为日程安排有冲突而按时回国,日本人一定会觉得他不可理喻,也一定会为他没有能接受名主持的采访、出现在黄金时段和名牌栏目上,而无比遗憾。

讨论问题:在其他国家呢?如果是你呢?你会因为名主持、名人的见面机会而毫不犹豫地放弃原计划吗?为什么?

告别时的私人空间:Bob Harris 临行时,工作人员们又集体站在大厅里,与他一一握手告别。当然还包括合影留念和一些必须做的"节目"。但 Bob Harris 的内心渴望多一点私人的空间,在离开的时间他还有自己的事情想单独处理。

日本人并没有意识到集体告别有什么不妥,即使在他与新认识的美国少妇 Charlotte 告别时,他们也集体一直等在旁边。由此 Bob Harris 一直觉得告别仪式并不完整,半路上又停下来重新与 Charlotte 用自己的方式告别。

文化学习后的错位:在著名主持人将要采访 Bob Harris 时,他按照刚学习到的日本习俗,手中备了一份小礼物,准备送给第一次见面的主持人。不想这是一个十分西化的主持人,一见面就与他热烈拥抱,大跳美国热舞。Bob 再一次不知所措,小礼物最终也没有送出。

入乡随俗是一种好的礼貌,但如果遇到目的国中与自己文化更相近的个体,或者自己与他者文化代表交往时想忘记原来的文化身份,就都有可能出现类似的滑稽和错位。

受训者参与度"中"的层次

主要目的是拓展对东道国文化的看法和对跨文化的经验。常用练习方法有:

尝试错误然后做正确或者合适。

归因培训(换一种文化看问题)。

小组讨论和辩论演讲：偏见、种族、价值观差异、人权、集体主义、谦虚、节俭等。

行为培训：哪些行为在不同文化中是被鼓励的，或被禁忌的？讨论哪些不愉快的行为是必须接受的？

受训者参与度"高"的层次

主要解决问题：受训者在将来的新文化环境中可能遇到的文化困惑，并给予更多的信息和认知上的指导。

例：欧美国家的人到亚洲各国面对的困惑——贿赂、裙带关系、礼物、买卖、吃喝、守时、与异性相处——许多方面过于微妙，很难把握。

要注意培训的分寸感掌握，否则就会造成新的刻板印象。要注意文化的内部联系和整体性，而不是拘泥于细节的准确。

高参与性情感培训

角色扮演和情景剧：由两种文化的人分别扮演角色，进行艰难的"谈判"。

例如，"与美国对立"[①]，由一位精心准备过的美国对立文化代表来扮演：美方启动谈判/对方寒暄，美方追求谈判目的/对方尝试建立良性关系，美方想按计划进行/对方感觉还不能确定……

例如，有意形成一些易动情感的场景：受威胁感、不舒服感、愤怒……如果彼此信任和事先对彼此有必要的了解，就可能情绪稳定和反省自身，化解冲突。

高参与性行为培训

真实或模拟真实的场景，需要一些志愿者。

例如，在某个岛上建立训练营，让学员体验一切自己动手的缺乏物质的生活，通过看太阳、月亮和潮汐来判断时间，遵守另一种岛上的行为规范，没有隐私的生活，等。

---

① STEWART E C. The simulation of cultural differences[J]. Journal of Communication，1966，16(4)：291-304.

例 如何进行文化模拟?

收集数以百计的事例,对每个事例进行分析,找出可能引起的误解,分析原因,并明确正确答案。要保证选择项对不同文化情境的个体是有意义的、是不同的,确保选择项在归因上的不同质。最后对每个选择项进行解释,是对是错,并说明理由。

比如美国人瑞克·梅耶斯(Rick Meyers)的专业是教使用西班牙语的人学英语。他毕业后到墨西哥一所规模很大、管理很现代化的大学任教英语。因为他在一次春季旅行中认识了该校的语言负责人,彼此印象很好。瑞克对新工作充满热情,花大量时间备课,上课非常认真,课后常和与学生交往,共度周末、共进晚餐或长时间聊天等。但除了学生们都很喜欢他之外,他感到了来自同事的冷淡。过了几周后,一直没有人邀请他共度周末或共进晚餐。由于不知道是什么原因,所以瑞克的大部分休闲时间都是一个人独处,他不断地感到被隔绝和孤独。

原因是什么呢? 有四个可能,哪种更准确?

一是在墨西哥,老师和学生一般不应该有过于近距离的关系。

二是瑞克没有花时间与同事交往。

三是其他老师被激怒了,因为学生们都予以他特别的注意。

四是瑞克希望自己被当作专家来对待,在这一希望不能实现时,他为不能体现自己的才华而感到失望。

探讨:答案一,尽管有此可能,但这是一所较大的先进大学,应该提倡国际化和师生交流。答案三,材料中没有证据表明瑞克与学生的距离过近。答案四,材料中没有提及这点。

所以应该是答案二:虽然他在教学上很成功,但美国文化中,工作成就是第一位的,墨西哥文化中,人际关系是非常重要的,所以他除了工作努力之外,还应该关注不同的社会规范,与同事更多交往,才能证明自己工作上的成功。

探讨:文化的差异以及对这种差异的不了解,让瑞克没有意识到自己的做法有问题。虽然主观上他没有误解和偏见,没有不愿意与同事们交流的意愿,但他的行为却可能让他的同事们以为他拒绝或不愿意与同事们交流,瑞克只是不知道社会的潜规则,所以感到了文化休克。

跨文化培训的活动内容举例：如何进行文化比喻？

美国：水蜜桃。皮薄，易交往。汁多，多样性和丰富性。核硬，强调隐私性。

德国：记事本。重视时间观：约定日程、预约、守时。重视秩序观：极其重视先后顺序、遵守秩序。

中国：麻婆豆腐。浓浓人情，饭桌、人名、亲切感等。普通的原料、鲜美的佐料，原来普通的关系一旦建立起朋友之谊，就变得特殊了，甚至看不出原来的面目了。[①]

超越文化的差异

瑞典皇家人文、历史和考古学院院士罗多弼说：在我们这个全球化的世界，国际交流、跨文化对话越来越多，也越来越重要，因此，我们怎么理解文化之间的差异，不但是一个学术问题，也是一个有实际意义的问题。中西文化"异质论"一直存在，但无论是主张西化，还是主张回归传统的中国人，常常把中国跟欧洲文化的区别说得太过，把表象上的差异描述为本质上的差异。今天的中国，很多人为自己的文化传统感到骄傲，很多人强调中国文化的独特性。这当然没有什么不好，屈辱感被骄傲感所代替，应该是一件好事。不过我听到"独特性"这个词时，还是有一点担心，因为我觉得这个词好像把中西文化描述为本质上完全不同的文化。我们都是人，归根结底，我们具有同样的需求、同样的喜怒哀乐，每个人都有他的独特性，每种文化也都有它的独特性。但是我相信独特性还是以普遍性为基础的，甚至可以说，独特性是普遍性的具体体现。[②]

---

① GANNON M J. Understanding global cultures：Metaphorical journeys through 17 countries[M]. Thousand Oaks，CA：Sage Publications，1994：5-15.

② 董阳. 瑞典汉学家：中西文化差异没那么大[EB/OL]. (2009-11-09)[2021-10-23]. https://www.chinanews.com/cul/news/2009/11-09/1953761.shtml

十三、国际中文教育需要有志人才

文化休克与第二语言学习

全球性的人际交流需要通用语言

英语是多数中国年轻人在学校必学的第二语言,对此中国学术界和民间都有着不断的质疑。比如中国人学习英语是由中国人自己出钱、出力、培养师资、编写教材、安排课时进行的,难道我们不是愚蠢地在"为他人做嫁裳"吗? 为什么我们要这样做? 为什么现在中国的国际地位提高了,中国的市场潜力被全世界关注了,汉语也终于成为"热门"了,但是教外国人学汉语,仍是由我们来出钱、出力,给他者文化中人大量发放免费来中国学习的机会?

应该看到,全球性的人际交流需要通用语言。

英语作为目前世界的上第一通用国际语,不仅仅是由于英、美帝国主义的"文化入侵"和"强权推销",也是由于漫长复杂的历史原因和经济全球化的客观需求。曾经有过一群顶尖级的语言学家跨国联手,创造和推广一种全新的"世界语"。20 世纪中国大学生中的"77 级"中文系的同学们,应该还能记得当年曾经流行过一阵的"世界语"狂潮,许多"世界语狂人"每天早上在校园里背诵的不是英语,而是"必将流行全球、一统江山的世界语!"但这个"世界语"最终的传播结果却是失败的。那些狂背过世界语单词和语法的中文系学生们仍需重新捡起英语课本,背诵英语单词。它充分说明语言是需要自然生发、天时地利和历史传承的。

目前世界上制衡英语之可能"文化霸权主义"的有效方法,不是阻止英语的推广应用,而是随着时代的需要,采用不止一种国际通用语,来展示不同语言文化的风采，来促进人们的相互了解和沟通，促进各国的贸易和广泛交流。应该看到，在英语之后，传统的国际常用语言是法语、德语、俄语和日语，今天的国际常用语言是汉语和西班牙语。

华人占世界人口的五分之一，向世界介绍和推广汉语及中国文化也是所有华人和当代中国年轻人的机遇和使命。在这一章里，我们虽然主要讨论的是汉语和中国文化的国际推广传播和来华留学生的跨文化适应问题，但这也是我们认识自己语言和文化的一面镜子。

文化休克与第二语言的教与学

美国著名语言学家布朗（H. Douglas Brown）先生曾经指出："文化休克是在第二种文化中学习第二种语言的人所遇到的普遍问题。文化休克是指轻微的烦躁，甚至是心理上极度惊恐和慌乱的表现。文化休克反映在第二种语言学习者情绪上的变化，为感到疏远、气恼、敌视、犹豫不决、情绪沮丧、心情沉闷、悲伤孤独、思乡，甚至浑身不适。处于文化休克下的人对新的环境采取的是反感的态度，时而怨恨别人对他不理解，时而又充满了自我伤感。"

要注意的是：在第二语言的教学过程中，不仅外国留学生极易遭遇文化休克，给留学生授课的教师也一样地会反复体验自身的文化休克，或者经常遭遇学生文化休克举止对课堂教学的冲击，遭遇留学生对老师教学质量的评估危机。

例 初来中国学汉语的大卫很困惑

文化休克阶段可以从刚到中国的留学生学习面临非母语环境开始。例如，大卫（David）是一名在杭州学习汉语的美国人。在美国的学校里，大卫自小接受美国式教育：老师很随和，鼓励老师和学生之间直呼其名；鼓励学生参与小组活动，鼓励学生发表独创性的观点，而不是就回答问题而回答问题。

在中国新的语言环境中，大卫必须表示对老师最大限度的尊敬，如：对老师不能直呼其名；不反对老师的意见，没有被提问时不能主动说话——课堂对话总是由老师主动发起；让老师的智慧灌输进他的大脑；对年长老师更加尊敬，做人做事要谦虚谨慎，同学关系必须学会谦让和忍受；等等。大卫就会很困惑。

例 主人客人，老师学生，大家都不适应

留学生从习惯成自然的母文化进入第二种文化，会经历种种挑战。从宗

教信仰、价值取向、道德准则，到待人接物、寒暄问候、饮食卫生等日常小事，都要面对诸多的颠倒和不同。

母文化的根基往往是深入骨髓、不经思考的。有位浙大的国际中文教育教师说：韩国和日本的学生有向老师行礼的礼貌习惯。中国学生在教室里会这样，教室外就不太常见了。有一次我在留学生食堂吃午饭，吃的是一碗牛肉面。正在我吃得汗流浃背、大快朵颐的时候，不远处走过来班里的一个韩国学生。他走到我面前，恭恭敬敬地点头行了一个礼，说："哦，老师好！"继而，脸上满是重重的尴尬。为什么？因为老师更尴尬！我那时刚捞起一筷子面条放进嘴里，里一半，外一半。他这么尊敬地行礼问候，我是想回答却不能开口！这个学生反应很快，红着脸说"您慢慢吃"，就风一样地跑开了，留下我举着手无奈地晃了晃……

其实很多时候，我和同事都不知道应该怎么回应韩国和日本学生毕恭毕敬的'老师好'，有时在洗手间遇到学生更是尴尬。学生也会觉得不对劲，但是又说不出来哪里不对劲。还有很多西方文化背景的学生见到老师就用汉语说："老师，你好吗？（意思指他们直译了英语的 Teacher, How are you?）"不熟悉西方文化的教师往往不知道怎么回答他们。虽然国际中文教育的课堂上老师已经告诉留学生：中国人不这样问候人，可学生下次还是一样会这样打招呼："老师，你好吗？"

总之，欧美学生太自由，韩日同学太礼貌，一开始觉得都不好教。

真正的不适来自那些看不见的文化差异

类似母文化的"自动选择支配"在留学生初到中国的阶段是不可避免的，正如中文所说的"脱口而出"。而他们在第二文化环境中得到的回应，若与其母文化回应存在太大差异，就会直接导致学生文化休克的产生。即使留学生在来中国前已经学习了一点中国文化，但真正来到中国之后也会发现不是那么回事，因为真正让学生感到内心挣扎和冲突的往往是那些表面看不到、字典也查不出来的东西。

中国留学生到了发达国家和地区，发现那里的学校以学生为主体，无论是办公室人员还是大牌教授，对待学生的问题都是耐心、细致、周到，感觉特别舒服。很多外国留学生习惯了那样的学校管理规则，忽然来到了中国的大学，办公室的人员成了"权力很大"的"上级"，问什么问题、办什么事，不仅"人生地不熟"，而且汉语水平有限，许多规定听了一两遍都听不明白，还可能遇到"脾气不好"的"秘书"向他们"发火"，因为已经向他们讲清楚的事情，结果他们不按规定去做！而外国留学生内心的委屈和不悦，就极易引发他们的文化休克。

文化休克中真正的不适，不是来自明确的"规则"，而是来自蕴含于文化中的看不见的差异。一些显性的文化差异容易解释和对付，比如什么时候以及怎么跟别人打招呼，等等，这些都容易理解，在跨文化培训中也容易教授，但是一些深层的由价值观念的不同造成的差异就很难理解，更不用说实践了。

异国求学的跨文化适应

国际中文教育事业发展速度很快

早在 1989 年 5 月，中国国家教委的一项通知就强调"发展汉语国际教育事业是一项国家和民族的事业"。1999 年 12 月，教育部召开全国第二次汉语国际教育教学工作会议，钱其琛副总理接见了全体与会者，他和教育部陈至立部长在会议的讲话和报告中都重申，"汉语国际教育教学是国家的、民族的事业"。教育部 2005 年统计显示：除中国人外，当时世界上通过各种方式学习汉语的人已超过 3000 万，100 个国家 2300 余所大学在教授中文，到了 2010 年的今天，这些数字相信已经翻倍了。越来越多的汉语留学生从世界各地来到中国。根据教育部的统计，2008 年来华留学生人数为新中国成立以来最多，达到 223499 人，比 2007 年增长 14.32％。留学生选择的专业范围涉及理、工、农、医、人文、社科、经济、管理、法律、艺术、体育等几乎所有的学科门类。而经贸专业（包括经济、管理类专业）为中文、医学之外接受来华留学生最多的专业，占总人数的 10％左右。①

据新闻报道，现在美国、日本、法国、澳大利亚、韩国等国都已将汉语列入高考外语考试任选科目之中。在美国，12 种外语中汉语的选修人数是增加得最快的一个语种，已成为第三大通用外国语；现在已有 800 多所大学设有中文系、所，许多中学也都开设了中文课，有些州（如犹他州）还通过法律规定汉语作为中学必修课。在英国，越来越多的大学开设中文课程，而且政府在 2000年就做出决定，每年拨款 100 万英镑，专用于促进本国人学习中文的教学事

① 以上数据来源于《中国教育年鉴 2009》。

业。日本,一直是汉语教学最热的一个国家,几乎每个大学都有汉语学科,汉语也已成为中学生高考的可选外语之一;在有的学校,汉语已成为外语选课中的第一外语。而韩国,在跟我国建交以后,学习汉语的人数猛增,在300多所大学中,至2009年已有三分之二的大学开设了中文课,学习中文的语言学院更是遍布各大城市;在中国的韩国留学生,数量上已超过日本,跃居首位。而在非洲,由于中国对非洲的贸易进出口量大增,在非洲进行项目合作的中国企业也越来越多,为了迎合这样的贸易需求,汉语热也正在兴起。埃及、突尼斯、毛里塔尼亚等国已设有四年制中文专业,有的已经开始招收中文专业的硕士生、博士生。据中新网2021年6月2日的报道:截至2020年底,全球共有180多个国家和地区开展中文教育,70多个国家将中文纳入国民教育体系,外国正在学习中文的人数超过2000万。中文国际地位不断攀升,2021年起中文正式成为联合国世界旅游组织官方语言。①

调查:困惑与选择

中国是一个人口大国,许多城市和大学的人口密度,是外国留学生事先无法想象和体会的。所以在公共场所喧闹无比、打电话时人说话声音很响、遇事不习惯排队、马路上"车不让人"、上电梯不会主动靠右站等行为习惯上,许多留学生会留下难以适应的差评印象。曾在浙江大学教授留学生汉语的房岑老师给浙大课堂上的各国留学生做的调查题目是:遇到中国人做法和自己国家人的做法不一样的事情,如:在你的国家坐公共汽车人们会排队,而在中国排队的情况不多。在中国,你觉得你应该怎么做? A. 按中国人的做法。B. 按我的国家习惯的做法。C. 不知道该怎么做。结果有接近70%的学生选择C。可见,在中国遇到文化差异时,留学生们会感到很困惑,感到很难选择。那些国家文化与中国文化相近的留学生会更快地适应,而那些国家文化与中国相去较远的留学生就可能在很长一段时间都处于文化休克状态。

---

① 外国正在学习中文人数逾2000万 在线中文教育蓬勃发展[EB/OL]. (2021-06-02)[2021-10-25]. http://www.moe.gov.cn/fbh/live/2021/53486/mtbd/202106/t20210602_535133.html

选择不再困难、适应会更容易

汉语留学生若总是停留在选择困难的状态中，可能会逐渐表现出不安的情绪：易怒，上课频繁迟到，对小事情斤斤计较，对教师的课堂教学严重质疑（实际为自己的学习不顺找外在原因）。也有学生会出现身体不适，如失眠、拉肚子、失去食欲、无精打采、容易感冒等。而一旦度过这个选择困难期，多数留学生便自然化解了文化休克的种种病症。

如果学生可以灵活地在母文化和第二文化间进行选择，并且在第二文化环境中逐渐生活得比较自如、情绪稳定，那么可以认为这个汉语留学生已经达成了文化适应。如果学生的选择是始终坚定地按照母文化方式对新事物进行定性和分析，那么他的文化不适应情况可能会愈演愈烈，即认为他出的一切"状况"都属于"文化排斥"，而非"文化休克"。

比如上述遭遇在大学食堂不排队买饭的情况，有的留学生会观察发现如果在一些比较空的时间去就餐，就不会那么挤了。有的留学生则能很快学会不介意在人群中"挤来挤去"，那样就能与中国学生"打成一片"了。但有的留学生会一味地觉得中国学生素质太差了，拥挤不堪的现象让他吃不下饭，留学生食堂就不应该让中国学生进入，"缺乏管理"的中国大学让他不想再在这里留学了，等等。

例 只有中国人"入乡随俗"和喜欢讨价还价吗？

中国人有"入乡问俗""入乡随俗"的悠久传统，所以我们的国际导游会提醒中国旅客，不要在欧洲国家买东西时讨价还价，要尊重他们的习俗，要入乡随俗。但一位俄罗斯女留学生说："我们也有'入乡随俗'的传统啊，比如我来中国之前买东西从来不讨价还价，否则就是不相信他人。因为讨价还价是会被人家恨和骂的。但是来中国之后，我现在也很喜欢讨价还价了，因为这样做很有趣，可以更多地交流和经常与普通的工作人员说说话，对社会和谐很有好处啊！"

一位来自伊朗的女留学生也说："我刚来中国的时候，去超市买东西回来，人们会问我：你买了什么？还会用眼睛看着我手中的塑料袋问这样的问题，我很不舒服，觉得她们好像不尊重我、怀疑我，要我把袋子打开给她们看似的。现在我不会了，我也入乡随俗了，我还会问：'你吃过了吗？'"

留学生文化休克的正负影响

留学生经历文化休克是很正常的事,也应该是预料中、期待中、计划中的冒险。所以其影响也是两面的。

正面:创造了变迁和学习的机会,一旦有进展则更具有个人成就感。富于挑战的刺激、适当的高压更能激起学习的冲动或愿望,对以后的生活和学习都有贡献。经历了尝试—错误—尝试的烦恼过程,更促进当事人的成长;通过比较和新方法的不断探索,强化了自己的学习能力和创新精神。

负面:情感起伏不定,影响感觉和认知(可能长期或终身对异地文化产生错误认识),导致行为不稳定,可能影响身体。

汉语留学生的文化休克问题

最初遭遇文化休克的比例很高

浙大的国际中文教育教师房岑老师在浙江大学留学生中做过问卷调查,85%的一、二年级留学生认为自己正经历着文化休克带来的不良影响,而在高年级中这个数字仅为37%。有的留学生对生活环境不能适应,有的留学生对中国课堂的教学模式不认同,有的留学生在课外与中国人的交往中障碍重重。这些都严重影响了留学生在中国的生活质量。

在学期初,近乎100%的受访学生遭受不同程度的文化不适应,有90%的学生对在中国遇到的一些事情感到困惑不解,65%学生表示自己常常会心情不好,70%的学生在最初几周常常失眠,没有胃口,思乡心切。对在中国遇到的困难排序一题上,排名最靠前的,即困难最大的是语言交际障碍和不能融入当地生活习惯。这些都是文化休克的表现。

环境落差是导致文化休克的一个原因

很多浙大留学生对于中国杭州的第一直观印象产生于机场,现代化的机场给了他们不少亲切感和信心。但是经过了一个小时的车程到了市区,在学校里办理入住手续,开始真正的中国生活的时候,他们常常会很沮丧。耳闻之中的中国古代灿烂文明、当代中国改革开放的辉煌成就与目睹之下的个人卫生习惯、公共卫生条件、有待提高的办事效率及人际礼貌等诸多不尽如人意的客观现实,在欧美留学生甚至日韩留学生心目中形成了一时难以接受的落差,也成为他们抱怨的主要话题。

房岑老师写道:几乎每个我遇到的留学生都向我抱怨过对中国人随地吐痰的不良习惯的不理解,他们甚至对此厌恶至极。他们对我做出的所谓"个别现象"的解释也"不买账"。像这样的小问题会让留学生多多少少产生失望和不满;而这些小小的不满会逐渐积累,像雪球般越滚越大。不良情绪的扩散和发展对汉语留学生刚刚开始的学习和教师的教学工作产生了不小的消极影响。这种想象中的美好与现实中的残酷的落差,使得文化休克如洪水一般汹涌来袭,避无可避。

基本属于无意识"文化休克"

虽然遭受文化休克在浙大一、二年级留学生中非常普遍,但遗憾的是很多学生却并不知道自己所经历的是文化休克。有的因文化休克而失眠的学生就会常常以为是自己的身体出了严重的问题,于是放弃了正常的作息,不上课,每天把自己关在房间里"补觉",其结果是文化休克没有得到丝毫的缓解,失眠的情况也越来越严重。

有的国际中文教育教师对学生的文化休克现象也不太敏感。有的老师抱怨:"这个学生总是针对我!""某某学生的问题又多又怪,我的教学任务因为他都完不成,他就是想捣乱!"

殊不知,很多课堂上的"刺头"都是文化休克的"受害者"。

汉语留学生文化休克的具体表现

曾经有一个美国学生,汉语零起点,是浙江大学与美国一所大学的交换学生,拿着全额的奖学金,在美国是全优生。但是一到中国他就很不适应,抱怨自己宿舍的床太硬,餐厅吃饭的时候中国人的声音太大,让他根本吃不下去。路上看到有人吐痰,他就狠狠瞪两眼,厌恶极了。

最有意思的是,上课的时候他对老师说:"老师,你一次让我们学习两种语言,我办不到,这不公平!"(You ask me to learn two foreign languages at one time. I can't. It's not fair.)因为在他看来,表示发音的拼音是一种语言,与发音没有联系的汉字是另外一种语言(他觉得发音和汉字的对应需要死记硬背,所以是"没有联系的")。为了应付学校的考试,拿到需要的学分,他硬着头皮学了半年,最后成绩勉强通过。在学期末老师问他:"现在是不是适应了中国的生活和学习?"他说:"无所谓适应不适应,我几乎不出校门,因为见得越多我越困惑。如果没有全额奖学金，我早就回国了。"

这是一个很明显的文化休克导致学习失败的例子。

回避与中国学生交往

遭遇文化休克的外国留学生往往会选择回避与中国人交流，在校内组织自己母语的小团体，出门便依赖自己国家的高年级学生，快去快回，只办事不认人。

有一名英国学生在描述不能融入浙大生活的困难时说："我原来觉得到处都应该排队，但是在中国很少有人排队。外面也是这样，连在留学生食堂里点菜都是这样。每天中午就看到一堆人围住柜台，有中国人也有留学生，但也有人像我一样傻傻地站在后面。后来我发现这样根本就点不到菜，除非你可以一直等到上课。我看到高年级的留学生很自如地在人群里挤来挤去，我也想试试，但结果是我发现我在人群里根本无法呼吸。"

于是人们就会在浙大的留学生食堂里经常看到一个高大英俊的英国男孩子，肚子饿得咕噜咕噜叫，手里紧握着人民币，绅士般地站在吵闹的人群之后，一脸痛苦地挣扎。

探讨：虽然这个英国学生对"不排队"这种异文化行为模式表现出了不适应，事实上他并没有特别厌恶，或是远离，而是在这个初级阶段尝试模仿，但以失败告终。纠缠他的是选择的痛苦——是该远离拥挤的人群，找个人少好点菜的地方吃饭，还是向高年级同学求取真经，挤进人群？是该选择英国人的方式还是中国人的方式？他还将不断重新选择和体会选择结果的改变，这也是他留学要学习的一部分。

来华留学生的轻度文化休克

可以给汉语留学生的文化休克分层：轻度、中度、重度。

轻度文化休克一般发生在母文化与中华文化比较相近的学生身上，比如新加坡、马来西亚等国家的学生。但是其他文化维度与中国文化相距很远的学生，也会因为社会经历等个人经验而只遭遇轻度的文化休克。这些留学生会在某些时候表现出情绪低落，上课的时候不专心，对教师的问题不积极回应。很多国际中文教育教师都会有这样的经历，在某天走进教室的那一刻，就会发现某几个同学今天不开心，沉着脸坐在座位上，心不在焉，看着窗外若有所思。有些学生也会出现生理反应，比如有时候会失眠，有时候会嗜睡，有时候会大吃特吃。

曾经有一个新加坡的留学生就有过这样的情况。她是个交换生，在班上成绩很好，但有段时间常常迟到。我问她原因，她说："老师，我睡不着。"失眠的情况一周会出现一两次，还很想吃家里的东西。她和同学打出租车横穿大半个杭州去麦德龙超市，只为买到新加坡产的凤梨干。她说常常会觉得心慌，吃了家乡的凤梨干会好一点。这个优秀的新加坡学生的语言水平和交际能力在老师看来已经很不错了，但是文化休克还是不可避免地发生了。

来华留学生的中度文化休克

对很多西方国家的学生来说，到中国留学意味着远渡重洋，去了"传说中很远很远的地方"。单单空间上的距离造成的时差就会折磨留学生一段时间，更别说看不见摸不着的文化差异了！置身一个迥异的环境，周围的一切都变得陌生、不确定，甚至难以理解。学生会觉得难以应付，不知该如何购物，不知该接受还是拒绝一项邀请，吃饭、交通也伤透脑筋，与人的交往也因文化背景的不同变得困惑，更有甚者会变得焦虑。这时候他们很难静下心来寻找自身存在的问题和文化的差异，更多的是把这一切迁怒于周围的环境。

留学生的中度文化休克表现为烦躁易怒，对课堂丧失兴趣，担心被欺骗、抢劫或受到伤害，对同乡过分依赖，为感觉自己不受重视而沮丧或者气愤。曾经有一位澳大利亚的留学生名叫朱丽安，是一位 40 岁左右的女士，在中国做过英文老师。她让所有教过她的中国老师都很头疼。她在课上不管老师正在做什么都会突然随口爆出一两个问题，打断教师和同学们的思路不说，这些问题还常常是老师一两分钟前刚刚回答过的或者跟课堂完全没关系的；她会在课下跑到老师的面前，情绪非常激动地一边用笔敲击黑板一边大声地重复："我不明白！我不明白！"她常常坐在第一排，屡次在课堂上打断老师的话质问："刚才你问的问题我也回答了，难道你没有听见吗？"（刚才的问题老师请了其他同学回答，而她在自己座位上大声回答。）

课外，她很多次找宿舍的管理员，抱怨走廊里的声音太大；她去了好多次药店，想买药治疗自己的头疼；她很努力地用大量的时间抄写生词，朗读课文，做练习，可是成绩一直在刚刚及格的边缘，久久不见提高。朱利安是一位有经验的英语老师，她对课堂和第二语言学习最熟悉不过。她不是故意搅乱课堂，她的表现是非常典型的留学生中度文化休克。

来华留学生的重度文化休克

从观察的角度看,重度文化休克与留学生的"母文化与中国文化差异大小"的关系不大,更多的是由每个学生自身的情况所决定的,与他们的年龄、学习目的、社会经历、受教育程度等相关。

这里的三个案例分别是来自美国、阿富汗和韩国的留学生。美国学生盖勃(Gab)高高大大,在 2007 年夏天入读浙江大学国际教育学院一年级零起点班。他上课的时候神情专注,但是一会儿后就会变得呆滞;课下他会问老师一些奇怪的问题,这些问题不仅中国老师听不懂,而且连他的美国朋友都听不懂;两个星期后他没有再来上课。他去了医院。之后学校通知他的父亲来将他带回美国。因为他已经开始觉得每个中国人都是恐怖分子,在他们的手表里都装了炸弹! 这是一个很罕见的极端例子。和他同班的美国朋友说:他在国内是非常正常的,而且成绩优异。盖勃的情况是从感到自身安全受到威胁进而精神失常的重度文化休克症。

来自阿富汗的学生纳吉布是一个非常聪明的男孩子,来中国之前仅用 6 个月就学会了英语并且说得非常流利。他是零起点班一个很刻苦的学生,每天抄写汉字很多次,可就是记不住。他非常焦急,觉得自己的努力没有回报,他在日常生活中与中国人的沟通也困难重重。上课他常常迟到,来了之后满眼血丝,因为他前一天学习到凌晨三点,之后也睡不着觉。他说很想家,但是觉得没脸回去,因为没有学好汉语。他总是气愤地来找班主任老师,说宿舍管理员听不懂他说的汉语。"他听不懂,老师! 为什么? 为什么?"他常常愤怒地问老师,觉得对方肯定是听懂了,只是故意装作听不懂,故意不和他沟通。

由以上现象可以看出,纳吉布的文化休克主要来自跨文化交际障碍和学习压力。而文化休克又会使学习压力加重,进一步阻碍交际,造成恶性循环。纳吉布在一年级的整整 20 周学习期间,一直内心冲突不断,人们几乎没看到他笑过。他不停地寻找自己与中国人的差异,自己与本班其他留学生的差异,希望融入却又觉得无法融入或者说融入的程度和方式让自己不满意,因而痛苦不堪。他曾说:"老师,我要回国!"

一年半以后,房岑老师在校园里偶遇纳吉布,他微笑着用流利的汉语跟她打招呼。房老师惊诧于他的变化。他腼腆地说:"老师,我搬到了学校外面,和中国人住在一起。慢慢地,我就习惯了中国的生活,成绩也不错。现在所有的人都能听懂我的中文了。"老师们都很高兴他没有放弃,更高兴的是他用积极的方式帮助自己最终达成了文化适应。

第三个来自韩国的留学生是个漂亮可爱的女孩子。在课堂上她常常用美丽的大眼睛瞪着老师,眼睛里充满了疑问,有时也充满了愤怒。在谈到中国节日的时候,老师讲解"牛郎织女"和"七夕节"的故事,讲"满月中秋"是全家团圆的时刻的风俗,她会举手说:"老师,这两个是韩国的节日吧!"她的语气是客气的,眼神中是毋庸置疑的坚定。这个女孩子严重文化休克表现在她有太强的本民族文化优越感。她不仅表现得在面对中国文化时自以为优越,而且在班级里与其他国家同学接触谈及文化时也是如此。她在生活里与周围的人争执不断,自己也觉得很疲惫。但是她的成绩一直非常好,就像她说过的,她是韩国人,就是要做最优秀的学生。

留学生对浙大同学的抱怨

这里是汉语老师收集的一些留学生直接或者间接表达对中国同学的不满的案例。

一欧美学生说:他们每次来都和我们说英语,而我们来这里要学习的是中文,不是英语。一东南亚的学生说:学校的交流活动中,他们常常先找欧美人,没有欧美人才来和我们说话,很讨厌。有些中国学生喜欢有事没事甚至不打招呼地就跑到留学生宿舍去"交流",让我们不知道怎么办。一非洲同学说:我们与中国学生一起踢球比赛的时候,如果我们队踢得比较差,他们会为我们鼓掌,但是如果我们踢得比较好,我们先进球了,他们就会"嘘"我们。我们还会在学校的网站上看到他们留言"骂"我们。

国际中文教育需要创新

目前的来华留学生往往缺乏对中国的了解

国外媒体、出版物中所描述的中国有多少是客观的当代中国呢? 留学生在来华前主动学习的那些外文版教材上的中国文化知识有多少是真正符合实际的呢? 如果这些"原有印象"只是造成他们文化误读的最直接原因,可以通过来华学习和亲身感知很快更正的话,那么还有很多中国文化的内容是在中国人生活中潜移默化、世代相传的,这类隐形文化被留学生误读的情况就更多更常见了。

比如有很多学生会问:"为什么中国的小孩子要穿奇怪的裤子?"他们指

的是"开裆裤"。很多学生不理解为什么中国人坐火车,在站台上看到火车来了会一拥而上,挤来挤去。"他们不是都有车票吗?!"很多时候,来华留学生的此类问题让中国老师也觉得很迷茫,不知道应该如何作答才合适,因为我们不可能简单地解释客观原因,比如"开裆裤"是中国一些地方妇女带孩子的传统之一,比如"不排队"是因为中国人太多了,比如随地吐痰是个别现象,比如父母让小孩子在外面随地大小便都是非常偶然的情况……每当文化误读发生,学生又没有渠道和机会获得恰当的文化解释时,文化排斥就可能产生。

欧美学生来华学汉语的目的? 探险和好奇!

很多欧美学生来到中国学习汉语,是因为"神秘"二字。由于历史原因,中国和汉语对于许多普通欧美学生来说,是古老而神秘的,他们真的很不了解现代中国,对当代中国人的自我成就感也觉得奇怪,因为很多"辉煌成就""摩天大厦"在他们看来应该是"生而有之"和"自然而然"的。

对于一些欧美学生来说,能来中国学习汉语就好像好莱坞电影里去荒野寻宝一样,是个刺激的旅程、值得炫耀的经历。然而,由于"古老"和"神秘"这样优美的辞藻背后常常还跟着"落后"二字,加上西方舆论也是以自我为中心地看世界,所以一些欧美学生很自然地有文化优越感,尤其是国际通用语——英语在中国的重要性和普遍推行,也给欧美生造成一种错觉,认为西方文化已经在中国获得广泛认同。

类似错误的认知会让一些欧美留学生坚持我行我素,用自己熟悉的思维方式和行事作风在新环境中进行"文化选择",并很快陷入困境。他们发现:中国的文化氛围浓厚,根深蒂固,不会被改变;面对中国老师和周围的生活环境,他们会无法接受自己母国文化的行为方式在这里行不通。他们无法给自己在新环境中确切定位,不知道怎么与中国人沟通,即使是再普通不过的买东西、吃饭的小事也困难重重。文化休克也就在不知不觉中发生了。

例 课堂的"小联合国"现象

今天中国的国际中文教育课堂其实大都是"小联合国",其间既有多元文化交流,更有多种文化休克。

随着汉语在国际范围内的持续升温,来华留学生体现出了多国别、多目的、多特点的新趋势。外汉老师常开玩笑称自己是每天去联合国会议做报告。学生的国别、年龄、学习目的、文化背景的巨大差异都给国际中文教育课堂造成了多角度、多层次的文化冲撞。有时教师提出一个文化交际类的问题，学生的反应五花八门、千奇百怪。而对相关问题的讲解，学生们的要求也是众口难调。遇到一个文化知识要点：年纪大的学生可能理解起来比较容易，年纪小的留学生理解起来就比较难；日韩学生可能已经心领神会，欧美学生却很难接受。

例 你为什么会热爱国际中文教育？

在耶鲁任教汉语的苏炜老师是这样回答的：作为一位自孩提时代起就开始做文字梦的中文从业者，还有什么，比能在西方院校里以中文母语为志向向这些"红须绿眼"的洋孩子们讲授"风花雪月"与"青梅竹马"、"大美无言"与"相濡以沫"、孔孟与老庄、陶渊明与苏东坡……更能体证"语言即存在""母语即家园"这一命题的切肤之感、悦心之快的呢？……如今我明白，母语的授业与耕耘，就成了我的生命理想的全新载体，也成为自己一种独特的个体存在方式。站在耶鲁讲台上，我内心确是存有这样一种自觉：一种民族精神的存亡继绝，文化、思想和语言的深度耕耘，实乃千秋万世的事业。"十年树木，百年树人"，这是比生意场上的益损、政治博弈中的得失所讲究的"十年生聚，十年教训"，要远为旷达的战场，远为高远的视界，同时，也要付出更多沉潜渊厚的努力。"母语，不但不是你融入'主流'的障碍，反而成了你在此间'主流'中安身立命的最大资本，同时，即便在那些聪睿透顶的学生面前，你都可以照样昂起母语骄傲头颅，用母语去传道、授业、解惑。"①

例 外国学生很欣赏汉语之美

在美国耶鲁大学任教汉语的苏炜老师写道：教中文的时候我自己非常沉醉，因为你会发现，包括我的学生也会说，中文怎么那么漂亮，那么有诗意。譬如"风花雪月"，每一个字学生都会写，但拼起来，你跟他（学生）说，风花雪月其实是英文里的罗曼蒂克，Romantic 的意思。他们就觉得，哇！中文真是漂亮。学生的这种感慨，以及你在课堂上的这种感慨，这种交融感其实是相当幸福的，你自己在你的母语里面得到某种很幸福的领悟。"

苏炜的另一位耶鲁汉语班学生说："中文其实是一个很特别，非常……我不知道怎么说，非常美丽的语言，比如说，学成语的时候，你可以说，雷声大、雨点小，这样的句子是非常有意思的。"

①　苏炜.走进耶鲁[M].南京:凤凰出版社,2009:序言.

例 做好国际中文教育需要认真下功夫

苏炜老师在 2006 年 6 月 15 日中央电视台"华人世界"栏目中接受采访时说:"我从 1990 年开始,就在普林斯顿大学旁听他们的中文课,也就是学他们怎么教。我从一年级、二年级、三年级、四年级所有年级,到五年级的文言课,我都旁听过一次。"于是"在耶鲁试教的时候,他们的反应很好,认为我很有教学经验,好像是一个很现成的,一上来就可以教得很好的老师。"

例 "语言震撼"的"魔幻现实":学外语会改变人!

美国大学最好的语言教学方法之一,是在强化性的语言集中训练期中,让学生签署"语言誓约"——发誓在集中学习该种语言的一段时间内,不能用母语,而只能用所学语言做日常的生活交流。

有趣的是,由于这个方法和誓言,在中文训练期的美国学生就会出现说着"你好!""谢谢"的"李明"或"王刚"不一定就是那个说英文的"大卫"或"汤姆"的情况。附着在语言中的历史和文化、道德规则和行为习惯等,会不知不觉地成为学习汉语同学的潜意识,悄然地、慢慢地改变着学生的言谈举止,甚至是他们的个性和行为模式。暑期结束,当经历过语言集中训练期的学生重回校园,在"语言誓约"失效的最初几天内,学生们会发现许多原来训练期中共同生活的老友,突然变得当不成好友了,"我完全不认识他了!"中文中的那个"他者"与英文中的"自我",转眼间变成了陌生人。

——怎么这个说中文时谦谦君子的"李明",一说起英语来,就变成了滑头讨厌的"汤姆"了?

——她说中文的时候我爱上了她,但她一开口与我说英文时,就把我吓跑了!

——不行,我们是在说中文时交的朋友,如今在英文里,我们得重新认识一回,再交一次不同的朋友了!

——哈,你们中文老师像是魔术师,看你们都把我们变成了什么样的人了!

每年夏天,许多学生和老师都要经历这样的"语言震撼",体会语言转换中的"魔幻现实"。①

---

① 苏炜.走进耶鲁[M].南京:凤凰出版社,2009:64-66.

例 中文缺乏逻辑吗?

反方:学习中文有三大难:一是不讲道理,"狗腿子"——"犬子"。二是逻辑不清,如:"你的病恢复了吗?""小心落水!"三是词性难分,如数词的"三轮车"与"自行车",形容词的"好听""好恶!""好老师",动词如"学画画",为何不"学字字",而是"学写字"?结论:许多时候中国人自己也是"混"过去的。

正方:汉语是世界上逻辑最强的语言。汉语是语义型语言,一个个语音语义团块就像一颗颗珠子,需要用线串起来。这根线就是逻辑。汉语的语序是最合人之思维逻辑的顺序。汉语自然语序的形成一般是遵循从大到小、从整体到部分,以及事物出现或事件发生的先后次序排列的。由于不受形态变化的约束,汉语还可根据表达的需要灵活地改变语序。例如:

(四川人)不怕辣/(湖南人)怕不辣/(江西人)辣不怕

拿一本书出来/拿出一本书来/拿出来一本书

自古英雄出少年/自古少年出英雄

我丢了钥匙/我钥匙丢了/钥匙我丢了/我把钥匙丢了

朵朵白云,阵阵微风/白云朵朵,微风阵阵

四周出奇地宁静/四周宁静得出奇

你的病恢复了吗?

反方:汉语的语法"太不精确"了?

给我支笔——什么笔?

门前停辆车——什么车?

数词(单数与复数)——来客人了!几个人?

时态(过去、现在与将来)——我将上山。确切时间以及是否重新上山?······

正方:反对!英语的许多表述才真正是烦琐、难解、多此一举。中国人思维不严密?西方人的语言才叫一个笨!

如:汉语"来客人了",若在德语中有7种可能:

来了一个男客。

来了一个女客。

来了几个男客。

来了几个女客。

来了一个男客与几个女客。

来了一个女客和几个男客。

来了几个男客与女客。

西方人认为汉语思维缺乏理性、言辞不清、造句不全，只好让人悟出或猜想，其实这是"西人忧天"。例：

来客人了。

我们都爱妻子。

他被狗咬了。

发现敌人的哨兵。

女人原来是这样的呀。

结论：汉语是高语境的、灵活机动的。[①]

问题：英语真的就属于低语境或准确无误吗？

He loves his dog than his wife.（古英语不会错，但现代英语简化了主格与宾格。译成德语就可以避免歧义。）英语则可能理解为以下任何一种：

He loves his dog than he loves his wife.

He loves his dog than his wife loves his dog.

可见汉语对语境依赖大，英语其次，德语再次。适当模糊可以让语言变得更简单，更容易学。所以，现代英语已经越来越像中文。

英语强调准确性，从小到大，但同时也限制了思维：

What's the reason of...

What's the cause of...

What's the result of...

这都限制了思维，仿佛一个问题，仅有一个答案。

结论：汉语和英语各有千秋。我们对自己的汉语要有文化自信和自觉。

通过积极真诚的对话，让各自骄傲的文化更好地相互理解

如前所述，汉语国际教育的课堂像是个小联合国，总会出现精彩的跨文化对话和让人脑筋转弯的思考。笔者曾经组织的一次讨论，涉及这个常见笑话：四口之家（妈妈、儿子、儿媳、孙子）周末出门划船，船突然翻了，全家人落水，男主应该先救谁？请从传统文化的角度回答。

---

① 何南林.汉英语言思维模式对比研究[M].济南：齐鲁出版社，2008：35-36.

中国同学说：我们传统文化的"标准答案"应该是先救母亲，因为媳妇可以再娶，儿子可以再生，妈妈却只有一个。然后是救儿子，最后是救媳妇。

韩国同学说：我认为应该先救儿子，因为妈妈已经享受过生命，儿子却还刚刚开始，他更应该被救。然后是救媳妇，因为有爱情；最后是救妈妈，因为有恩情。

美国同学说：老师你的问题有问题，你没有说清楚具体的情况，会很难讨论。如果男主是会游泳的，那么应该是他父母教他的，所以他妈妈应该会游泳。如果男主懂得游泳是基本的生存技能，那么他结婚后也一定会教儿子游泳，包括教妻子（她竟然不会游泳）。所以每个人都会游泳，应该谁都不用去救，相互召唤一起游泳上岸就可以了。另外，这个问题也涉及水流、相隔距离、男主对家人游泳技能是否知晓等，都应该了解清楚才能回答呢。

在这样的讨论中，笔者认为，老师首先是要欣赏和肯定大家对自身文化的知情和自豪，因为对自身文化感到自卑和无知也是最不好的情况之一。其次是要提醒同学们注意文化差异，如两个东亚国家同学的思维是人事两分，人情大于事理，先认可"人际关系"，再讨论其他物理细节。西方国家同学则是人事不分，先关注"事情的性质"，讨论解决问题的技术性合理环节，然后才可能是人际关系，甚至因为人人平等，所以不应该强调人情世故。因此，如把这个问题修改成四口之家突发"火灾"，男主先发现，他应该如何施救，可能讨论和回答就不一样了。再次就是两种差距较大的文化，常常希望讨论的问题很不一样，或者说同一个问题会因为其中一方不认可问题本身，而无法真正进入讨论环节。其实国家间的外交对话也常常会陷入这样"对话不了"的窘境。

例 什么是中西差异的复杂道德问题？

西式复杂道德问题：

利用动物做科学实验是残忍的事吗？

为获取维护国家安全需要的情报，可以用一些方式"虐俘"吗？

中式复杂道德问题：

运动员获奖感言应该先感谢谁？为什么？

如果妻子与你的父母亲吵架，作为丈夫应该支持谁？

如果你的亲戚、好朋友向你借一大笔钱，你要让他写借条吗？

中国的国际中文教育教材还可不断改进

目前来华汉语留学生对我们的教材和相关教学内容设计仍有质疑甚至抵触情绪。

首先是对语言教材不满意。西方国家的语言教材特别注重实用性和时效性。除固定教材外,上课常使用复印材料,或相关书籍章节,或报纸杂志,以保证知识和信息的新颖和实用。而我国的语言类教材重视知识性、系统性和权威性,常常是一本经过权威认定的教材就被各校普遍采用。

其次,学生质疑文化教学内容。国际中文教育教师在讲解文化时,是以中国的眼光看中国,与留学生用母国文化的眼光"从境外"看中国是有着明显差异的。有些留学生就觉得教师的文化教学是在对他们进行"文化洗脑"。有的留学生会本能地固守自己的民族中心文化而排斥目的语文化,虽然这也是一种普遍和正常的现象,但问题是:一旦这种现象在课堂上出现,传播的速度会很快,范围也非常广。如果一个留学生当堂质问老师,而老师的回答没有处理得当或缺乏足够的说服力的话,其他的学生会觉得这个学生问得有道理,就开始质疑教师的教学水平和文化知识,进而影响整个班级的学习氛围。

所以在对留学生进行中国文化教学之初,国际中文教育教师就应当明确地告诉海外来华留学生:学习中国文化的目的不是放弃母语文化,而只是培养留学生对汉语文化的敏感性,了解汉语这门语言使用的大环境。如果在与中国人交际的过程中,能有意识地采用汉语的社交语用规则,就不至于因为文化差异而造成双方的不快或者沟通障碍。

来华留学生喜欢的课:动手和实用

在浙江大学,最受一、二年级留学生欢迎的选修课有太极课、书法课、中国绘画课、剪纸课等等。这些非语言的课程在训练学生动手的同时激发了学生对于中华文化的学习热情,对学生的文化休克和文化排斥起到了明显的缓解作用。

所以,类似的非语言类中国文化选修课不应局限于中国"传统文化"。很多留学生对于中国的概念就是"传统和古老",他们对中国的原有印象就是张艺谋电影《红高粱》里的漫天黄沙和破旧窑洞。国际中文教育教学作为向世界传播中国文化的主要平台,有责任让留学生了解现代中国的丰富文化样态。以多媒体教学为基础的"中国旅游"课也是留学生比较喜欢的一个选项。

最难的是汉字？

表音文字的字母一般只有几十个，比汉字数量少得多。比如，英文是一种成熟的文字体系，但只有区区 26 个字母。而现代汉语的常用字有 2500 个，加上次常用字 1000 个，达到 3500 个，通用字的数量达到 7000 个。从形体上说，表音文字用到的线条种类少，汉字用到的种类多，基础部件就有 560 个，笔画的组合方式、部件的组合方式都很多。汉字的数量繁多、结构复杂，学习和使用都比较困难，留学生，特别是来自非汉字文化圈的欧美、非洲学生，刚开始学习汉语时往往视汉字的学习为汉语学习中最难的事。

母语不同、困难不同

汉语学习者的母语和文化背景不同，对方块汉字之笔画、笔顺和同音字等的感知不同，因而学习汉语的难点也不同。属于汉字文化圈的日本、韩国学习者，难点只在于形、义的混同。从文化心理习惯上对汉文化有认同感的东南亚、中亚的学习者，平时生活环境常见汉字广告和标牌，也有一定的汉字熟悉感。来自欧、美、非洲等地区的学习者由于从语系、文字类型、文化类别上完全区别于汉语、汉字、汉文化，因而初始阶段对汉字的笔画和笔顺规则很陌生，至于书写技巧中的"左右均衡""重心平稳""相生相让"则更是难以认同和领悟了。所以中国教学者也不要将他们比成孩子，因为中国孩子在进入小学正式学习汉字之前已经会听会说许多汉语了，而欧美和非洲的留学生则需要完全进入一个崭新的语言世界。

学习汉语也要区分年龄特征

以汉语为第二语言的学习者可分为三个年龄层次：第一层次是 13 岁以下的儿童层，第二层次是 13～25 岁之间的青年层，第三层次是 25 岁以上的成年层。儿童具有精确辨认识别复杂繁难的汉字字形的能力，但却难以很好地分辨汉字各组成部分之间上下左右以及内外等空间方位关系。因此，针对儿童的汉字教学需要特别注意认读先行，不过分追求书写的数量和速度。

青年人的机械记忆能力强，归纳概括的意识不够，因此针对青年人的汉字教学，可适当增加抄写、听写、默写的量，同时启发学生自觉发现汉字构形规律以指导其汉字学习。

成年人机械记忆能力弱,但归纳总结能力强,因此要多用讲理分析的方式。①

中外课堂文化的差异

中国的课堂文化与许多国家是不一样的。许多西方国家背景的留学生一时间无法适应。

首先,对课堂环境不适应。西方国家的外语教学通常是小班授课,有专门的语言课教室,配有必要的视听教具,发放有关目的语国家的文化背景资料。轻便的桌椅可根据教学活动随意移动,这一切都有利于师生间和学生之间的交流和互动。而中国目前的国际中文教育课堂一般采取大班制,中国高校的教室普遍采用的是固定的长条桌椅,除了专门的语音教室外,普通教室缺少视听设备,教学模式也比较单一,就是老师讲、学生听。虽然老师们会很认真地把课讲得尽量生动,但更重视的是完成教学计划上规定的内容。一般情况下,学生必须自觉地完成老师课上布置的大量作业,才能真正消化课堂上的教学内容。

其次,对授课模式不适应。西方教师在语言课堂上比较常用"交际法",即把自己看作课堂教学的促进者,而不是领导或是权威;多以实践为主,并放手让学生去解决真实生活情境中会出现的种种情况和问题。学生也不习惯依赖和等待老师。学生出现错误时,教师多采取不干涉态度,他们认为过分纠错易挫伤学生参与的积极性。中国教师则认为只有通过老师教,学生模仿老师,才能学得好和学得快。教学模式基本上是以教师为主,大量的句型替换等练习也多是在老师指导下进行。

在汉语零起点班的课堂上,常常是中国教师在讲台上讲得热情洋溢,很多欧美学生在下面一脸无聊又无奈的样子;或者有的学生在课上听得认真,课后却不习惯做抄写等比较机械的作业,于是课上的所学无从巩固,到了下一节课,问题仍是一大堆,天天"炒冷饭"。相比之下,中国教师会说:"一、二年级韩日的学生好教,欧美学生比较麻烦。"也有留学生会抱怨说:"老师,你们是在教历史课,不是语言课。"除此之外,中国教师对待学生课上犯的错误比较严格,立即纠正,常使学生担心出错而回避"交际",从而影响课堂教学的质量。

---

① 李香平.汉字教学中的文字学[M].北京:语文出版社,2006:253.

最后，欧美学生对中国传统的师生关系也表现出了质疑。"尊师重教"是中国的传统，也是一种美德。课堂教学以教师为中心确认了教师的权威地位，学生处于被动或服从地位。学生等待教师提问，极少主动提问或插话。作为土生土长中国人的国际中文教育教师对这些已经习惯成自然，而在欧美国家，师生关系随意、平等，学生可随时提问、插话、提意见甚至与教师争论。这一差异对欧美学生的冲击很大，中国教师在课上的一些做法常常让他们无所适从。反之，他们的言行习惯对中国国际中文教育教师的影响也非常大。

要让汉语不难学，中国人需要努力创新我们的教学法！

英语作为第二语言的教学，已经由英、美等英语母语国的人士苦心探索了百余年，发现和积累了丰富的教学规律和教学方法，包括适合不同年龄、需求、个性、习惯等的相应教材和课外读物。但目前中国的国际中文教育教学仍与自己文化圈内人的学习方法没有多大差别，目前有的"权威性"教材的编写者们，仍将汉语的最初级别（能简单交流）定为认识 8000 个汉字以上。想想一个老外每天若让他认识（听说读写）10 个汉字，要学习多少天才能达到认识 8000 个汉字以及读对它们变化多端的读音？

笔者曾遇一位印度学者，他通过自创的学习方法，三个月学会了汉语口语，但他说他不会学习写汉字，因为不需要，他的汉语口语已足够他交流。在实践中，他的汉语口语交流确实很流利，交流很顺畅。这种自创的学习方法也让人意外和惊喜。这也让笔者更加体会到，很多外国留学生的语言学习能力是非常强的，但是他们学语言的思路与方法与中国人学汉语和学方言的方式很不一样。我们也要认识和尊重这种差异。

要让汉语不难学，中国人需要加紧努力，大胆开创和更新我们的教学理念和教学方法！否则，在海外的华人和已经对汉语有一定水平的外国人就可能责无旁贷地接过班去，趁着全球化、"中国热"和"汉语热"的大潮，借着他们扎实的科学研究理念和方法论，借助他们更强势的语言学基础和计算机软件，借助于随时随地可以与遍布世界的华侨华人日常对话和共建"中国城"商业繁荣，在国际中文教育的世界性教学平台上也捷足先登、占得先机。

当然，换个角度说，真正好的、完整的、高质量的汉语教学，肯定还是要靠中国人自己的努力，靠有志者、有中国智慧者的长期专心努力，才能真正实现。

附:参考书目

跨文化交流学

[1]毕继万.跨文化非语言交际.北京:外语教学与研究出版社,1998.

[2]陈国明.跨文化交际学.上海:华东师范大学出版社,2009.

[3]陈俊森,樊葳葳,钟华.跨文化交际与外语教育.武汉:华中科技出版社,2006.

[4]陈晓萍.跨文化管理.北京:清华大学出版社,2005.

[5]陈雪飞.跨文化交流论.北京:时事出版社,2010.

[6]窦卫霖.跨文化商务交流案例分析.北京:对外经贸大学出版社,2007.

[7]关世杰.跨文化交流学.北京:北京大学出版社,1995.

[8]何南林.汉英语言思维模式对比研究.济南:齐鲁出版社2008.

[9]胡文仲.跨文化交际学概论.北京:外语教学与研究出版社,1999.

[10]贾玉新.跨文化交际学理论探讨与实践.上海:上海语言出版社,2017.

[11]贾玉新.跨文化交际学.上海:上海外语教育出版社,1997.

[12]金惠康.跨文化交际翻译.北京:中国对外翻译出版公司2003.

[13]李学爱.跨文化交流:中西方交往的习俗与语言.天津:天津大学出版社,2007.

[14]连淑能.英汉语言文化对比研究.北京.高等教育出版社,1993.

[15]林大津等.跨文化交际学基础.上海:上海外语教育出版社,2007.

[16]彭凯平,王伊兰.跨文化沟通心理学.北京:北京师范大学出版社,2010.

[17]苏炜.走进耶鲁.南京:凤凰出版社,2009.

[18]韦森.文化与制序.上海:上海人民出版社,2003.

[19]吴为善,严慧仙.跨文化交际概论.北京:商务印书馆,2009.

[20]邢福义.文化语言学.武汉:湖北教育出版社,2000.

[21]严明.跨文化交际理论研究.哈尔滨:黑龙江大学出版社,2009.

[22]严文华.跨文化沟通心理学.上海:上海社会科学院出版社,2008.

[23]云贵彬.非语言交际与文化.北京:中国传媒大学出版社,2006.

[24]张桂萍.跨文化交际中英文化对比.上海:上海外语教学与研究出版社,2015.

[25]张世博.徐霄鹰.跨文化交际学概论.北京:北京大学出版社,2020.

[26]张旭东.纽约书简.上海:上海书店出版社,2006.

[27]赵启正.在同一世界:面对外国人101题.沈阳:辽宁教育出版社,2007.

[28]朱晓姝.跨文化成功交际研究.北京:对外经贸大学出版社,2007.

[29]朱勇.跨文化交际案例与分析.北京:高等教育出版社,2018.

[30]祖晓梅.跨文化交际.上海:上海外语教学与研究出版社,2015.

[31]阿里·萨姆瓦.跨文化传播.北京:中国人民大学出版社,2004.

[32]爱德华·C.斯图尔特,密尔顿·J.贝内特.美国文化模式:跨文化视野中的分析.天津:百花文艺出版社,2000.

[33]爱德华·霍尔.超越文化.何道宽,译.北京:北京大学出版社,2010.

[34]爱德华·霍尔.无声的语言.侯勇,译.北京:中国对外翻译出版公司,1995.

[35]大卫·利弗莫尔.文化商引领未来.2版.王嗣俊,译.北京:北京大学出版社,2016.

[36]多德.跨文化交际动力.上海:上海外语教育出版社,2006.

[37]冯·特姆彭纳斯,查尔斯·汉普顿-特纳.跨越文化浪潮[M].陈文言,译.北京:中国人民大学出版社,2007.

[38]吉尔特·霍夫斯泰德.文化与组织:心理软件的力量.2版.李原,孙健,译.北京:中国人民大学出版社,2010.

[39]吉尔特·霍夫斯泰德.文化与组织:心理软件的力量.3版.张炜,王烁,译.北京:中国人民大学出版社,2019.

[40]拉里·萨姆瓦,理查德·E.波特.文化模式与传播方式.北京:北京广播学院出版社,2003.

[41]理查德·D.刘易斯.文化的冲突与共融.北京:新华出版社,2002.

[42]马勒茨克.跨文化交流:不同文化的人与人之间的交往.北京:北京大学出版社,   .

[43]欧文·拉兹洛.联合国教科文组织专家小组的报告:多种文化的星球.北京:社科文献出版社,2001.

[44]萨姆瓦.跨文化传通.北京:生活·读书·新知三联书店,1988.

[45]史密斯等.跨文化社会心理学.北京:人民邮电出版社,2009.

中外文化及比较

[1]邓晓芒.中西文化比较十一讲.长沙:湖南教育出版社,2007.

[2]飞白.诗海游踪:中西诗比较讲稿.杭州:浙江工商大学出版社,2011.

[3]飞白.译家之言:译诗漫笔.上海:上海外语教学与研究出版社,2016.

[4]费孝通.乡土中国.北京:生活·读书·新知三联书店,1985.

[5]黄光国.面子:中国人的权力游戏.北京:中国人民大学出版社,2004.

[6]李炯才.日本:神话与现实.北京:中国电影出版社,2008.

[7]林语堂.中国人.上海:学林出版社,1995.

[8]罗康隆.文化适应与文化制衡.北京:民族出版社,2007.

[9]秦晖.传统十论.上海:复旦大学出版社,2003.

[10]尚会鹏.印度文化传统研究:比较文化的视野.北京:北京大学出版社,2004.

[11]尚会鹏.中国人与日本人:社会集团、行为方式和文化心理的比较研究.北京:北京大学出版社,1998.

[12]王前.中西文化比较概论.北京:中国人民大学出版社,2006.

[13]许烺光.美国人与中国人.北京:华夏出版社,1989.

[14]许倬云.中国文化与世界文化.贵阳:贵州人民出版社,1991.

[15]张隆溪.走出文化的封闭圈.北京:生活·读书·新知三联书店,2004.

[16]R.M.基辛.文化、社会、个人.甘华鸣,译.沈阳:辽宁出版社,1988.

[17]阿马蒂亚·森.惯于争鸣的印度人.上海:上海三联书店,2007.

[18]爱德华·卢斯.不顾诸神:现代印度的奇怪崛起.张淑芳,译.北京:中信出版社,2007.

[19]大卫·利弗莫尔.文化商引领未来.北京:北京大学出版社,2016.

[20]恩斯特·贡布里希.写给大家的简明世界史.桂林:广西师范大学出版社,2003.

[21]霍夫斯泰德.文化之重:价值、行为、体制和组织的跨国比较.许力生,导读.2版.上海:上海外语教育出版社,2008.

[22]克莱德·克鲁克洪.文化与个人.高佳,译.杭州:浙江人民出版社,1986.

[23]克里福德·格尔茨.文化的解释.韩莉,译.南京:译林出版社2014.

[24]露丝·本尼迪克特.菊与刀:日本文化的类型.吕万和,熊达云,王智新,

译.北京:商务印书馆,1990.

[25]罗素.中国问题.上海:学林出版社,1996.

[26]马凯硕.新亚洲半球:势不可挡的全球权力东移.刘春波,丁兆国,译.北京:当代中国出版社,2010.

[27]乔舒亚·库珀·雷默.不可思议的年代.何帆,译.长沙:湖南科学技术出版社,2010.

[28]休斯顿· 史密斯.人的宗教:世界七大宗教的历史和智慧.海口:海南出版社,2013.

[29]伊佩霞.剑桥插图中国史.济南:山东画报出版社,2002.

[30]约翰·杜翰姆·彼得斯.交流的无奈:传播思想史.何道宽,译.北京:华夏出版社,2003.

[31]中村元.东方民族的思维方法.杭州:浙江人民出版社,1989.

相关个人其他专著

[1]漫长的细节:当代文化问题的体验与思考.杭州:浙江大学出版社,2021.

[2]百紫千红:跨文化电影欣赏.杭州:浙江大学出版社,2019.

[3]西方文学中的跨文化交流.杭州:浙江大学出版社,2007.

[4]文化安全(非传统安全研究视野中的文化安全).杭州:浙江大学出版社,2007.

[5]文化与国际关系.杭州:浙江大学出版社,2006.

[6]观念与体制:政治文化的比较研究.上海:学林出版社,2000

再版后记

　　这本书出版转眼就 10 年了,很高兴得到了读者和市场的认可。这次修订主要是做结构重组和内容增删。在 2011—2021 这 10 年中,世界格局和中国国情又发生了很多变化,根据新的时代和国情需求,我希望这一版能让本书布局更合理、表述更简明、案例更鲜活,并富有启示意义。同时,风格上也更具中国文化的自觉与自信,体现汉语学术探讨的一个特点:言简意赅、点到(适可)而止。

　　如第一版的后记所说:"跨文化交流学"的专著和译著目前在中国已经出版了数十种,我相信未来还会出版更多,因为"跨文化素质"应该也必须是当代中国国民良好素质的重要组成。我之所以努力再添一本,主要是觉得目前这个新学科的专著或教材中,中国的案例仍明显不足,通过跨文化比较而反观、反省我们自身文化的力度也很不够。尤其是多数译著中的"东方文化"案例,反映的还都是零星的西方视角,或者理论概念和方法论太过丰富或复杂,切合中国读者现实需求的解释与探讨却仍有限。

　　所以,本书想在收集反映国内外已有研究成果的基础上,有意强化众多中国文化相关案例的启示作用,采用目前年轻人喜爱的简洁表述形式,让不同的中外文化案例以及一些相关理论探讨直接并置在一起,鼓励浏览和阅读者们的主动参与和思考探讨,亲自"调和"和"超越"各种妙趣横生的文化"差异",亲身实践跨文化交流过程和建设和谐共存的人类文明共同体愿景。

　　必须说明的是,跨文化交流的案例选择和课堂讨论,也特别需要注意案例的公共性和适合性。比如有些只有极少数人会做的、比较个人化的案例细节,就应该删去和简化。有些过于敏感和尖锐的议题,也必须很好地注意国情的差异性(或许只适合在真正建立起相互信任的朋友圈,尽情尽兴地热闹讨论)。有些文化传统和习惯的案例虽然"陈旧",但不一定"过时",因为传统文化的精髓是需要通过外在的规则和习俗约定来尊重、保护和交流的。有些文化交流案例,说明了情况就不需要细评,因为信息时代见多识广的读者一看就明白了,解释只会多余和增加误解。文化的相互认同和彼此欣赏,既可能是瞬间的强烈感受和意外惊喜,也可能是非常矛盾、痛苦和艰难的认知过程,是个人和团体的缓慢和渐进成长变迁过程。

　　本书适合做高校必修课、选修课和全校通识课教材。在写作与教学的过程中,笔者曾就许多问题与浙江大学竺可桢学院的各科学生、浙江大学传媒与国际文化学院"国际中文教育""新闻与传播""广告""广电"专业的硕士和本科生、"美学"专业的硕士和本科生、"国际政治"和"政治学"专业的硕士和本科生等,进行过难忘的课堂讨论和热情交流。我对已经在这个领域做出贡献的中外学者充满敬意,对已经参与我主持讨论的(中外)浙大学生们更是充满真诚感激! 我们拥有许多共同的珍贵记忆。

　　在此书有机会再版之际,我重审、梳理和增删的努力,也更让我感到这个选题应该是一项"无法完成的任务"。总有遗憾,也因此总会期待。我希望未来还能有机会再投入一次,与更多读者一起探讨海量的文化互惠互助问题,享受 21 世纪特有的全球性跨文化交流的伟大航行。

　　　　　　　　　　　　　　　　　　　　　　　　潘一禾
　　　　　　　　　　　　　　　　　　2021 年 5 月于杭州求是社区